AS PERSPECTIVAS DO FRONT
Gestão de Negócios e Organizações
Em busca do sucesso e da excelência

Colaboradores

José de Souza Castro

Sônia Diegues

José Luiz de Santana e Valéria Régia de Santana

AS PERSPECTIVAS DO FRONT
Gestão de Negócios e Organizações
Em busca do sucesso e da excelência

Copyright© 2011 by José Luiz de Santana e Valéria Régia de Santana

Todos os direitos desta edição reservados à Qualitymark Editora Ltda.
É proibida a duplicação ou reprodução deste volume, ou parte do mesmo,
sob qualquer meio, sem autorização expressa da Editora.

Direção Editorial SAIDUL RAHMAN MAHOMED editor@qualitymark.com.br	Produção Editorial EQUIPE QUALITYMARK
Capa Artes e Artistas Renato Martins	Editoração Eletrônica ARAUJO EDITORAÇÃO

CIP-Brasil. Catalogação-na-fonte
Sindicato Nacional dos Editores de Livros, RJ

S223p

Santana, José Luiz de

As perspectivas do *front:* gestão de negócios e organizações: em busca do sucesso e da excelência / José Luiz de Santana, Valéria Régia de Santana – Rio de Janeiro : Qualitymark Editora, 2011.

Apêndice
Inclui bibliografia
ISBN 978-85-7303-985-6

1. Administração de empresas. 2. Reponsabilidade social da empresa. 3. Sucesso. I. Santana, Valéria Régia de.

11-0985   CDU: 658.4013
                                                                                           CDD: 658.012.48

2012
IMPRESSO NO BRASIL

Qualitymark Editora Ltda. Rua Teixeira Júnior, 441 São Cristóvão 20921-405 – Rio de Janeiro – RJ Tels.: (0XX21) 3860-8422/3295-9800	Fax: (0XX21) 3295-9824 www.qualitymark.com.br E-mail: quality@qualitymark.com.br QualityPhone: 0800-0263311

Agradecimentos

"... o real não está na saída nem na chegada: ele se dispõe para a gente é no meio da travessia..."

João Guimarães Rosa

Este livro começou a ser escrito há muitos anos, mas a versão que você tem em mãos começou a ser feita em janeiro de 2005 como resultado de uma antiga aspiração de um homem em cuja alma transitavam a inquietude pessoal e a crença no desenvolvimento.

Desejo especialmente agradecer esta realização ao Professor Emerson de Almeida, Presidente da Fundação Dom Cabral, que apoiou, bem como criou, em 2008 o Prêmio José Luiz de Santana, para as empresas participantes do PAEX (Programa Parceiros para Excelência), da FDC. Quero também agradecer ao Professor Antônio Batista, da Fundação Dom Cabral, pelos primeiros encaminhamentos desta obra junto à Fundação. Manifesto minha gratidão à querida Professora Sônia Diegues, da Fundação Dom Cabral, com quem divido boa parte da organização deste livro, supervisão dos capítulos que acrescentei ou completei, e a José de Castro sem o qual teria sido difícil chegar à forma final desta obra. Agradeço ainda a todos que colaboraram com seus depoimentos e escreveram algumas palavras sobre o Professor José Luiz de Santana.

O ano de 2005 marcou o início de novo ciclo em nossas vidas. Inspirado por estas energias pelas quais transitávamos, José Luiz finalmente registrou em seu inseparável Mac a forma final das ideias que já dividia com todos, mas que residiam organizadas apenas em sua mente, em seus lindos slides e em alguns artigos espalhados por aí. A publicação deste livro selaria a abertura desse novo ciclo na vida dele. José Luiz dedicou muito tempo ao livro, tendo o cuidado de fazer ele próprio praticamente todas as ilustrações, para facilitar a compreensão e a retenção dos conceitos apresentados.

Uma das maiores lições deixadas por ele tem sido a reflexão sobre a questão do Futuro e do Presente. Entretanto, por mais que nossos planos e projeções possam estar apurados e precisos, sempre há uma variável a considerar que é imponderável: o fluxo próprio da vida.

Em agosto de 2008 José Luiz faleceu. Deixou-nos sua experiência, exemplo e conhecimento para nos ajudar a ser cada vez melhores no rumo da excelência e na trilha espiral de inovação e renovação.

Um aprendizado significativo tem sido conseguir manter um alto nível de disciplina, persistência e determinação em relação àquilo que acreditamos ser o melhor para a nossa vida, para nossa família, para nossa empresa, para a sociedade.

A vida às vezes tem planos e projetos diferentes dos nossos e, provavelmente, mais adequados. Para os que acreditam, como eu, na continuidade da vida, no *continuum* do desenvolvimento do espírito como ser imortal, encaramos esse processo como um aprendizado na caminhada do desenvolvimento, como Seres em busca de nos tornarmos pessoas melhores, mais conscientes, mais integradas. E a cada passo que damos, a cada experiência que vivenciamos, vamos conquistando mais conhecimento, transformando valores, desenvolvendo competências, amadurecendo, ampliando a consciência de nós mesmos e da realidade à nossa volta.

José Luiz acreditava e buscava isso. Tinha fé inabalável na capacidade do homem de buscar seu potencial mais profundo e essencial. Com esse propósito de vida, sustentava sua busca técnica de conhecimento.

Em sua trajetória de vida buscou envolver pessoas e desenvolver profissionais, homens e mulheres de negócio, organizações que comungam esta Fé no Desenvolvimento. Colaborou com inúmeras pessoas e organizações. Foram muitas, muitas realizações em mais de 45 anos de atividade profissional.

Nos 20 anos em que trabalhamos juntos, aprendi muito com ele. Seu Modelo de Desenvolvimento Empresarial, que viabiliza resultados superiores em qualquer tipo de Empreendimento – Pessoal ou Organizacional – em que haja uma conquista a realizar ou um problema a equacionar, está fundamentado em valores que promovem o desenvolvimento sustentável:

- O respeito ao estágio de evolução das Pessoas e Organizações que são Clientes do processo.
- O planejamento como um processo de aprendizagem
- A Pessoa e a Organização como sujeitos de seu desenvolvimento.
- O desenvolvimento sustentável como um processo que evolui como espiral ascendente.

Agradecimentos

Imbuído do desafio de consolidar a mudança do comportamento das pessoas, respeitava, reforçava e buscava facilitar a materialização dos principais fatores que compõem o Estilo das Pessoas e Organizações Empreendedoras: SONHAR, OUSAR, PERSEVERAR e INOVAR.

Pensando e agindo sempre em busca de patamares superiores, observava que as Pessoas e as Organizações, quando se ligam à fonte de energia que é o seu Potencial, e passam a transformar em real o potencial, vão muito além do apenas buscar melhorias no *status quo*. Passam a ter um compromisso tão forte com o alcance dos resultados (sucesso e excelência), que sua ousadia se torna amplamente consciente e assume os riscos do Desenvolvimento.

Temos assim realizado nossa Missão: contribuir para que as Pessoas obtenham sucesso e saúde na sua vida e nos seus empreendimentos de forma sustentável, mediante serviços e metodologias educacionais e clínicas que ampliam e favorecem a transformação de valores e a consciência humana, propiciando o processo de mudança e soluções no campo da saúde mental de indivíduos e organizações.

Agradeço em última instância a meu pai, José Luiz de Santana, por ter me ensinado tanto e por ter deixado registrado o seu legado em minhas mãos para as gerações futuras.

De minha parte, prossigo zelando pelo desenvolvimento de pessoas, profissionais e organizações com quem trabalho Brasil afora, na certeza de que darei continuidade aos sonhos e à missão de meu pai, que também são meus. Enfim, prossigo vivenciando minha Fé no Desenvolvimento Humano e na Valorização da Vida. E, para mim, parte disso refere-se a honrar, no momento Presente, o que meu Passado deixou de presente para o Futuro. Com toda certeza, este livro sela o início de novo ciclo. E com total suporte da Fundação Dom Cabral, trazemos a público as ideias, os conhecimentos e os ensinamentos do Zé.

Valéria Régia de Santana

Prefácio

Prefaciar este livro é como percorrer a trajetória de desenvolvimento da Fundação Dom Cabral. Isso porque José Luiz de Santana teve papel decisivo em momentos importantes da história da instituição.

Foi fundamental sua contribuição para a constituição do CTE – Centro de Tecnologia Empresarial –, primeira parceria institucional entre a Fundação Dom Cabral e um conjunto de grandes empresas nacionais e multinacionais com atuação importante no território brasileiro e internacional. Representando a Construtora Mendes Júnior, uma das integrantes dessa parceria, ele nos ajudou a conceber a estrutura de um dos documentos de constituição daquela iniciativa, mais precisamente o documento que definia as bases do relacionamento entre a FDC e as empresas fundadoras do CTE e sua estrutura de funcionamento. Intitulado "Organização e Gestão do Centro de Tecnologia Empresarial da Fundação Dom Cabral", esse documento continuou válido desde 1989 até a transformação do CTE, em 2009, no projeto COMn Presidentes.

Desde o início de conhecimento e proximidade com José Luiz, o aprendizado que adquirimos desse relacionamento foi ganhando valor e delineando nova forma de relação com aquele que viria a ser um dos expoentes da nossa instituição, tanto como docente em nossos programas quanto como conselheiro em várias outras iniciativas. Formador e instigador de jovens talentos, que ainda hoje atuam na FDC empregando o modelo por ele desenvolvido e descrito nesta obra, e cujo conteúdo é a cara e o coração do autor.

José Luiz adquiriu e também deixou sua semente no DNA da FDC. Contribuiu de maneira exemplar na composição do PGA – Programa de Gestão Avançada –, em parceria com Dominique Heau, do INSEAD, cujo formato é considerado até hoje de alta relevância para o desenvolvimento dos executivos brasileiros e de suas instituições.

Alguns dizem que ele era um sujeito solitário, mas um "solitário solidário". Com alta capacidade de reflexão, questionador contumaz do *status quo* e, por isso mesmo, solitário na medida em que corria o risco sozinho, mas, diante da certeza e do sucesso de suas ideias e aplicações, dividia com outros os resultados dessas conquistas. Suas lâminas de aula são belas e coloridas e refletem o capricho e a responsabilidade com que José Luiz defendia suas crenças e valores empresariais.

Quando o convidei para conceber, estruturar e coordenar tecnicamente o programa PAEX – Parceiros para a Excelência –, uma demanda apresentada à FDC por Guilherme Emrich, da Biobrás, e por Stefan Salej, da Tecnowatt, não podíamos então imaginar o crescimento dessa iniciativa, de um grupo de empresas mineiras, para uma rede de grupos de empresas espalhadas pelo Brasil, América Latina e Portugal, e que contribuiu em gênero e número com as estratégias de diferenciação da FDC. Mas ele não fez sozinho o PAEX. Ele contou com o apoio de nossa equipe técnica, em especial de Antonio Batista, atualmente professor e diretor da área de clientes e mercado. Se perguntarem a ele quem foi seu principal mentor, sem titubear, dirá que foi José Luiz.

Este livro, fruto de anos de experiência e reflexão de José Luiz de Santana, dentro e fora de nossa instituição, é uma homenagem que prestamos a um professor amigo e o reconhecimento a esse profissional cujo exemplo deveria ser seguido por aqueles que pretendem não apenas ter uma carreira relevante, mas principalmente ser uma pessoa melhor neste ambiente em que vivemos, pelo qual somos responsáveis e do qual somos participantes solidários.

Reservamos a parte final deste livro para deixar o registro do sentimento e do pensamento das pessoas que conviveram com ele mais de perto, em nossos programas e projetos, para confirmar e enaltecer a força e a grandeza deste ser humano chamado José Luiz de Santana.

Por fim, o livro registra o meu reconhecimento a Sônia Diegues e a Valéria Régia de Santana pelo cuidado e o carinho que tiveram com os ensinamentos deixados por José Luiz, agora transformados em livro.

Emerson de Almeida
Presidente

Sumário

Introdução 1

Capítulo 1
As Novas Realidades e Desafios das Organizações 17

Capítulo 2
O que São as Organizações 45

Capítulo 3
Como Gerenciar e Desenvolver Organizações 53

Capítulo 4
Sobre Competências e sua Gestão 77

Capítulo 5
Como promover Organizações que Aprendem 91

Capítulo 6
O Empresariamento como Estilo de Gestão e Organização 121

Capítulo 7
A Síndrome do Sucesso e os Riscos dos Empreendimentos 131

Capítulo 8
Gestão em Tempos de Elevadas Transformações e Competição .. 171

Capítulo 9
Definindo a Estratégia Competitiva 203

Capítulo 10
Planejando e Gerenciando Mudanças 233

Capítulo 11
Responsabilidade Social na Perspectiva do Empresariamento 245

Apêndice
Homenagem ao Professor José Luiz 251

Lista de Figuras

Figura 1: As quatro grandes revoluções. 18
Figura 2: Novas realidades. 23
Figura 3: Os diversos focos da gestão 25
Figura 4: Valores e temores. 26
Figura 5: Desafios atuais. 32
Figura 6: As novas *best practices*. 36
Figura 7: Novas palavras. 37
Figura 8: As principais respostas adotadas no século XX. 39
Figura 9: Esquema dinâmico sobre organizações. 46
Figura 10: Sistema integrado em interação com o mundo. 48
Figura 11: A organização como um sistema integrado e aberto. 49
Figura 12: Definições institucionais básicas – Postura do topo. 53
Figura 13: O foco das decisões e ações 54
Figura 14: A Filosofia da Instituição. 56
Figura 15: Aspectos básicos da Filosofia. 57
Figura 16: Potencialização de forças rumo aos resultados desejados. 58
Figura 17: Os valores e as práticas do empresariamento. 60
Figura 18: Elementos para definir a estratégia. 64
Figura 19: Conjunto de alternativas do Funcionograma. 67
Figura 20: Ações planejadas para obtenção dos resultados desejados. 70
Figura 21: Conexão da Organização ao seu ambiente. 71
Figura 22: Bases adequadas para avançar 71
Figura 23: Promoção de Competências e Pessoas Adequadas 72
Figura 24: Ambiente e Processos Adequados. 73
Figura 25: Processo de Gestão da Qualidade. 74
Figura 26: Qualidade da Gestão (P1) e Gestão da Qualidade (P2). 75
Figura 27: Programas de apoio às Organizações 76
Figura 28: Gestão por Competências 79
Figura 29: Abordagem contemporânea. 81
Figura 30: Resultados, Competências da Organização 82
Figura 31: Competências em termos de Pessoas e Processos. 83
Figura 32: A árvore das competências 84
Figura 33: A Roda do Desenvolvimento. 85
Figura 34: Organização para resultados. 87
Figura 35: Soluções recomendadas para as atividades educacionais 93
Figura 36: Metodologia do Projeto de Desenvolvimento. 94
Figura 37: Gestão de competências e potenciais 95
Figura 38: Resultados desejados. 97
Figura 39: O longo caminho curto 99

Lista de Figuras XIII

Figura 40: Quatro variáveis básicas 100
Figura 41: Gestão do negócio / Competência empresarial. 101
Figura 42: Oito programas da FDC 102
Figura 43: Dinâmica de elaboração dos Projetos Estratégicos 106
Figura 44: Funcionograma do Empresariamento. 107
Figura 45: Gerenciamento de resultados. 109
Figura 46: Conquistas e resultados compromissados 110
Figura 47: Remuneração Estratégica e Competitiva. 111
Figura 48: Abordagens e processos utilizados no Programa 115
Figura 49: Unidades de Desenvolvimento e gerenciamento de resultados. 118
Figura 50: Organizações integradas. 118
Figura 51: Processos críticos do negócio. 119
Figura 52: Os diferentes estilos relacionados a Pessoas e Processos. 122
Figura 53: Esquema atualizado 124
Figura 54: Unidades de Negócio 129
Figura 55: Os empreendimentos e suas variáveis 133
Figura 56: A Síndrome do Sucesso. 138
Figura 57: Autonomização e Focalização no Negócio. 142
Figura 58: Modelo Funcional. 143
Figura 59: Modelo Matricial. 144
Figura 60: Modelo Matricial/Divisional 145
Figura 61: A evolução da empresa 146
Figura 62: Modelo Empresarial. 149
Figura 63: Parceiros para a Excelência. 152
Figura 64: Centro de Tecnologia Empresarial. 153
Figura 65: Os vários tipos de Empreendimento na vida das Pessoas. 155
Figura 66: Espírito empreendedor. 157
Figura 67: Os passos do sucesso 160
Figura 68: Focos do empreendimento empresarial 161
Figura 69: Síndrome do Sucesso e Competência Gerencial. 166
Figura 70: Continuidade sustentável 168
Figura 71: Convergência em torno de propósitos. 171
Figura 72: Satisfação dos *stakeholders*. 173
Figura 73: Resultados integrados e balanceados. 175
Figura 74: Resultados Intermediários. 178
Figura 75: Bases para as metas de resultados 180
Figura 76: Primeiro o Negócio, depois a Operação. 182
Figura 77: Fórmula da Qualidade Empresarial 182
Figura 78: Funcionograma de uma Confederação de Negócios 186
Figura 79: Esquema 1 190
Figura 80: Esquema 2 190
Figura 81: Remuneração Estratégica e Competitiva. 191

Figura 82: Gestão Estratégica na perspectiva do tempo. 198
Figura 83: Aspectos abordados na Análise Estratégica 200
Figura 84: Focos do Projeto Estratégico ou Empresarial. 200
Figura 85: Movimentos para definir a Estratégia Competitiva. 204
Figura 86: Identificando Negócios/Segmentos 205
Figura 87: Matriz de Atratividade e Competitividade 206
Figura 88: Matriz para análise de Negócios e Portfólio. 207
Figura 89: Posição da Organização no Negócio 208
Figura 90: Desejos e necessidades dos clientes. 209
Figura 91: Os diversos focos da gestão 210
Figura 92: Conjunto de forças que compõem o macroambiente 214
Figura 93: Fator: Oportunidades 215
Figura 94: Fator: Ameaças 216
Figura 95: Quadro das probabilidades 217
Figura 96: Alternativas de negócio a serem analisadas. 217
Figura 97: Conjunto de fatores. 220
Figura 98: Fatores de atratividade do negócio. 221
Figura 99: Definindo a Estratégia Competitiva (1) 223
Figura 100: Definindo a Estratégia Competitiva (2) 223
Figura 101: Fatores-chave e críticos de sucesso – foco do cliente. 224
Figura 102: Necessidades-meio e necessidades-fim do cliente. 225
Figura 103: Definição do peso percentual dos fatores-chave de sucesso 226
Figura 104: Fatores-chave e críticos de sucesso – foco do acionista. 228
Figura 105: Definição do peso percentual do Grupo de Referência. 229
Figura 106: Avanços definidos. 230
Figura 107: Análise do campo de forças. 231
Figura 108: O caminho para a excelência (1) 234
Figura 109: O caminho para a excelência (2). 236
Figura 110: Administração Participativa. 238
Figura 111: A Roda do Desenvolvimento 240
Figura 112: Evoluindo da situação atual para a desejada. 243
Figura 113: Posicionamento atual das melhores empresas. 247

Lista de Quadros

Quadro 1: Novas Ideias no Campo da Administração. 40
Quadro 2: Indicadores, Medidores e Referenciais de Performance. 117
Quadro 3: Crenças e valores. 172
Quadro 4: As práticas do empresariamento. 172
Quadro 5: Questões sobre as competências 213
Quadro 6: Escala para a classificação 216
Quadro 7: Quadro de classificação do resultado das análises. 218
Quadro 8: Quadro de atratividade dos negócios 221
Quadro 9: Análise geral dos negócios 230

Introdução

O TEMPLO DE ISÉ

No velho oriente, no país do sol nascente, na Ilha de Isé, fica o templo que dizem ser o mais sagrado e antigo do Japão. Este templo xintoísta, dedicado à Deusa Amaterasu, tem mais de dois mil anos e, desde então, é desmontado e reconstruído igual, no mesmo lugar, a cada vinte anos.

É apenas aparente a contradição entre o antigo de dois mil anos e o recente de vinte, pois a explicação é simples, sábia e bela: vinte anos é o tempo de uma geração e cada geração, construindo a partir de bases geradas pelas que a antecederam, tem que aprender a verdade fundamental da vida, que é o processo permanente de lidar com a permanência e a não permanência.

Ao destruir o templo físico, eles preservam o seu significado, diferentemente daqueles que, ao tentar preservar os templos, perdem os significados. É belo ainda também perceber que, para eles, o templo de Isé não se resume ao prédio pronto, mas é toda a dinâmica de um processo que começa em regiões distantes, com o plantio, cultivo e depois corte das árvores e com a coleta das pedras e outros materiais que construirão o templo.

Troncos e pedras são preparados, cuidados e depois transportados por rios e carroças movidas por força humana ou animal, num processo que no seu todo dura vinte anos, motivando festas e ritos em cada cidade ou aldeia por que passam, até chegar à ilha-santuário.

Toda a minha vida profissional tem estado associada a um empreendimento principal que é a busca de compreender mais e melhor os empreendimentos humanos e as bases para o sucesso deles. Esse empreendimento de continuidade, já com 45 anos de duração, esteve orientado primeiro pelo desafio profissional de apoiar Pessoas no seu desenvolvimento profissional e Organizações (ou conjunto de Pessoas) no desenvolvimento de seus negócios.

Nos últimos anos, tem sido agregado a esse desafio o Propósito de contribuir com Organizações/Instituições governamentais e não-governamentais (primeiro e terceiro setores), assim como com as Pessoas nos seus empreendimentos não-profissionais. Nesse último aspecto, tenho buscado somar ideias e ideais com minha filha e sócia Valéria, Psicóloga com experiência clínica e organizacional. Além disso, tenho vivido como um viajante por organizações de vários setores e várias geografias, no Brasil e fora, buscando conhecer mais, para compreender melhor, para contribuir mais e melhor.

Aqui está o registro do aprendizado nos dois ciclos de 20 anos que compõem minha vida profissional a partir do momento em que assumi um papel gerencial: o primeiro, até os 40 anos, em que estive como colaborador interno de Organizações, como um Profissional de Desenvolvimento; e o outro em que, através da Fundação Dom Cabral e da Desenvolver, estive como colaborador externo, Professor e Consultor – e também Pesquisador.

No momento em que começo um terceiro ciclo, mais focado nas Pessoas e seus Empreendimentos, inclusive o pessoal e o social, faço deste registro uma parada para reflexão e ordenamento. Buscando ser herdeiro de mim mesmo e de todos aqueles que direta e indiretamente me educaram, tento identificar e ordenar – sempre seguindo as perspectivas do *front* – as bases e os fundamentos para uma nova construção, como educador fora das salas de aula. Uma segunda e importante razão é registrar – como reconhecimento e homenagem – aquilo que aprendi com os muitos homens e mulheres que formam a mais extraordinária geração de empreendedores e empreendedoras que o Brasil já possuiu e que estão, apesar dos pesares, a demonstrar que existe um jeito de ser e agir nos negócios que é, a um só tempo, eficaz e socialmente adequado. De todas as origens e destinos, são pessoas como Emerson de Almeida, Luiz Seabra, Guilherme Peirão Leal, Luiz Norberto, Ângelo Mendes, Márcio Lacerda, Lincoln Rodrigues Costa, José Salvador Silva, que pensam e agem como aqueles que um dia ouvi João Paulo II, falando ao mundo a partir de Salvador da Bahia, chamar de os construtores da nossa sociedade pluralista.

Construtores das bases para a prosperidade que resulta de superávits e riqueza gerados de forma não predadora pelo trabalho humano, numa linha que costumo chamar de capitalismo democrático, no qual o trabalho do passado – que teve juízo, se juntou e virou capital –

procura construir em parceria com o trabalho do presente. Tudo o que aqui está apresentado vem das Perspectivas do *Front*. Este título busca evidenciar a abordagem que tenho utilizado nas minhas interações com o mundo das Organizações, e o aprendizado de que, em Gestão, a verdadeira escola são as Organizações. Afinal é por meio de seus acertos e equívocos que as Organizações vão gerando as teorias que fortalecem a convicção de que nada é mais prático do que uma boa teoria.

Bases para o título da obra

Diferentemente das ciências exatas, nas quais normalmente se pode contar com laboratórios nas escolas, no campo da gestão o laboratório e a verdadeira escola estão nos próprios empreendimentos, individuais ou coletivos, em que são desenvolvidas as boas e as más teorias, cuja hora da verdade se mede nos resultados. Temos a convicção de que nada é mais prático do que uma teoria que se demonstrou na prática. "A ciência respeita os dados, e os dados maiores de qualquer abordagem prática são os resultados", segundo Hans TenDam.[1] É nas organizações que estão os professores básicos, aqueles que – desafiados a atingir resultados e assumindo riscos – desenvolvem, praticam e aperfeiçoam as soluções, acertando e errando, mas aprendendo sempre. Sobretudo quando atingem o estágio da maestria. Constituindo um grau além de sênior, tido ainda por muitos como o topo da escala profissional (Junior ➔ Pleno ➔ Sênior), a maestria tem-se tornado uma crescente exigência do mundo com fortes transformações e com elevada competição por recursos, mercados e resultados, exigindo não apenas agilidade, mas também focalização e uso adequado de recursos e potenciais. A maestria de um Profissional está além do saber quase tudo que caracteriza os seniores, abrangendo quatro outros aspectos:

1. Saber, do quase tudo que se sabe, aquilo que importa e faz diferença.
2. Saber conectar aquilo que se sabe com o todo, numa perspectiva que vai além, do *know how* (ou do entender) para o *know why* (ou o compreender); além do subsistema para todo o sis-

---
[1] A frase citada, escrita pelo psicólogo e consultor holandês Hans TenDam, se encontra no livro *Cura Profunda*, publicado no Brasil pela Summus, em 1997.

tema; e além do ser operacional, para o estratégico (exemplo concreto disso está no que chamamos de Financista, que é um Financeiro com "cabeça" de estrategista).

3. Saber fazer, implementando o que sabe.
4. Saber transmitir e capacitar outras pessoas, caracterizando-se como um Educador (quem sabe, faz; quem aprende, ensina).

Nesse contexto, tem-se o Profissional Professor, dentro e fora das organizações. O papel e o desafio daqueles que se dedicam ao desenvolvimento de profissionais e instituições, nas perspectivas da capacitação e do desenvolvimento no campo da gestão e da educação, estão no acompanhar aquilo que acontece nessas escolas vivas: apreender, elaborar e devolver, debater, aperfeiçoar e, em especial, disseminar através de metodologias educacionais e/ou de gestão. Essa perspectiva do *front* é algo que surgiu e cresceu naturalmente em minhas vida e formação profissionais, empírico que tenho sido, mas foi extremamente reforçada pela percepção de que ela está na origem e no jeito de ser de dois grandes sucessos com repercussão internacional, com os quais convivi muito de perto: o *management made in USA* e a Fundação Dom Cabral, seguramente a instituição brasileira de desenvolvimento com maior proximidade e intimismo com o sistema corporativo e seus profissionais.

Adotar a perspectiva do *front* tem significado a observação direta dos sucessos e insucessos na vida real. Mas também a observação indireta através de outros profissionais que adotaram o mesmo ponto de vista (como os estudos de Cleber Aquino[2] e de Collins[3]).

Mas existe uma segunda e posterior razão para escolher a palavra *front* para a perspectiva que adotamos na garimpagem e no desenvolvimento de conceitos e soluções. Nela, *front* tem a ver com **fronteira** e com a busca de contínua adequação ao externo e ao futuro: **novas realidades → nossas realidades → nossas respostas**.

---

[2] Cerca de 100 empresários brasileiros participaram do programa História Empresarial Vivida, da Faculdade de Economia, Administração e Contabilidade (FEA) da Universidade de São Paulo. Os depoimentos mais importantes foram publicados, a partir de 1986, pela *Gazeta Mercantil*, na coleção *História Empresarial Vivida*, coordenada pelo professor Cleber Aquino, da USP.

[3] COLLINS, Jim. *Empresas Feitas para Vencer*. São Paulo: Campus, 2001. COLLINS, James C.; PORRAS, Jerry I. *Feitas para Durar – Práticas Bem-Sucedidas de Empresas Visionárias*. Rio de Janeiro: Rocco, 1995.

Introdução

Tenho feito isso sobretudo através da atuação com e pela FDC (Fundação Dom Cabral) e seus parceiros nacionais e internacionais, em especial naquilo relacionado com o CTE (Centro de Tecnologia Empresarial), mas também com as demais parcerias, como o PAEX (Parceiros para a Excelência) e a PDA (Parceria para o Desenvolvimento de Acionistas), em que estamos todo o tempo a interagir com profissionais e organizações nacionais e internacionais, que, na sua maioria, estão entre os líderes nos seus campos e, por isso, sempre a buscar novas e/ou melhores soluções para preservar e ampliar sua liderança. Nesse seguir com o presente – mapeando tendências e o futuro do presente –, e no cogitar sobre o futuro – buscando antecipar e mapear esse futuro no presente –, buscamos nunca perder de vista o aprendizado sobre o que do passado continua válido e tende a se tornar clássico. Muito de nosso trabalho tem ido além da excitação pelo novo, concentrando nosso foco e aprendizado também naquilo que já se tem provado como válido e que permanece como adequado para a gestão de negócios, organizações e pessoas – mesmo recebendo novas designações. Nossa hipótese era e continua – cada vez mais – sendo a de que esses aspectos que permanecem tendem a se caracterizar como os fundamentos da gestão. E temos focado nisso grande parte de nossa busca e estudo: o mapeamento dos fundamentos da gestão e do desenvolvimento.

Desnecessário dizer da importância intrínseca dos fundamentos em toda e qualquer ciência, mas nunca é demais destacar que ela atinge seu grau mais alto em um mundo com elevadas e aceleradas mudanças e transformações, constituindo bases ou trilhas seguras para aqueles que se atrevem a navegar pelas "terras ignotas" da competição por espaços, atenção, recursos, clientes e, sobretudo, sustentabilidade. São bases para se navegar por mares nunca dantes navegados, onde não se tem o domínio sobre as águas e os ventos.

Fruto dessa contínua observação, cresceu em nós a convicção de que o mundo da gestão já conhece seus principais fundamentos, que constituem uma carta para a navegação. Parece evidente que já se conhece O QUÊ da gestão, naquilo que importa e faz diferença. E de que o que muda a cada dia, mesmo a cada momento, é o COMO, fruto das novas possibilidades que são abertas pela ciência e tecnologia, mas também pelo avanço dos valores humanos.

Não é à toa que a maioria das ondas de novidades em gestão termina com um grito de alerta, sobretudo dos homens e mulheres de negócio: *back to the basics* (de volta aos fundamentos). O sonho de escrever um livro no qual pudesse registrar meus aprendizados e convicções sobre as bases para o sucesso e a excelência na gestão de Empreendimentos profissionais e organizacionais é algo que começou no início da década de 80, tendo por base os 20 anos de atuação como profissional de desenvolvimento em Organizações, públicas e privadas, nacionais e internacionais, no Brasil e no exterior, a maioria no campo de serviços – três delas entre as líderes do seu setor.

Apesar de muitas diferenças e mesmo divergências entre os Empreendimentos com os quais colaborava, interagia e estudava, já nessa época estava evidente que, naqueles bem-sucedidos, havia uma significativa convergência quanto à presença de um conjunto de fatores e valores que se evidenciavam como chaves para o sucesso e a excelência. Quanto mais me aprofundava – fazendo sempre um contraponto com o universo de Peter F. Drucker[4] que desde sempre escolhi como referência conceitual –, mais me parecia que eles se configuravam como fundamentos da gestão e do desenvolvimento. Tudo isso foi observado, analisado e construído tendo por base o que chamo de a perspectiva do *front*, que assume como convicção que nada é mais prático do que uma teoria derivada da prática, e por ela confirmada.

Desde os tempos de faculdade, aprendi, como profissional do campo da administração, que em gestão – diferentemente de outras ciências, como a química e a física, que possuem laboratórios e centros de experimentação nas escolas – o laboratório está nos empreendimentos em si, em especial as Instituições/Organizações (em todo o livro utilizaremos a palavra Instituição como sinônimo de Organização, de qualquer tipo ou setor).

Tudo o que vivi me levou à convicção de que, em gestão, a verdadeira escola está nas Instituições, nas quais são desenvolvidas as boas e as más teorias, cuja hora da verdade se mede, muito rapidamente, nos resultados. É nas Instituições que estão os Professores de fato. Aqueles que, pressionados pelo desafio de gerar resultados e atingir

---

[4] Peter Drucker, filósofo e economista austríaco, é considerado o pai da Administração moderna. Entre outros, escreveu os livros *Sociedade Pós-Capitalista*, *O Gerente Eficaz*, *As Virtudes Cardeais de um Líder* e *As Cinco Questões mais Importantes*. Nasceu em Viena em 1909 e morreu em Claremont, nos Estados Unidos, em 2005.

Introdução

o Propósito, têm que assumir os riscos de fazer escolhas, identificando e/ou desenvolvendo, praticando e aperfeiçoando soluções, com o foco em resultados desejados. E que vão, assim, gerando as (ou as bases das) boas e as más teorias. O papel e o desafio daqueles que se dedicam ao desenvolvimento de profissionais e de organizações, na perspectiva da educação ou da consultoria, estão no acompanhar aquilo que acontece nessas escolas vivas, apreender, elaborar e devolver, provocar, debater, aperfeiçoar e, em especial, disseminar mediante metodologias educacionais e/ou de gestão. Essa perspectiva do *front* foi a principal razão isolada que me fez aproximar da Fundação Dom Cabral, no início da década de 80.

Já em 1982, como Cliente de seu programa "Internacionalização da Empresa Brasileira", no qual foram inscritos dois dirigentes da Instituição com a qual eu colaborava, ficou claro que isso era não só uma estratégia, mas sobretudo um valor e, daí, um estilo e uma competência essencial da FDC. Nas suas soluções, a FDC sempre buscou acoplar três tipos de Pessoas profissionais das Instituições Clientes (na linha de trabalhar com e não só para as Instituições), profissionais professores (ou seja, profissionais que, como eu, passaram a vida dentro de Instituições e estavam agora a atuar como Professores ou Consultores) e professores profissionais (ou seja, Pessoas que se capacitaram com mestrados e doutorados para exercer o papel de educadores).

Por isso, a FDC tem sido a principal instituição de educação e desenvolvimento de profissionais e instituições com quem tenho interagido e colaborado desde que iniciei a minha atuação como Professor e Consultor, o que se intensificou a partir de 1987, tendo mesmo chegado a exercer um papel de dirigente no período de 1989/1990. A partir desse período, com a mobilização, pela FDC, do CTE (Centro de Tecnologia Empresarial) e de novas parcerias com Instituições Internacionais de Educação em Gestão, como o Insead (Instituto Europeu de Administração)[5], e o lançamento de programas de capacitação padrão internacional, como o PGA (Programa de Gestão Avançada), a abordagem da perspectiva do *front* passou a ter um significado ampliado.

---

[5] Fundado em 1959 em Fontainebleau, o Insead possui *campi* na França, em Cingapura e em Abu Dhabi, um centro de pesquisa em Israel e escritório em Nova York. No Brasil, mantém parceria com a FDC desde 1989.

Até então, perspectiva do *front* significava conteúdos derivados das realidades vividas. A partir daí, passou também a incorporar o sentido de fronteira do conhecimento, sem romper com o sentido original e principal, pois isso derivava das próprias Instituições, que passaram a vivenciar uma nova ambiência, mais internacionalizada, com fortes transformações (derivadas desse admirável mundo novo gerado pela comunicação, computação, globalização) e num clima de hipercompetição por Clientes e recursos; o *front* passou a lidar com o desafio de encontrar ou gerar soluções na fronteira do conhecimento: **Novas Realidades ➜ Nossas Realidades ➜ Nossas (Novas?) Respostas**.

Mais tarde, os estudos e as análises sobre causas do insucesso de Empreendimentos, sobretudo os Organizacionais – inclusive aquilo que passei a chamar de "A Síndrome do Sucesso" –, forneceram uma espécie de contraprova e reforço dessas conclusões iniciais.

Fiz o primeiro ordenamento disso em um documento que elaborava como monografia do curso "Master in Business Administration – Specialization in Organization Behaviour", na California American University (1979 1982). Numa abordagem em que buscava expandir o conceito da liderança situacional[6] para gestão situacional, utilizei pela primeira vez a configuração mostrada na Figura 11 (Capítulo 2), que pretendia descrever todo e qualquer Empreendimento como um sistema integrado que existe dentro de um ambiente, tendo sido criado para realizar um Propósito (resultados desejados nos longo, médio e curto prazos), e que o sucesso disso dependia criticamente das competências necessárias para definir esse propósito e mobilizar o adequado em termos de Políticas, Pessoas e Processos.

Principais motivações

Os Dirigentes Principais, sobretudo os Empresários, me ensinaram muito e mesmo me corrigiram no que tange às questões centrais, vinculados ao negócio em si e às bases do sucesso e do insucesso nos mesmos, fazendo-me compreender, num grau que ainda não havia alcançado, o sentido mais profundo e os motivos efetivamente es-

---

[6] Esse conceito foi desenvolvido por Paul Hersey e Kenneth Blanchar em *Psicologia para Administradores: as teorias e as técnicas de liderança situacional* (São Paulo: EPU, 1986).

tratégicos para um pensar (e agir) mais empreendedor e focalizado em resultados, como o que configura o Empresariamento, caminho que tem sido eficaz em promover um empreender focalizado em resultados que geram valor sustentável. Pretendo demonstrar tudo isso de forma detalhada neste livro que afinal decidi produzir, movido por três razões principais:

1ª) Como reconhecimento a esses Dirigentes e Empresários que me propiciaram a perspectiva do *front* e me educaram. Registrando seu ensinamento, espero estar contribuindo com eles para a divulgação do seu pensamento tanto dentro das suas Organizações, quanto dentro das comunidades nas quais se inserem.

Sou testemunha de que existe no Brasil toda uma nova geração de Homens e Mulheres de Negócio, com um pensamento e uma ação que poderiam ser classificados como um *"caminho do meio"*, ou capitalismo social e responsável.

Tem sido um privilégio conhecer e interagir com Pessoas de todas as origens que vivem no Brasil e que, cada vez mais, possuem muitos destinos no mundo, que estão a falar e praticar um estilo ou jeito de ser e agir que busca, a um só tempo, a máxima distância possível das perversidades que estão contidas no capitalismo selvagem e predador e no capitalismo clientelista (daqueles que em lugar de buscar a excelência, preferem "conquistar" Sua Excelência, privatizando lucros e socializando prejuízos). São Homens e Mulheres de Negócio que estão liderando de forma competente seus empreendimentos para o sucesso e a excelência, num ambiente cada vez mais internacionalizado e com fortes graus de competição e transformação, mas também evidenciando um pensamento concreto e objetivo a respeito do papel que cabe às Organizações no desenvolvimento sustentável de comunidades e países, levando à prosperidade. Embora seu número seja ainda pequeno – mas muito maior do que dizem os pessimistas natos ou por desinformação –, estou convencido de que seu potencial é enorme, requerendo forte ação de informação e educação – sobretudo a que está contida no exemplo e na demonstração. Num momento em que o mundo começa a enxergá-los e valorizá-los, inclusive levando-os para liderar empreendimentos internacionais, no Brasil e fora, impõe-se contribuir para que sejam conhecidos, reforçados e adotados como exemplos a seguir. Seu pensamento está contido em tudo o que falamos neste livro, mas sobretudo na parte em que apresentamos o Empresariamento (ou Empreendedorismo no caso de não Empresas) como Estilo ou jeito de ser e agir.

2ª) Como base para a integração e, onde possível, o aperfeiçoamento de um já significativo e crescente conjunto de Professores, Consultores e Profissionais que comungam as ideias e ideais com quem tenho trabalhado, seja na Fundação Dom Cabral, seja na Desenvolver.

Como coautores do aprendizado e dos conceitos (ideias e ideais) e respectivas soluções educacionais e de gestão que deles decorreram, fazem com que o texto em todo o restante do livro esteja conjugado na forma do **nós**, ficando o **eu** apenas nesta introdução. Desse modo, poderemos gerar para todos os profissionais, sobretudo os parceiros técnicos da Desenvolver e da Fundação Dom Cabral, assim como para os jovens de todas as idades que acham que vale a pena ouvir um pouco de nós, um melhor ordenamento e embasamento do conjunto das soluções vinculadas ao Empreendedorismo. E registrar a vinculação entre Empresariamento (versão empresarial do Empreendedorismo), Processo ordenado e ordenador de Desenvolvimento Estratégico e seus Programas para a Excelência, que estão na base de nossas contribuições com o mundo das organizações humanas.

3ª) Como um marco da minha passagem para a 3ª e última etapa da vida profissional, que começa agora que completo 60 anos, e que espero dure bem mais do que os 25 anos da primeira e os 20 da segunda.

Nesta etapa, em que a vida profissional passa a ser complemento necessário da viagem pessoal em busca da plenitude como ser humano, os focos principais estarão em:

- Repercutir da forma mais ampla possível o pensamento, a ação e o exemplo desses brasileiros de todas as origens e destinos que estão a demonstrar que existe um grau elevado de correlação positiva entre o sucesso e a excelência das organizações dos segundo terceiro setores e a prosperidade dos povos.

- Contribuir para a formação e o aperfeiçoamento de Profissionais em desenvolvimento que sejam efetivamente orientados para que Pessoas e Organizações obtenham o sucesso e a excelência nos seus empreendimentos, apoiando-os com conceitos e metodologias que tenham a perspectiva do *front* e sejam soluções efetivas.
- Contribuir para o resgate e o fortalecimento das perspectivas do Empreendedorismo, cada vez mais entendido como de transcendental importância em todo e qualquer empreendimento humano, individual ou coletivo, na vida pessoal ou profissional, no privado ou no público.
- Contribuir com as Instituições do primeiro e do terceiro setores, tendo em vista as convicções de que os fundamentos da gestão são universais e de que a principal carência dos países ainda não desenvolvidos não está na falta de recursos, mas sobretudo na competência em empreender para obter resultados e gerar valor.

Tudo embasado e orientado pelas convicções de que:

- a excelência é um desafio e um destino de todos e que o grau de excelência de cada um e todos (Pessoas, Organizações e Países) tem a ver com o grau em que seu potencial (formado pelas competências básicas e pelas motivações) seja transformado em realidade.
- a missão e o desafio de todos os que lidam com o desenvolvimento de Pessoas, Organizações e Países é contribuir, como num trabalho de parto, para dar à luz o que já existe em potencial.

Inspirações teóricas de base

O eixo central e motriz dos conceitos e metodologias aqui apresentados começou a tomar forma em 1979, quando da elaboração da monografia relativa ao programa *Master in Business Administration – Specialization in Organizational Behaviour*, que realizava na California American University. O programa tinha como "linha melódica" os conceitos ligados às abordagens situacionais para liderança – em todas suas interfaces e interações de um profissional – e não apenas com sua equipe direta. Participar desse programa específico foi uma decisão vinculada a um interesse direto da instituição com a qual então colaborava (Grupo Odebrecht), mas que tinha muito a ver com um momento crítico em minha carreira profissional. Uma parcela significativa de minha experiência profissional, até então, abrangia diferentes empresas de um mesmo setor da economia. Todas elas de sucesso e entre as primeiras do setor, mas cada qual com seu jeito específico de ser e agir (no caso de duas delas, os estilos chegavam a ser quase que opostos).

Isso me intrigava. Sobretudo porque, como profissional que atuava no campo de desenvolvimento, estava sempre sendo provocado a respeito de "melhores modelos", "melhores práticas", "melhores soluções", "melhores caminhos" para o sucesso e a excelência profissional e organizacional. Sobretudo porque as pesquisas e análises que eu já começava a fazer, ampliando o foco para os vários setores da economia, mostravam que essa diferenciação nos estilos das empresas de maior destaque e sucesso estava presente em todos os setores. O foco da monografia – e seu título inicial – estava na Gestão Situacional, ou seja, a perspectiva de existência de diferentes caminhos alternativos para a busca do sucesso e da excelência. A hipótese adotada como ponto de partida da monografia era que a causa do sucesso dessas empresas estava mais na sua competência em praticar uma Gestão Situacional adequada às suas realidades e situações, do que no tipo específico de Estilo de Gestão que elas adotavam.

Havia elaborado uma fórmula representativa da hipótese inicial:

SE = CE + CG

Onde   SE ➔ *Sucesso e Excelência*
       CE ➔ *Competência Empresarial*
       CG ➔ *Competência Gerencial*

Sucesso tendo a ver com o alcance dos resultados desejados; Excelência, com o fato de esses resultados estarem dentre os níveis mais elevados no setor de atuação da organização; Competência Empresarial, com a gestão do negócio em que a empresa opera, abrangendo os aspectos vinculados a clientes, concorrência e similares; e Competência Gerencial tendo a ver com a gestão da organização necessária para a condução do negócio, abrangendo sobretudo os aspectos vinculados a Pessoas e Processos. O objetivo da monografia era analisar de perto, e de forma ordenada, fatos e conceitos das realidades empresarial e acadêmica, como base para validar a interpretação e a hipótese situacionalista.

Complementarmente, buscava confirmar uma já convicção: que a Competência Empresarial era mais crítica e vital do que a Competência Gerencial, embora a excelência dependesse da presença de ambas. Do prisma metodológico, entendeu-se que o primeiro passo deveria estar no equacionamento de um ponto entendido como básico: **O que são as organizações? Quais são as variáveis críticas?**

A partir desse equacionamento, buscar-se-ia resposta para a questão central: **Como gerir e desenvolver organizações, na busca do sucesso e da excelência?**

As conclusões dos estudos e análises se transformaram no PDE (Programa de Desenvolvimento Empresarial), conjunto de conceitos e metodologias com os quais iniciei, em 1986, a atuação como professor e consultor de Desenvolvimento Empresarial e Organizacional, após 20 anos de atuação como gerente e dirigente em empresas.

Nesse período, face às novas realidades do sistema empresarial brasileiro, impôs-se buscar respostas para uma nova situação-desafio: **Como gerir e desenvolver organizações em tempos de elevadas transformações, turbulências e competição?**

Como consequência, o PDE foi suplementado por outro conjunto de conceitos e ferramentas, chamado de Empresariamento ou Empreendedorismo, que retoma, de forma bem mais amadurecida, a questão de Estilo mais adequado para a Gestão.

A década de 90 foi muito importante para a consolidação e o aperfeiçoamento do conjunto de conceitos e ferramentas aqui apresentados, tendo em vista dois conjuntos de fatos:

1. As novas realidades que o país passou a vivenciar em termos de gestão de suas organizações, públicas e privadas, tendo como desafio principal a questão da competitividade e das

bases de competências para sua obtenção e sustentação. Essa nova realidade veio confirmar e reforçar as perspectivas do conjunto das conclusões até então elaboradas, em especial as apresentadas pelo Empresariamento/Empreendedorismo.

2. A formidável oportunidade que foi, como integrante das equipes de professores da Fundação Dom Cabral, poder compartilhar a busca das respostas adequadas num processo de parceria com profissionais dirigentes das empresas e instituições que constituíram, com a FDC, o PAEX e o CTE.

Esses processos permitiram ampliar a implementação e a experimentação dos conceitos e ferramentas, validando-os e aperfeiçoando-os, mas trouxeram também o desafio de se buscar a resposta para uma outra necessidade: **Como promover nas organizações um processo ordenado e ordenador para o contínuo aprendizado e adaptação ao externo e ao futuro e, daí, para mapear, proteger/reforçar e desenvolver competências?**

Nestes últimos anos, temos colaborado com organizações de todos os setores (público, privado e 3º setor), convencendo-nos cada vez mais da adequação dos conceitos e ferramentas e buscando a cada ano incorporar as melhorias e complementos/suplementos decorrentes.

Tem sido continuamente reforçada nossa convicção de que, após mais de 100 anos de desenvolvimento das tecnologias de gestão, já se sabe O QUÊ, em gestão de negócios e organizações, cujos fundamentos tendem a permanecer. O que muda – e cada vez mais e mais rápido – é O COMO, função das novas/nossas realidades, função das extraordinárias evoluções que tem vivido o mundo, em especial as vinculadas à comunicação, à computação e à globalização/internacionalização.

Enfim, o objetivo deste livro é apresentar essas metodologias e os conceitos e casos/exemplos que lhes dão sustentação, ampliando o diálogo em torno deles, na busca da excelência.

Os focos estão em dois públicos:

1. Os profissionais que fazem parte de nossas equipes (PAEX, Especialização, Apoio ao Desenvolvimento de Profissionais e Instituições, Células de Desenvolvimento Tecnológico), como base para um maior domínio das metodologias, visando otimizar suas implementações e embasar suas melhorias.
2. Os Participantes dos nossos programas de desenvolvimento, como memória e base para aprofundamentos.

A ideia é ser útil a dirigentes de empresas e a todos os profissionais que atuam no campo da gestão, ser útil na elaboração de suas ideias e ideais e, sobretudo, no agir para melhorar o mundo e a vida.

José Luiz de Santana

Capítulo 1

AS NOVAS REALIDADES E DESAFIOS DAS ORGANIZAÇÕES

Uma das melhores descrições sobre o que se tem vivenciado nos últimos anos foi apresentada pela revista Fortune, quando se referiu às quatro grandes revoluções do nosso tempo: comunicação, computação, globalização e gestão.

- Comunicação, num processo que transformou nosso mundo em aldeia global, numa dimensão que nem McLuhan[7] conseguiu imaginar, e que opera hoje como formidável mecanismo de educação, inserção e acesso a valores e fatores de todo o mundo.

    Em todas as dimensões horizontais e verticais da sociedade e das cadeias produtivas, cada dia mais cresce o número de pessoas a tomar consciência de outras realidades e possibilidades, aumentando os graus de exigência e acesso.

- Computação, com todo o extraordinário potencial oferecido por um mundo digital, sobretudo quando combinado com a Comunicação, gerando possibilidades antes apenas imaginadas, mas que vêm trazer não apenas Oportunidades, mas também Ameaças, gerando substitutos para uma enorme quantidade de ações e esforços realizados por seres humanos, e tornando obsoletos todos aqueles que, mesmo sabendo quase tudo de seu campo de atuação, não dominam o suficiente da tecnologia de informação correspondente, caracterizando-se como "Pessoas analógicas em um mundo digital" e geradoras de perda de valor para as organizações com as quais colaboram.

---

[7] O filósofo canadense Herbert Marshall McLuhan previu que a comunicação de massa, facilitada pela televisão via satélite, transformaria o mundo numa espécie de aldeia em que todos saberiam da vida uns dos outros. Ele desenvolveu a ideia nos livros *The Gutenberg Galaxy* (1962), *The Medium is the Massage* (1967), *War and Peace in the Global Village* (1968) e no artigo "Communication in the Global Village" (1969).

- Globalização, da qual é desnecessário falar algo mais, a não ser a percepção daqueles que estão no *front* de que a realidade está mais para a Globolocalização. Como no refluxo das marés, percebe-se agora quão fortes são os aspectos locais, em especial os associados aos fatores culturais e à preservação da identidade. Ser global e local é, a um só tempo, o novo desafio de todos, inclusive os locais.

- Gestão, através dos efeitos de tudo anteriormante colocado, mais uma extraordinária evolução nas Crenças e Valores, em especial as vinculadas à Ética e à Moral, à Qualidade de Vida, à Gestão de Recursos e à Focalização em Resultados Sustentáveis.

Figura 1: As quatro grandes revoluções.

Como especificado mais à frente, nunca como nos últimos quinze anos a Gestão buscou e desenvolveu tantas novas formas, numa tentativa de disponibilizar **Nossas Respostas** que atendessem de maneira adequada às **Novas /Nossas Realidades**.

Existe o risco de que leitura e análise apressadas desse quadro possam induzir à conclusão de que a revolução na gestão é apenas uma consequência das outras três. Mas a gestão (inclusive ou em especial os aspectos vinculados a Estilo, ou jeito de ser e agir) foi e é causa e consequência das mudanças e transformações que têm impactado nossas vidas pessoais e profissionais.

Pois é muito evidente que as revoluções de comunicação, computação e globalização foram geradas sobretudo pelas Organizações, a partir de nova gestão de recursos e resultados.

Embora seja uma descrição muito abrangente e competente, ela já pode ser vista mais como relato de nosso passado de curto prazo, pois deixou de destacar – talvez porque ainda embrionário – um outro conjunto de revoluções que tornam cada vez mais presente aquele futuro já referido e que tem pouco a ver com o presente: a genética, a nanotecnologia e outras que estão a prenunciar quão próximo estamos do "admirável mundo novo", e além.

Se há apenas alguns anos se descobriu que era preciso acompanhar a evolução das tecnologias para se antecipar a novos e/ou melhores produtos e soluções, tem-se agora uma realidade em que se impõe acompanhar a evolução das ciências e do conhecimento humano, para se antecipar a novas e/ou melhores tecnologias e soluções.

Essas revoluções têm impactado também as realidades do Brasil corporativo, privado, público e terceiro setor. E pela própria natureza das realidades do país e de suas Organizações públicas[8] e privadas até a década de 80, esse impacto foi e continua sendo num grau extraordinário, com forte turbulência, gerador de oportunidades e ameaças.

Apesar da estabilidade econômica conquistada a partir de 1994, desde o início da década de 90, pode-se afirmar que os gestores de organizações públicas e privadas estão a fazer frente a uma situação que combina a incerteza e a competição (por mercados e recursos, sobretudo) em graus jamais enfrentados. Talvez apenas inferiores ao que ainda está por vir.

Novas realidades[9]

Desde a segunda metade da década de 80, sobretudo após o início dos anos 90, as empresas brasileiras têm vivenciado uma reali-

---

[8] No caso de Organizações Públicas, o entendimento é que a Propriedade é da Sociedade, representada pelos Governos (perspectiva dos três poderes e dos três níveis). E que seu Negócio tem a ver com cuidar daquilo definido na Constituição e na Legislação, visando resultados em termos de Desenvolvimento Econômico-social.

[9] O texto desta seção está parcialmente vinculado ao Encontro do Comitê de Presidentes do Centro de Tecnologia Empresarial, realizado no dia 12 de junho de 1997. Aqui estão

dade absolutamente nova, com extraordinários desafios na gestão do negócio e da organização, fruto de um conjunto de variáveis decorrentes do quadro internacional (como as revoluções nas comunicações e na computação, e a globolocalização) e de outro conjunto específico da realidade brasileira (como a abertura e a liberalização).

Um primeiro conjunto de desafios se refere a situações positivas e negativas decorrentes das soluções já implementadas:

1. As empresas têm hoje um processo de gestão e organização mais descentralizado e ágil, com significativa ampliação no que tange a *intrapreneurs*[10] e inovação em geral.

   Essa situação tem colocado desafios em relação à forma mais adequada de se gerenciar essa nova e mais positiva realidade, com questões a resolver em aspectos tais como o papel da corporação, o processo decisório, soluções de remuneração e similares.

   O esquema a seguir evidencia uma das situações vivenciadas pelos Altos Dirigentes, típica das organizações que se enquadram no formato de Federação de Negócios:

---

apresentados o relatório do Encontro, publicado no Caderno nº 2 do CTE; e o material revisto e ampliado do que o autor apresentou na abertura do Encontro, sob o título Tecnologia de Gestão: Uma Visão Retrospectiva. O material completo desse Encontro pode ser encontrado no livro *Pensamento Empresarial – Teoria e Prática*, Edições Fundação Dom Cabral, de 1997.

[10] O termo foi cunhado por Gifford Pinchot III, em "Intrapreneuring: Why You Don't Have to Leave the Corporation to Become an Entrepreneur" (New York: Harper and Row, 1985), com o significado de que os empregados podem ser empreendedores dentro das próprias empresas onde trabalham, colocando em prática ideias que gerem inovações gerenciais ou tecnológicas.

2. Embora positivas no que se refere à produtividade e à competitividade das empresas, as soluções vinculadas a Processos e Custos tiveram quase sempre que ser implementadas em forma, grau e velocidade geradores de problemas.

Tais soluções deixaram como resultado, além do desemprego:
- significativa sequela no moral das pessoas, gerando um novo e formidável desafio à sua motivação, da mais elevada relevância para o sucesso, a continuidade e o crescimento das empresas;
- em menores número e grau, mas também importante, um desafio à conservação da história e dos valores das empresas, assim como à continuidade e à preservação de suas *core competences*.

Como promover a implementação de decisões que são necessárias para a conquista de produtividade, competitividade e rentabilidade, e que impliquem transformações significativas (com forte impacto em custos, estruturas, pessoas, fornecedores), sem gerar esses efeitos indesejados.

Outros desafios a equacionar:
- Como mobilizar a evolução numa equipe/empresa que tem sido bem-sucedida Em especial, como promover uma transformação dessa equipe/empresa em função de mudanças e transformações no negócio e no ambiente.
- Como criar, na empresa, ambiente e clima adequados para que as pessoas possam empreender, inovar e, sobretudo, utilizar todo seu potencial no sentido dos resultados e do crescimento (qualitativo, quantitativo, pessoal etc.).
- Como integrar e sinergizar diferentes culturas com processos, cada vez mais frequentes, de parcerias, alianças e fusões/aquisições de empresas.
- Como se obter o balanceamento entre transformação/crescimento e estabilização, uma vez que a contínua turbulência tem gerado efeitos devastadores, como os acima descritos Nas novas realidades, isso é possível.

Tão extraordinárias e impactantes quanto esses desafios têm sido as respostas colocadas por e para as empresas, no que se apresenta como a revolução na gestão. Esse período pode ser descrito como turbulento, pleno de oportunidades e de ameaças.

Uma análise e uma reflexão sobre o período, feitas na perspectiva do ano de 1996, deixam evidente que as empresas têm evoluído de maneira extraordinária, tanto no que se refere à sua produtividade e competitividade, quanto à competência em gerenciar mudanças e transformações.

Contudo, essas mesmas empresas entendem que a situação ainda não está dominada, pelo menos por duas razões:

1. As respostas implementadas geraram situações positivas e negativas, ainda não totalmente equacionadas.
2. É provável a continuidade da situação até aqui vivenciada, pela contínua e acelerada emergência de novas realidades, e a proposição de novas e/ou melhores tecnologias para a gestão.

Daí a importância estratégica de se fazer uma reflexão e prognósticos focalizados nos rumos da Tecnologia de Gestão.

Nossas respostas: equacionamento visualizado

Jamais se viveu um momento em que a Gestão tivesse um papel tão crítico no mundo das organizações, nos negócios e na vida.

As transformações ocorridas a partir da década de 70 no Hemisfério Norte e no Anel do Pacífico e, a partir da década de 90, na América Latina e em especial no Brasil, levaram a Gestão para um papel de eixo central e motriz da concepção e condução de organizações do primeiro setor (governos), do segundo (empresas) e do terceiro setor (organizações não-governamentais).

Nesse novo contexto, a Gestão passa a ter, para aqueles que cuidam de negócios e organizações, um significado tão vital quanto o ar para os que lidam com projetos e operação de aviões: embora pareçam para alguns algo invisível e abstrato, as soluções que não os levarem em conta não sairão do chão. Ou não ficarão no ar por muito tempo.

Desde sempre, mas sobretudo a partir da década de 90, o sucesso e a excelência das Organizações exigem dos dirigentes tanto a capacidade de gerar resultados no presente, quanto a de garantir contínua adaptação ao externo e ao futuro.

Mas a situação e as tendências no mundo – e sobretudo no mundo da gestão e das organizações – provocaram inversão na sequência do desafio e da missão dos Dirigentes: precisam garantir a contínua adaptação ao externo e ao futuro, para poderem garantir resultados adequados no presente e no futuro.

As realidades das Organizações, sobretudo as Empresariais, têm reforçado a lição darwiniana de que a sobrevivência é função muito mais da adaptabilidade (e da inteligência por trás dela), do que da força.

Para serem positivas, as respostas ou soluções devem estar continuamente adequadas às realidades em que operam suas organizações, realidades essas que estão cada vez mais em mudança, tendendo a tornar obsoletas e inúteis as respostas que geraram o sucesso do passado e do presente – e que podem até mesmo se tornar causa de dificuldades e mesmo de fracasso no presente ou no futuro (ver Capítulo 7, sobre a Síndrome do Sucesso).

Figura 2: Novas realidades.

Nunca foi tão grande o desafio de compreender as realidades do presente e suas tendências, estando a par quanto às novas realidades no que tange a aspectos como mercado, tecnologia, economia e político-social.

Mais do que isso, nunca pareceu tão temerário – mas ao mesmo tempo tão necessário e vital – o ato de procurar antever o futuro, num momento em que se percebe que ele se desdobra em dois:

1. O Futuro do Presente, que tem a ver com o quê do presente, tende a permanecer, mesmo que modificado.
2. O Futuro (ou, no caso da Gestão Estratégica, o Futuro no Presente), que tem a ver com imaginar/projetar um futuro que pode não ter a ver com o presente e suas tendências.

Como consequência, cresce na mesma proporção a dificuldade de se chegar ao que efetivamente importa para as Organizações:

- Fazer uma leitura competente das tendências e fatos, em termos de seus impactos nas organizações, positivos e negativos, atuais e futuros.
- Identificar e mobilizar oportuna e adequadamente as respostas que melhor contribuam para os resultados, usufruindo as oportunidades e afastando as ameaças.

O Processo de Gestão e Desenvolvimento com que operamos, em nossa contribuição com as Organizações, e o Estilo do Empreendedorismo/Empresariamento, como forma preferencial que indicamos para o pensar e agir nas Organizações, têm estado conscientes dessa situação e buscado oferecer soluções para que os Dirigentes consigam equacionar da melhor forma possível esses desafios.

Para esse equacionamento, a metodologia de pensamento e análise estratégicos, utilizada no Programa Projeto Estratégico, orienta no sentido de uma abordagem que vai um passo além da focalização no mercado e no marketing (como foi desenvolvido para um avanço em relação à focalização no produto).

A figura a seguir orienta essa abordagem ampliada, que assume muito do que hoje se preconiza na gestão e propõe um avanço para uma dimensão além de apenas colocar o foco no mercado e nos clientes, acompanhando e respondendo ao externo, para atingir a dimensão do renovar e/ou construir o externo e mesmo o futuro.

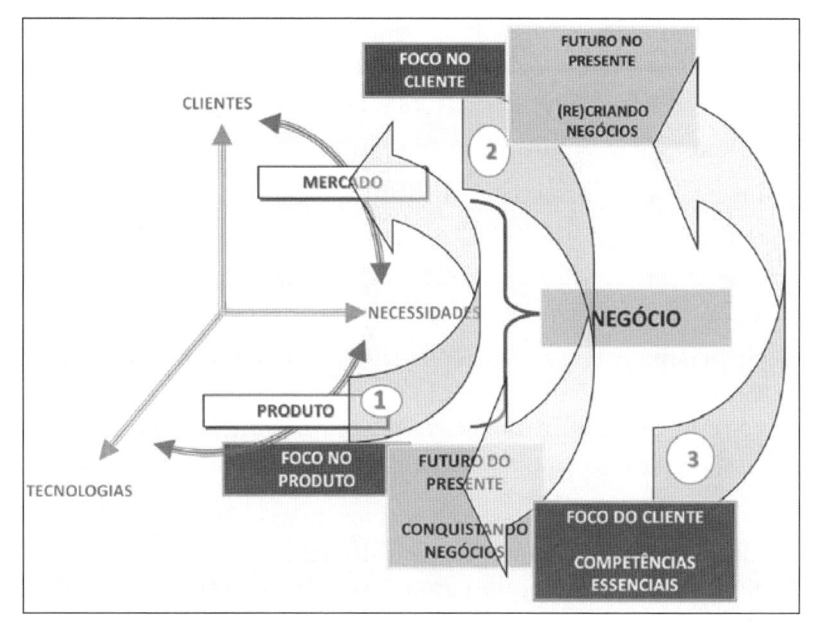

Figura 3: Os diversos focos da gestão.

Bases para avançar

O entendimento é de que o tema Rumos da Tecnologia de Gestão deve ser abordado mais na perspectiva de processo do que de evento isolado, devendo ser continuamente revisitado pelos dirigentes, de forma a se garantir a contínua adequação ao externo e ao futuro, sem se perder de vista os aspectos críticos anteriormente colocados.

Como será apresentado em outras partes do livro:

- governos de todos os níveis estão implementando processos de transformação e reinvenção, buscando novas vias para a governança pública (como é o caso da terceira via ou esquerda progressista);
- empresas em posição de liderança nacional e mundial estão num processo de evolução para formas de ser e agir, com destaque para as contemporâneas redes – e mesmo organizações virtuais – num processo que assume a gestão como principal fator-chave de sucesso para a conquista dos resultados desejados em termos de competitividade, de rentabilidade e de crescimento sustentáveis.

Garantir sustentabilidade no que tange a Competitividade, Resultados Finais e Empregabilidade passou a ser o grande desafio de todos os envolvidos com a Gestão de Negócios e Organizações.

Dentre os vários efeitos gerados, talvez os principais sejam:

- crenças e valores, com destaque para os aspectos vinculados à Ética, à Qualidade de Vida e à Focalização em Resultados;
- incerteza combinada com competição, gerando desafios de COMPETITIVIDADE e EMPREGABILIDADE;
- do prisma ético, surgem positivas e crescentes pressões no sentido de uma evolução, pelo menos na linha de uma maior integridade, na linha da coerência e congruência. Há que se dispor de regras e as regras têm que ser observadas.

E na medida em que começa a ocorrer maior pressão na direção de posturas e práticas honestas e politicamente corretas, cresce também a percepção de que sua conquista é tanto uma função de valores (que derivam da educação), quanto de temores (que derivam da legislação), como bem demonstra a figura a seguir, adaptada de colocações feitas por José Paschoal Rossetti, professor associado da Fundação Dom Cabral.

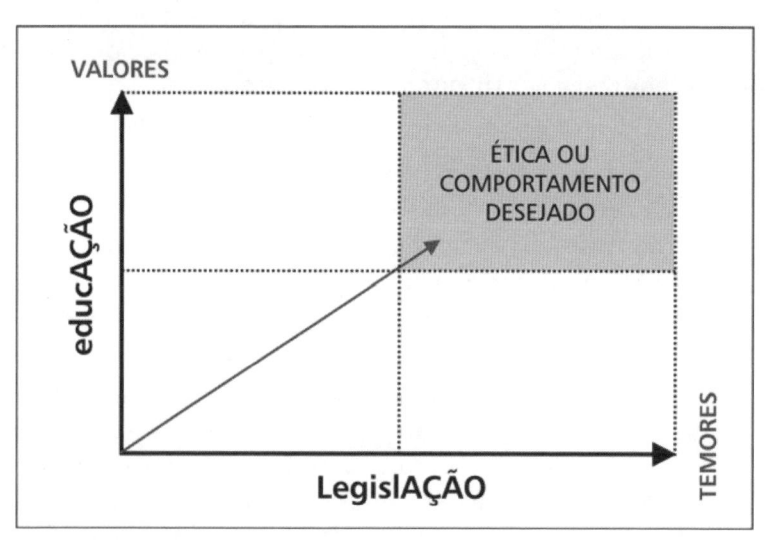

Fonte: Adaptado de ROSSETTI, J. P. – notas de aula.

Figura 4: Valores e temores.

- Do prisma da qualidade de vida, as evoluções estão nas dimensões individual, organizacional e comunitária, com os impactos estando ainda no início de uma espiral que vai transformar não apenas a maneira como se vive, se trabalha e se faz negócios, mas que tende a atingir a própria natureza da vida, do trabalho e dos negócios.

No Capítulo 11, quando discorremos sobre Responsabilidade Social no Contexto do Empreendedorismo/Empresariamento, está uma visão disso no que tange à interface das Organizações com seus Colaboradores internos e externos e com a Sociedade/Comunidades. Mas a onda verde já deixa mais que evidentes os efeitos dessa evolução na dinâmica das Organizações, antes, durante e após suas operações.

- A crescente focalização em resultados e na agregação de valor pelas Pessoas e Organizações é tão evidente e tão forte que tem tornado o Empreendedorismo eixo central e motriz do Estilo de Gestão e Organização das Instituições de todos os tipos, inclusive as Públicas.

Competitividade e Empregabilidade

Mas nenhum efeito tem sido maior e mais flagrante do que aquele vinculado à incerteza combinada com a competição.

Temos procurado demonstrar a transformação ocorrida em nosso país, através de três fórmulas que descrevem cada uma das três fases que formaram a década de 90, na sequência da abertura e da modernização/internacionalização.

Primeira fórmula:

$$C + L = P$$
(CUSTO + LUCRO = PREÇO)

Segunda fórmula:

$$QIPA - C = L$$
(QUALIDADE INTRÍNSECA/PREÇO/ATENDIMENTO − CUSTO = LUCRO)

Terceira fórmula:

$$QIPA - L = QICPR$$
(QUALIDADE INTRÍNSECA/PREÇO/ATENDIMENTO − LUCRO = QUALIDADE INTRÍNSECA/CUSTO/PRODUTIVIDADE/PARTICIPAÇÃO NOS RESULTADOS)

Nesse contexto, no texto a seguir, preço ou tarifa são equivalentes, assim como o lucro no setor público deve ser entendido como desenvolvimento social e econômico (e prejuízo o seu contrário).

O novo conceito é que não existe, nem pode existir, segurança que não seja aquela que deriva dos resultados. Até o final da década de 80, éramos uma cultura em que o Custo era a variável básica e dominante. Sendo o ponto de partida, a ele se somava o desejado em termos de Lucro e se tinha como efeito o Preço.

No caso de Órgãos Governamentais, bastava substituir, na fórmula, Lucro por Desenvolvimento Econômico-Social e Preço por Tarifa.

No caso das Empresas, a qualquer aperto, quase sempre bastava uma ação junto ao Conselho Interministerial de Preços (CIP), com o uso de planilhas inteligentes que demonstrassem aumentos nos custos, para se obter o respectivo aumento dos preços.

No caso dos Governos, se não fosse bastante o aumento das tarifas, decidido por eles mesmos, apelava-se para elevação de impostos e endividamentos, muitas vezes provocados por competentes e inteligentes Marketings e Engenharias Financeiras promovidos pelos próprios proprietários ou gestores de recursos.

Típica de uma realidade fechada, sem competição e com enormes proteções, mais que uma prática, isso era uma cultura, uma vez que estava presente até no conteúdo dos cursos, nos quais se buscava capacitar os profissionais e dirigentes no estabelecimento das políticas de preços. No mais comum, o ensino para definir uma política de preços se dava mais ou menos assim: "Domine os custos, defina o *mark-up* e aí estabeleça os preços e as formas de pagamento".

O aumento de custos não era um problema maior: bastava ir a Brasília e fazer gestões junto ao CIP (talvez, melhor que fosse chamado CIC – Conselho Interministerial de Custos), para se obter autorização para elevar os preços. Quase sempre, bastava uma competência em elaborar e encaminhar de forma adequada uma planilha inteligente.

De repente (segunda fase), a abertura, a exposição à competição internacional e a utilização dos preços internacionais como pressão no sentido da redução da inflação.

Então, Preço passa a ser a variável dominante e, no meio da turbulência, o Lucro (inclusive no que tange a asfalto na estrada, leitos/médicos/remédios nos hospitais, carteiras/professores/merenda nas escolas...) passa a ser a variável dependente.

Mais do que esse retorno na direção do mundo real e civilizado, passaram a fazer parte da equação duas variáveis que só estavam presentes nas organizações já diferenciadas: Qualidade Intrínseca (QI), que é a qualidade em si do bem ou serviço que se negocia, dada pela qualidade do *design* e pela qualidade de conformidade; e Atendimento, na linha não apenas do diferencial cada vez mais necessário, mas também do respeito, cada vez mais exigido (e não apenas antes e durante a interação, mas sobretudo depois).

Os desafios vinculados à Competitividade, decorrentes da nova e mais elevada competição, têm exigido soluções que provocam grandes impactos na empregabilidade dos profissionais.

Comungamos com o Prof. Rossetti em que, mais do que uma questão vinculada à falta de empregos, o mais dramático da situação atual e futura (vez que isso parece ser um fato que chegou para ficar), é que os novos e muitos empregos que têm sido gerados não são adequados para os profissionais que estão perdendo seus empregos, por questões vinculadas à obsolescência decorrente da falta de educação básica e continuada.

Antes de avançarmos, vale a pena registrar que as Organizações mais competentes perceberam que a elevação das exigências do mercado/clientes teve a ver com maior conscientização dos mesmos, o que gerou também vários aspectos positivos, como o fato de que em termos de preço ou tarifa, muitas vezes importa mais o *melhor preço* do que o menor preço.

Contudo, a segunda fórmula acabou por se revelar como inaceitável: porque muito cômoda para os gestores e porque era arriscada demais para os investidores (inclusive a Sociedade) numa realidade de alta competição como a que se vive.

O equacionamento do desafio de atingir o estágio 3 tem sido buscado por meio da focalização em dois aspectos básicos:

1. Focalizando a Organização de uma forma nova e mais profunda, também como um portfólio de competências.

2. Focalizando a Ciência e seus avanços e inovações, colocando mais um grau de antecipação no que tange ao desenvolvimento de produtos (bens e serviços):
Produtos ← Tecnologia ← Ciência.

Um entre vários exemplos disso é a abordagem feita pelas Organizações de ponta no setor eletrônico e de telecom (como a Nokia).

Embora no mapeamento dos desafios haja perplexidade face às novas realidades, existe convergência quanto a alguns aspectos que podem ser considerados respostas adequadas, apontando para possíveis rumos da Tecnologia de Gestão.

Como ponto básico, influindo substancialmente nas demais respostas, está a convicção da importância de um *back to the basics* relativo à gestão dos negócios e das organizações (sobretudo *Pessoas* e *Processos*), voltando-se para os valores fundamentais que caracterizam as empresas em regime de mercado:

- Focalização em resultados.
- Genuína orientação por e para os clientes.
- Ação não apenas na redução dos custos, mas também e especialmente no crescimento das receitas.
- *Managing by walking around.*

Na linha do *know why* antes do *know how*, isso deve nortear as posturas e os comportamentos dos dirigentes e gerentes, preparando-os para propostas de novas tecnologias de gestão e evitando-se o "consumismo em administração".

Os dirigentes empresariais devem estar sempre conscientes de que, mais do que dirigir, no sentido de fazer funcionar os processos empresariais, seu papel básico e intransferível é garantir que a empresa disponha de direcionamento, a partir de uma clara filosofia empresarial.

A ética deve caracterizar-se, neste começo de século, como um forte componente da gestão, presente nas relações da empresa com seu público externo e na interação com seu público interno. Nesse contexto, ela deverá ir além de só focalizar adequadas condições de emprego e de trabalho.

Na busca da criação de clima e ambiente apropriados para que as pessoas possam empreender, inovar e, sobretudo, utilizar todo o seu potencial, considera-se que um dos principais fatores-chave de sucesso é a forma com que se aborda a "questão do medo".

O "sentimento de crise", que se preconiza como básico para predispor as pessoas às mudanças, deve ser promovido com muito zelo, não devendo ser confundido com a promoção do medo.

Na mobilização para as mudanças e transformações, considera-se que o mais adequado é o envolvimento e o engajamento das pessoas, tornando-as coautoras dos processos e soluções que se impuserem. Isso pressupõe e exige a competente administração da variável tempo.

Nos casos em que pressões de sobrevivência não possibilitem o tempo requerido para essa abordagem, o entendimento é que o processo deve ser conduzido com clareza de propósitos e franqueza, na linha do respeito.

Na gestão que caracteriza a Federação de Negócios, tão importante quanto se evidenciar que o todo deve ser maior do que a soma das partes, é conscientizar as partes de que dentro do todo elas são mais fortes do que seriam totalmente separadas.

Os profissionais que dirigem as organizações públicas, privadas e do terceiro setor passaram a ser exigidos por uma terceira e mais permanente equação, na qual o custo chega finalmente ao lugar de onde nunca devia ter deixado de estar, que é o de variável dependente nas realidades das organizações, até mesmo por uma questão de sobrevivência.

E a grande marca dessa terceira, atual e talvez permanente equação aponta para uma nova maneira de focar e abordar os custos, uma vez que as soluções adequadas em custos têm o desafio de preservar a Qualidade Intrínseca e estarem baseadas em conquistas cada vez maiores e melhores no que tange à Produtividade (até porque Qualidade não mais ganha o jogo, somente permite entrar nele).

Nesse contexto, importa mais do que o *menor custo* o *melhor custo*, cuja medida está no valor agregado.

O desafio é assegurar, nesta ordem, COMPETITIVIDADE (através do QI/P/A) e RENTABILIDADE (através do L), como base para garantir aos Profissionais a EMPREGABILIDADE.

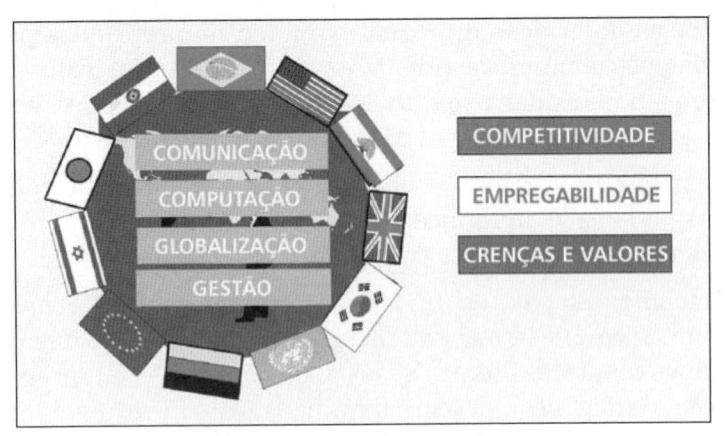

Figura 5: Desafios atuais.

Com a globalização e a respectiva abertura, o Brasil privado e público passou a ter que conviver com nova realidade. A exposição à competição internacional, a utilização dos preços internacionais como pressão no sentido da redução da inflação e o cada vez maior acesso, pelos mercados e pela sociedade, a informações – tudo isso passou a operar como fatores de pressão.

Do prisma do Brasil público, além desses fatos, surge a crescente rejeição ao crescimento de tarifas, à continuidade do endividamento e às excessivas presenças do Estado na Economia e dos interesses privados no Estado.

Além de forçar para que Preço e Tarifa se tornassem pontos de partida, essa nova realidade veio colocar, de forma ampla e pelo caminho da pressão do mercado e da sociedade, duas variáveis que já estavam no foco e nas ações das Organizações diferenciadas (seja por Estilo, seja por competência em Estratégia Competitiva):

1. Qualidade Intrínseca, que é a qualidade em si do bem ou serviço que se oferece, dada pela qualidade do *design* (adequação ao uso) e pela qualidade de conformidade.
2. Atendimento, não apenas na linha do diferencial cada vez mais necessário, mas também do respeito, cada vez mais exigido (antes e durante a interação, mas sobretudo depois, na linha do pós-venda).

Capítulo 1: As Novas Realidades e Desafios das Organizações

Isso impôs uma nova equação para a gestão que pode ser expressa pelas fórmulas a seguir, em que Preço e Tarifa, agora acoplados com a Qualidade Intrínseca (QI), passam a ser as variáveis dominantes:

PREÇO* – CUSTO = LUCRO
TARIFA* – CUSTO = DESENVOLVIMENTO
ECONÔMICO-SOCIAL

* Acompanhados por Qualidade Intrínseca e Atendimento.

Do prisma dos custos, viveu-se um momento em que havia duas pressões de sentido inverso: de cortes significativos para permitir fazer frente a Preços ou Tarifas mais apertados; e de investir para a melhoria da Qualidade Intrínseca e do Atendimento. Em grande número de situações, a resultante principal foi uma assim chamada "combinação perversa", de redução de preços e de elevação de custos.

Sobretudo nesses casos, mas também num significativo número de situações em que a redução dos preços não foi acompanhada por correspondente redução dos custos, a resultante final foi o impacto negativo nos resultados, revelando que a competitividade obtida não era sustentável.

Outra marca dessa fase intermediária da década de 90 foi aquilo que passou a ser conhecido como "gestão denominador", fruto de miopia em gestão, em que os responsáveis pelas decisões nas Organizações focavam apenas os desafios na dimensão interna e passaram a praticar o corte de custos "a qualquer custo", como se esse fosse o caminho principal para competir e, sobretudo, para preservar os resultados finais.

Mas os mercados e as comunidades não estavam apenas a pressionar no que tange a custos, mas também quanto à Qualidade Intrínseca e aos demais atributos da qualidade total, monitorando a relação entre preço e qualidade intrínseca, e rejeitaram redução de preços/tributos.

Um aspecto dramático nessa fase foi a não percepção, por significativa parcela das Organizações, sobretudo Empresariais, com destaque para as que operam no *B-to-B (Business-to-Business)*, de que a nova realidade não sinalizava apenas na direção de menor preço e sim do melhor preço, cuja medida está no valor gerado (ou seja, menor custo final para os Clientes ou Beneficiários).

Reduzir preços ou tarifas de uma forma que afete a rentabilidade ou a continuidade do desenvolvimento econômico-social é miopia ou irresponsabilidade, levando ao pior preço/tarifa. Mas reduzir custos de uma forma que afete a qualidade intrínseca e o atendimento se revelou um caminho mais curto para a redução dos resultados finais, pois levou à rápida perda da competitividade.

As soluções requeridas para fazer frente a tudo isso trouxeram extraordinário grau de exigência dos Profissionais, gerando impactos não mais apenas na base da pirâmide, mas em especial nos níveis de Alta Gerência e Direção. Infelizmente no curto prazo, mas felizmente para o longo prazo, os Profissionais tomaram consciência do novo e enorme desafio em termos de Empregabilidade. Tinham que gerar respostas adequadas e em contínua renovação, para garantir sua ininterrupta adequação ao externo e ao futuro.

Mas os gestores das Organizações privadas e públicas não sabiam que o desafio maior ainda estava por vir.

⁂

Os Acionistas e os Investidores (que, no caso dos Governos, é a Sociedade) rapidamente expressaram sua insatisfação, não aceitando que as Organizações fossem geridas na forma da segunda equação, em que o Lucro ou o Desenvolvimento Econômico-Social ficava como a variável dependente. Isso era inaceitável e insustentável.

Embora desafiante, a 2ª fórmula estava cômoda para os Gestores, mas levava os Acionistas e os Investidores a irem além do assumir riscos, fazendo-os correr riscos altos, face à elevada vulnerabilidade, que não se restringia apenas ao novo e desafiante ambiente externo, mas ao crescentemente preocupante ambiente interno de suas organizações, formados na sua maioria por especialistas com muito *know how*, mas pouco *know why*, dominando mais a operação do que o negócio.

Essa é a equação mais compatível com Organizações de todos os setores que estão numa busca genuína de resultados sustentáveis e, sobretudo, da excelência:

Capítulo 1: As Novas Realidades e Desafios das Organizações

> QIPA − L = QICPR
> QIT − DES = QICPR

Os gestores passaram, então, a ter que assumir alguns fatos que hoje parecem muito óbvios:

- É necessário garantir aos Acionistas, Investidores e Contribuintes que o Empreendimento possui grau significativo de probabilidade de gerar resultados finais positivos (rentabilidade e desenvolvimento econômico-social sustentáveis), para que eles se motivem a dar-lhe sustentação.

- É fundamental oferecer aos Clientes e Usuários/Beneficiários/Consumidores a Qualidade Adequada, mas Qualidade não ganha mais o jogo, sendo apenas a base para se entrar no jogo (Competitividade).

- Na gestão dos custos, agora como variável dependente, impõe-se cuidar para que não se provoquem impactos negativos na qualidade intrínseca. O foco, portanto, deve estar mais no *melhor custo* do que no *menor custo*, evitando-se a repetição da miopia já referida. Ao mesmo tempo, impõe-se compreender o sentido econômico da qualidade, na linha de que tem mais a ver com adequação. Oferecer mais do que o mercado e a comunidade estão dispostos a valorizar também desequilibra a equação.

- Como consequência, os resultados finais passam a depender, crítica e crescentemente, das conquistas em termos de Produtividade (PR).

- O foco na Produtividade passa a ser tão central que repercute em todos os aspectos da gestão, inclusive na remuneração dos Colaboradores internos e externos, que deve passar a estar crescentemente vinculada aos Resultados, na linha da Participação nos Resultados.

- A Empregabilidade é uma conquista que se faz de forma indireta, pois só é genuína e sustentável quando decorre de duas conquistas anteriores, que são a Competitividade e a Rentabilidade ou Desenvolvimento Econômico-Social. A única segurança que se pode dar aos Profissionais, em qualquer tipo de Organização, é a que decorre de sua capacidade, motivação e ação para gerar resultados sustentáveis.

Nossas respostas

Parece que a única coisa que, na década de 90, rivalizou com o quadro de abundância no que tange a novos fatos e desafios nos ambientes externo e interno do Brasil corporativo e organizacional é o que ocorreu, e ainda ocorre, em referência às soluções internacionais e nacionais que se colocou como adequadas.

Os riscos vinculados à sobrevivência de profissionais e organizações potencializaram, como no caso de pessoas em situações de risco para a vida, a abertura e o apelo a tudo que se coloque como novas respostas para novos problemas.

Sobretudo a década de 90 – mas ainda hoje – foi abundante em novas soluções, de caráter geral ou das assim chamadas *best practices*; ao mesmo tempo, novas terminologias foram introduzidas, muitas vezes visando a um novo significado para velhas práticas.

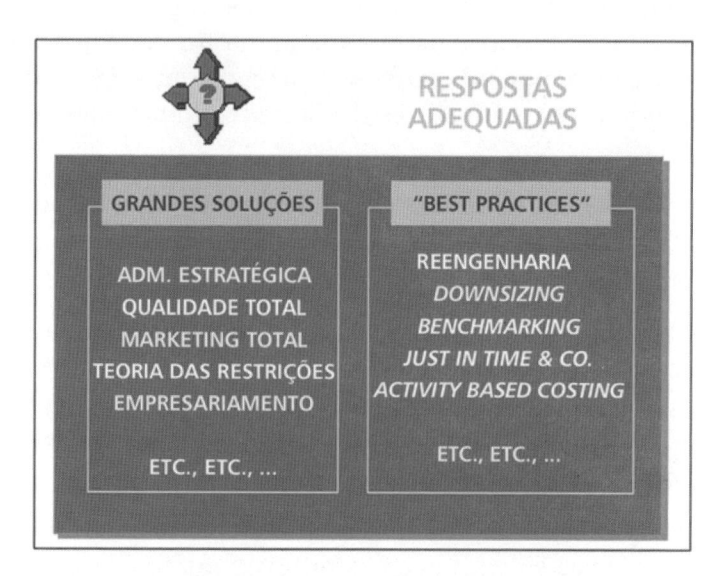

Figura 6: As novas *best practices*.

Nesse contexto, uma miríade de novas palavras, muitas delas significando uma releitura de conceitos anteriores, passou a incorporar o mundo dos Gerentes e Dirigentes:

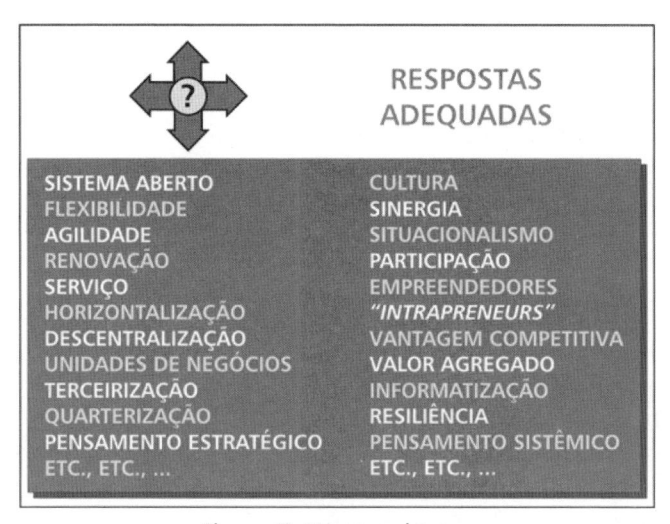

	RESPOSTAS ADEQUADAS
SISTEMA ABERTO	CULTURA
FLEXIBILIDADE	SINERGIA
AGILIDADE	SITUACIONALISMO
RENOVAÇÃO	PARTICIPAÇÃO
SERVIÇO	EMPREENDEDORES
HORIZONTALIZAÇÃO	*"INTRAPRENEURS"*
DESCENTRALIZAÇÃO	VANTAGEM COMPETITIVA
UNIDADES DE NEGÓCIOS	VALOR AGREGADO
TERCEIRIZAÇÃO	INFORMATIZAÇÃO
QUARTERIZAÇÃO	RESILIÊNCIA
PENSAMENTO ESTRATÉGICO	PENSAMENTO SISTÊMICO
ETC., ETC., ...	ETC., ETC., ...

Figura 7: Novas palavras.

Embora visando oferecer respostas, o volume de soluções e muitas vezes o caráter radical de algumas delas foi tão elevado, que o resultado foi o aumento e não a redução da perplexidade. Dois claros exemplos disso são os fatos vinculados à Reengenharia,[11] em que o próprio autor veio a público renegar o caráter radical de suas propostas, e à Qualidade Total, em que a forma como tem sido mobilizada no Ocidente foi fortemente colocada em questão por pesquisas que revelaram que dois terços dos programas estavam séria e negativamente afetados.[12]

---

[11] O professor Michael Hammer, da Universidade de Harvard, introduziu o conceito no artigo "Reengineering work: Don't Automate, Obliterate", publicado na *Harvard Business Review*, edição de julho/agosto de 1990, retomando o tema, em coautoria com John Champy, no livro *Reengineering the Corporation – A Manifest for Business Revolution*, publicado pela Harper Collins, em 1993.

[12] Em 1994, os professores Tomaz Wood Jr. e Flávio Torres Urdan escreveram o artigo "Gerenciamento da Qualidade Total: uma revisão crítica", analisando a insatisfação da maioria dos gerentes, expressa em pesquisa, com os resultados dos programas em suas empresas. *Revista de Administração de Empresas*, v. 34, n° 6, p. 46-59, nov./dez. de 1994. Disponível em: http://74.125.93.132/search?q=cache:JK8AXWTXcq8J:www16.fgv.br/rae/artigos/530.pdf+pesquisa+mostra+que+dois+terços+dos+programas+de+qualidade+total&cd=5&hl=pt-BR&ct=clnk&gl=br. Acesso em: 24 de dezembro 2009.

Isso veio trazer um componente novo e multiplicador no que tange à complexidade da situação e à perplexidade dos profissionais e dirigentes, inclusive professores e consultores, tornando mais difícil a aceitação de inovações e melhorias no que se refere à tecnologia de gestão.

A visão dos dirigentes principais

Uma das principais evidências que podemos apresentar quanto a esse renascimento decorre de nossa colaboração com a Fundação Dom Cabral e da interação com Dirigentes Principais de um já incontável número de Organizações, todos sempre à busca das Respostas Adequadas.

O esquema **Novas Realidades** ➔ **Nossas Realidades** ➔ **Nossas Respostas** surgiu daí e tem se constituído na base em que os Dirigentes vinculados ao programa PAEX têm conduzido suas reflexões, intercâmbios e posicionamentos, na jornada conjunta que vêm realizando com o apoio e facilitação da Fundação Dom Cabral e no qual temos participado com intensidade. Tanto esses Dirigentes quanto os vinculados ao Centro de Tecnologia Empresarial estiveram em todos esses anos procurando equacionar os fatores vinculados às novas/nossas realidades, visando responder de forma competente aos novos desafios e a se posicionar no que tange às novas e inúmeras soluções que têm sido propostas para lidar com eles.

Como está apresentado no *Caderno nº 2* do CTE[13], uma das bases para a busca das mais adequadas soluções foi revisitar e estudar as soluções que têm sido recomendadas e as que vêm sendo mais adotadas como respostas adequadas, desde o início da administração científica.

A figura a seguir é um dos produtos dessa análise e retrata o entendimento sobre quais foram as principais respostas que os dirigentes e as organizações adotaram no século XX. Girando no sentido anti-horário, as respostas aparecem na sequência de seu surgimento.

---

[13] Esse caderno foi editado pelo CTE da Fundação Dom Cabral em 1996 e está disponível para consultas na biblioteca da Fundação Dom Cabral.

Capítulo 1: As Novas Realidades e Desafios das Organizações

Figura 8: As principais respostas adotadas no século XX.

O ponto de interrogação que consta do quadro retrata o estado de perplexidade desses Dirigentes quando algumas das mais populares das novas *best practices* começaram a dar fortes sinais de controvérsia, como resultados de pesquisas e mesmo de revisões feitas pelos seus próprios criadores ou seguidores:

- Perplexidade que surgiu quando na primeira metade da década de 90 se divulgaram resultados de pesquisas que demonstravam que algo estava errado com a forma como o Ocidente estava mobilizando a Qualidade Total.[14]

- Perplexidade que ampliou quando, na segunda metade da década, o próprio autor da Reengenharia, Michael Hammer, escreve um novo livro e dá entrevistas (uma delas publicada pela revista *Exame* com o título "Reconheço que Estava Enganado"), em que rejeita o caráter radical das soluções da reengenharia e afirma ter concluído que as Pessoas são mais importantes e vêm antes dos Processos, dos quais são as geradoras.

---
[14] Repercutiu muito no meio empresarial e acadêmico o artigo intitulado "The Cracks in Quality" publicado pela revista *The Economist* na sua edição de 28 de abril de 1992, apontando falhas na implantação do conceito, desenvolvido no Japão, por empresas ocidentais.

Os Dirigentes das organizações começaram a colocar em *check* todo o conjunto de soluções que estavam sendo propugnadas, e muitos deles já falavam numa nova problemática que estava sendo gerada pela solucionática proposta pelos Professores e Consultores que diziam ter soluções para as problemáticas das organizações e dos negócios.

O que mais nos impressiona nessa recaída havida na década de 90 – num fenômeno que se parece muito com a força regressiva das necessidades mais básicas demonstrada por A. Maslow[15] quando evidenciou a hierarquia das necessidades humanas – é que há mais de 60 anos a administração havia aprendido e demonstrado que os processos são uma parcela significativa e importante da gestão, mas não são mais importantes do que as Pessoas.

Quadro 1: Novas Ideias no Campo da Administração.

Ideias e Práticas que Significaram Algo de Importante e Novo nos Campos da Administração e Gerência no Século XX
1. Descentralização (1924).
2. Administração Participativa (1927).
3. Relações Humanas (1929).
4. Hierarquia das Necessidades (1942).
5. Análise de Portfólio (1950).
6. Formação de Conglomerados (1952).
7. Educação Gerencial (1958).
8. Teoria Y (1961).
9. *Agency Theory* (1971).

Fonte: Adaptado da *Harvard Business Review* (1977).

Uma das importantes evidências disso foram as conclusões de estudo realizado pela *Harvard Business Review* (quadro acima). Das nove ideias elencadas, seis têm a ver fundamentalmente com Pessoas. Argumenta-se que são sete, porque *Agency Theory* – que antecipou em trinta anos a explosão contemporânea da Governança Corporativa – trata dos conflitos de interesse entre executivos e acionistas.

---
[15] MASLOW, A. H. *Motivation and Personality*. 2ª ed. Nova York: Harper & How, 1970.

Capítulo 1: As Novas Realidades e Desafios das Organizações

É claro que nessa época ainda não haviam surgido (ou se tornado conhecidas internacionalmente) várias das novas respostas, como o TQC e as novas ondas do Marketing e do Financismo. Assim, elas não poderiam ter constado nessa pesquisa (até porque estavam ainda por se demonstrar como algo não só importante, mas que veio para ficar).

Impressiona como raramente os preconizadores desse retorno a um passado há muito superado sequer se preocupavam em demonstrar por que estariam superados todos os aprendizados e avanços ocorridos desde a década de 30.

Nas análises e debates dos Dirigentes, logo ficou evidente para eles que a administração parecia ter completado um primeiro grande ciclo, no qual os focos e as soluções como que se repetiam, mas tinham uma abordagem num nível mais avançado e/ou complexo.

Começava a ficar evidente: o QUÊ da gestão já era algo que se conhecia, mas havia uma contínua necessidade de atualização do COMO, tendo em vista as evoluções que estão sempre a ocorrer nos vários ambientes do mundo das organizações e dos negócios.

Seguramente, a mais importante das conclusões dos Dirigentes foi a de que se teria chegado a um nível extremado no que tange à verticalização e fragmentação das estruturas de organização, a tal ponto que as partes perderam a visão do todo e usavam uma lógica invertida.

Foi inescapável a comparação que se fez com o fenômeno da medicina ultraespecializada exercida por médicos que teriam perdido a perspectiva do ser humano como um todo, que era típica dos clínicos gerais.

O corolário lógico disso: as *best practices* eram na sua maioria remédios verdadeiros que não funcionavam – e mesmo deixavam sequelas e geravam anticorpos que dificultavam outras soluções – tendo em vista diagnósticos incompletos/insuficientes dados por Pessoas que não tinham a visão do todo. Pessoas que possuíam grandes e crescentes doses de *know how*, mas pequenas e decrescentes de *know why*. E que, para piorar, tinham, como os brasileiros, uma forte tendência à automedicação e a ouvir os práticos e os balconistas de plantão, muitas vezes mais interessados em vender os remédios que mantinham nas suas prateleiras, quase sempre com boas embalagens.

Como o tempo é o senhor da razão, não demorou muito para que a verdade se restabelecesse, com a evolução da grande maioria das novas *best practices* na direção de recolocar os Resultados como o grande foco e as Pessoas como o eixo principal.

Face a tudo isso, os integrantes do Comitê de Presidentes do CTE realizaram em junho de 1997 um encontro de presidentes de empresas vinculadas que teve por tema "Novas Tecnologias de Gestão – Nossas (Novas) Respostas". Suas conclusões foram apresentadas de forma mais detalhada no documento "Pensamento Empresarial – teoria e prática" emitido pela Fundação Dom Cabral. Ele destaca os seguintes aspectos como posicionamentos dos presidentes quanto a quais são as respostas adequadas na perspectiva das Organizações nacionais e internacionais – sobretudo empresariais – que operam no Brasil.

Elas formam quatro blocos que se complementam:

Back to the Basics
- Focalização em resultados.
- Orientação para os clientes.
- Crescimento de receitas e não só redução de custos.
- *Managing by walking around.*

- Envolvimento e engajamento das Pessoas, como coautores e corresponsáveis (genuína administração participativa).
- Criação de ambiente adequado para as Pessoas empreenderem (numa linha que tenha mais a ver com promover a contínua insatisfação com o *status quo*, e não com gerar insegurança e medo).

Missão da Liderança
- Mais do que dirigir, o principal papel dos Dirigentes é promover a disponibilidade de direção/rumos.
- A Ética como um forte componente da gestão, atualmente.

Capítulo 1: As Novas Realidades e Desafios das Organizações

> Organização mais nas formas da Confederação de Negócios, com o eixo e o foco em negócios, clientes e resultados e promovendo uma parceria interna na qual se tenha um todo que é maior do que a soma das partes e no qual cada parte entende que é mais forte estando no todo do que se estaria se estivesse isolada.

Tudo isso reforça a perspectiva do *front* com que temos sempre pensado e agido e gera o suporte para os conceitos e mecanismos que temos aprendido como sendo os mais adequados para a busca do sucesso (alcançar os resultados desejados) e a excelência (gerar resultados que nos tornem uma referência) e que são apresentados neste livro.

Um outro aspecto que enriqueceu muito nosso aprendizado está numa outra forma que utilizamos para trabalhar com as perspectivas do *front* e que tem a ver com o jeito de ser e agir adotado pelos profissionais em saúde humana e animal. Eles têm sido extremamente bemsucedidos em aprender também com a doença e seus agentes causadores, desenvolvendo a partir dela remédios e mesmo vacinas.

Nossa perspectiva do *front* buscou também aprendizados pela observação e análise – seja diretamente, seja através dos aprendizados de Profissionais extraordinários como Ichak Adizes[16], Max Weber[17] e tantos mais – dos insucessos na carreira e nos negócios. As conclusões e aprendizados que daí decorreram estão também presentes nos conceitos e soluções apresentados neste livro.

A análise dos últimos 100 anos da gestão, assim como o posicionamento dos dirigentes no sentido de um *back to the basics* e do que importa e faz diferença, reforçou nossa convicção de que já se pode falar sobre alguns **fundamentos da gestão** que tendem a estar presentes e serem válidos, sejam quais forem as alternativas de presente e sejam quais forem as alternativas de futuro.

---

[16] Fundador do Adizes Institute, na Califórnia, é autor de diversos livros, entre eles três publicados no Brasil pela Pioneira: *Gerenciando as Mudanças* (1997), *Em Busca da Plenitude* (1998) e *Os Ciclos de Vida das Organizações* (2002). A editora Prentice-Hall publicou em 2003 *Gerenciando os Ciclos de Vida das Organizações*.

[17] Maximillian Carl Emil Weber, economista e historiador alemão falecido em 1920, aos 56 anos, é considerado um dos fundadores da Sociologia. Entre outros livros, escreveu *Ética Protestante e o Espírito do Capitalismo* (São Paulo: Martin Claret, 2003) e *Ensaios de Sociologia* (São Paulo: Ed. Atlas, 1979).

Esses fundamentos têm a ver com – e oferecem respostas a eles – os aspectos colocados como críticos pelo responsável pela liderança do Processo Tecnologia da FDC, Professor Mozart Pereira dos Santos:

- O que são as Organizações?
- Como Gerenciar e Desenvolver Organizações?
- Como Promover Organizações que Aprendem?

A busca de compreender as realidades das Organizações (seus sucessos e insucessos) e apreender, ordenar e devolver para elas, sempre orientados por essas três questões fundamentais, tem constituído uma base poderosa nas nossas atuações junto a Organizações dos mais diversos setores e das mais variadas dimensões.

Isso tem permitido conhecer melhor, para compreender melhor, para contribuir mais e melhor no desenvolvimento das Organizações.

Capítulo 2
O QUE SÃO AS ORGANIZAÇÕES

Aqueles que viajam por diferentes regiões e países, entrando em contato com as mais diferentes culturas, cedo ou tarde tendem a ampliar suas percepções a respeito dos seres humanos.

Como nos indivíduos, o primeiro ponto que tende a se destacar está na diferenciação entre as várias culturas. Aí, impressiona e impacta o fato de que muito do que temos como "verdades e princípios" vai sendo desafiado na medida em que vivenciamos culturas mais distantes, nas quais o que para nós é *in* vira *out* – e vice-versa.

Mas, à medida que a interação e o conhecimento se aprofundam e se transformam em compreensão, começa a ficar evidente que muitas das divergências são aparentes e não passam de simples diferenças na forma de conduzir algo em relação ao qual existe convergência, pois todos os seres humanos compõem uma mesma humanidade, possuindo fundamentos iguais ou similares naquilo que é o básico.

E vemos crescer em nós uma perspectiva mais ampla sobre Pessoas e Culturas, que nos permite o ser e o relacionar de maneira orgânica, sendo, a um só tempo, universais e locais.

Na viagem por empreendimentos e, em especial, nas Organizações e Instituições – foco principal deste livro –, não demoramos a perceber que o fenômeno é o mesmo e os viajantes interculturais terminam por desenvolver também a perspectiva do que é mais universal.

Na busca do conhecer e compreender as Organizações, diretamente ou através de estudos de outros Profissionais, fomos desenvolvendo sentimento e percepção muito parecidos com os do viajante intercultural.

Também, como referido na Introdução, foi muito natural perceber e focalizar as diferenças e mesmo divergências que existem entre as Organizações do 1º, do 2º e do 3º Setor (Público, Privado e Não-

Governamental); entre as Pequenas, Médias e Grandes do mesmo setor; entre as dos diferentes segmentos da economia; e entre as que operam no Brasil e as que atuam em outros países e continentes. Tanto quanto é fácil perceber as diferenças que existem entre duas pessoas.

Nesse contexto, nada mais verdadeira do que a afirmação de que os profissionais de desenvolvimento tendem a ser recebidos quando iniciam a interação com qualquer organização: "Aqui, as coisas são diferentes!" E são mesmo! No seu todo, não existem duas organizações idênticas.

Os estudos e as análises conduziram ao estabelecimento de um esquema dinâmico sobre as organizações, o qual se tem revelado como universal e tem sido continuamente confirmado e reforçado, seja por estudos similares conduzidos por profissionais de desenvolvimento brasileiros e internacionais, seja nas inúmeras aplicações em projetos de desenvolvimento de organizações, conforme a figura a seguir.

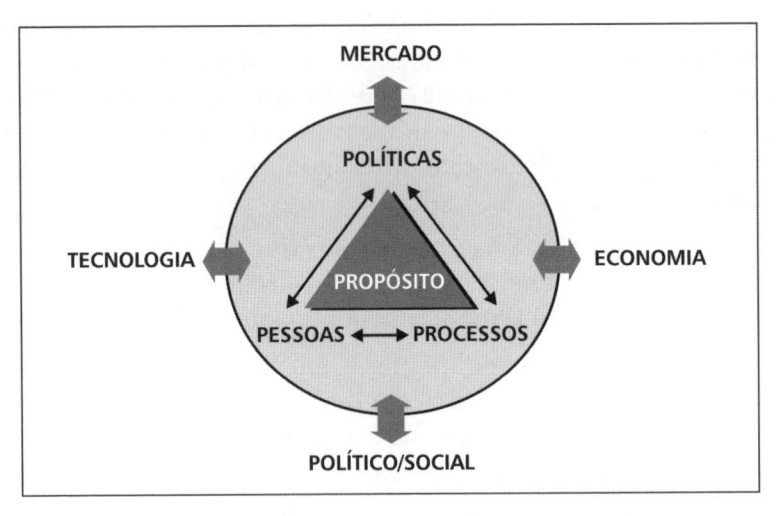

Figura 9: Esquema dinâmico sobre organizações.

Fundamentos dos Empreendimentos Organizacionais

O primeiro Fundamento dos Empreendimentos Organizacionais delineia que todos eles se situam dentro de um ambiente composto por um conjunto enorme de variáveis, mais permanentes ou mais situacionais, mais amplos ou mais localizados, e que se caracterizam quase sempre como oportunidades e/ou ameaças.

Nada melhor para descrever esse ambiente como fazer sua comparação com um oceano, composto por mares e ventos sobre os quais quase nunca – se é que alguma vez – os navegadores possuem domínio, seja em termos de antecipar de forma segura seu comportamento, seja de dominá-los em suas manifestações.

E nada descreve melhor o desafio contemporâneo de lidar com esse ambiente do que as clássicas frases sobre os desafios de *navegar por mares nunca dantes navegados* e lidar com *terras ignotas*.

Outro aspecto que está presente em toda e qualquer Organização, constituindo um segundo Fundamento, é sua caracterização como um sistema dinâmico e aberto, que está em contínua interação com o ambiente no qual se situa, obtendo insumos que são processados e se transformam em *outputs* ou produtos.

As descrições de organizações que foram mais aceitas nos últimos 100 anos são aquelas que contêm essa visualização e descrição das Organizações como sistemas integrados e em contínua interação com o mundo: o modelo sistêmico, a cadeia de valor de Michael Porter, a "espinha de peixe" de Ishikawa[18] e, mais contemporaneamente, a cadeia produtiva.

Ainda com a perspectiva da navegação e adotando uma perspectiva mais ecológica e ambiental, preferimos substituir a imagem da espinha de peixe por uma comparação das Organizações com as bacias hidrográficas, onde se tem um rio principal, normalmente vinculado às atividades que Porter chamou de primárias, e um conjunto de afluentes, chamadas por ele de atividades de suporte e cuja missão é fornecer água para o rio principal.

O mais importante deste segundo fundamento não está, porém, na descrição da organização como um sistema integrado – fornecedores ➲ empreendimento ➲ usuários/beneficiários/consumidores – que é a tendência de leitura daqueles que se preocupam mais com o interno e o operacional.

---

[18] Também conhecida como "Diagrama de Ishikawa" e "Diagrama de Causa e Efeito", é uma ferramenta gráfica utilizada para Gerenciamento e o Controle da Qualidade (CQ). A "espinha de peixe" foi proposta pelo engenheiro químico Kaoru Ishikawa, em 1943, e aperfeiçoada nos anos seguintes.

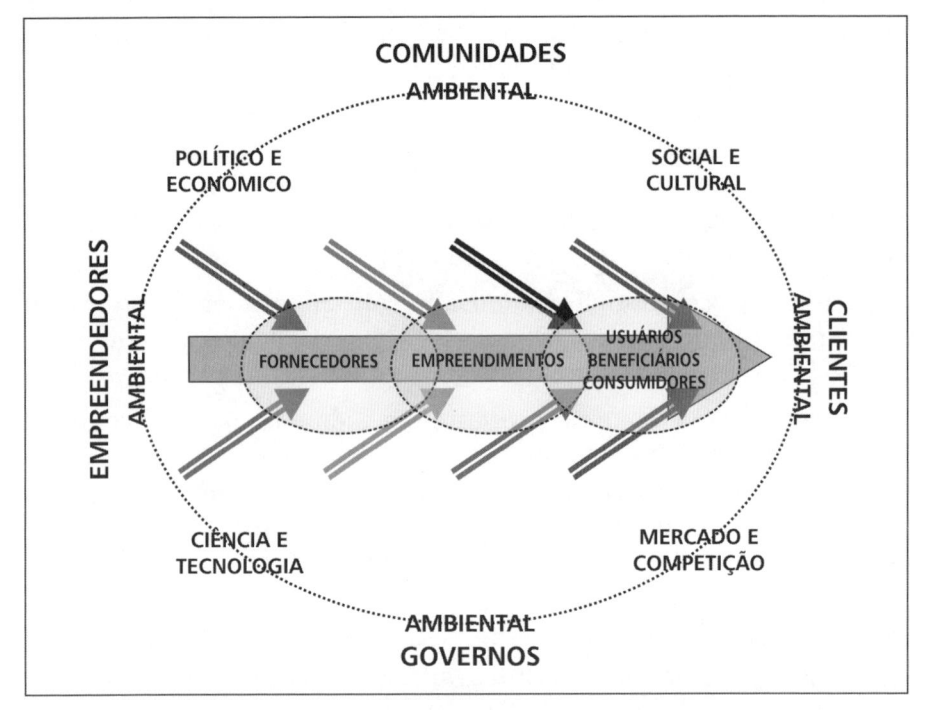

Figura 10: Sistema integrado em interação com o mundo.

A grande inovação e provocação dessa forma de encarar as Organizações é a descrição da organização como um sistema integrado e aberto, cuja razão não está na otimização do interno, mas antes, e sobretudo, na interface com o externo e naquilo que gera valor, nas perspectivas de Soluções (ou Resultados Operacionais) para os Clientes e, também e necessariamente, naquilo que gera de retorno (resultados empresariais) para aqueles que forneceram algo – recursos, competências e insumos – para o empreendimento.

Esses dois primeiros fundamentos deixam evidente o que todas as organizações têm em comum, no que tange ao ambiente no qual se situam e à sua dinâmica de interação com esse ambiente. Contudo, embora permitam a percepção quanto ao QUE precisa ser feito, não indicam de forma suficiente COMO isso deve ser feito e se existe algo que possa ser declarado como fundamento também quando se chega àquele momento de fazer as coisas acontecerem em termos de gerar soluções e retorno.

Capítulo 2: O que São as Organizações

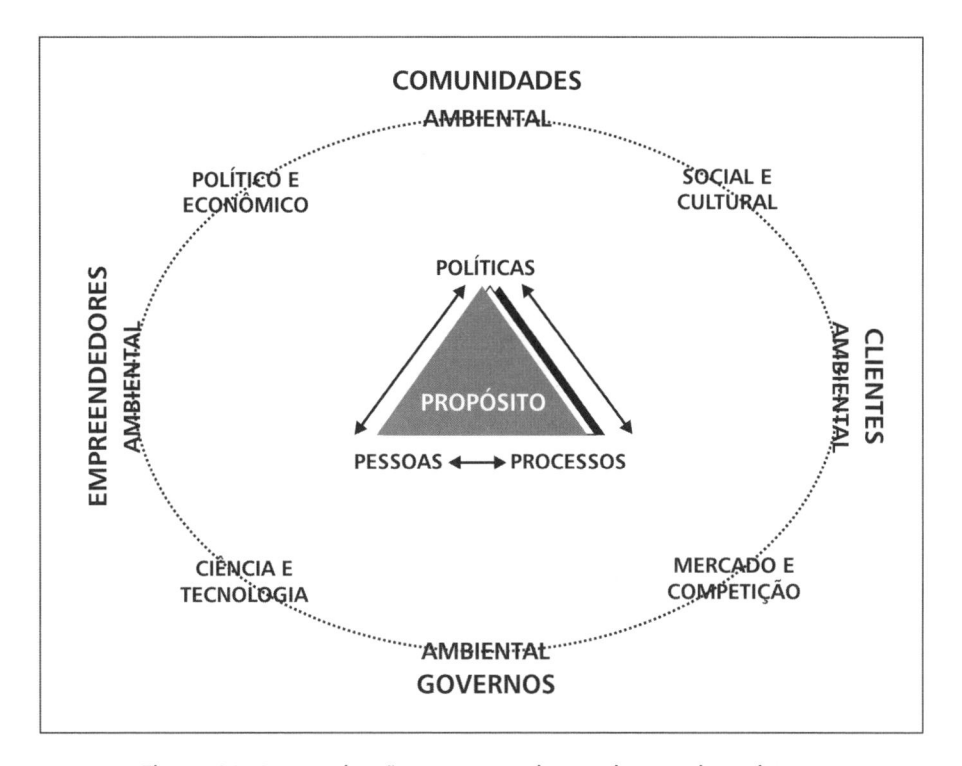

```
                    COMUNIDADES
                    ····AMBIENTAL····
      POLÍTICO E                    SOCIAL E
      ECONÔMICO                     CULTURAL
                    POLÍTICAS
  EMPREENDEDORES                              CLIENTES
  ···AMBIENTAL···   PROPÓSITO              ···AMBIENTAL···
                  PESSOAS ◄──► PROCESSOS
      CIÊNCIA E                     MERCADO E
      TECNOLOGIA                    COMPETIÇÃO
                    ····AMBIENTAL····
                    GOVERNOS
```

Figura 11: A organização como um sistema integrado e aberto.

Nosso aprendizado e convicção é de que também aí estão presentes alguns aspectos que são universais, ou seja, estão presentes em toda e qualquer organização, sejam quais forem a natureza de sua atividade, o tamanho e a localização de suas operações, a origem do seu capital, se é pública ou privada...

Existem no mínimo três fundamentos vinculados à dinâmica da gestão e do desenvolvimento, que estão ligados a quatro variáveis básicas que estão presentes em toda e qualquer Organização: Propósito, Políticas, Pessoas e Processos, permitindo-nos avançar na visualização gráfica de o que é uma organização (qualquer organização).

A utilização da figura de um triângulo como expressão gráfica dos empreendimentos organizacionais tem também a ver com o fato de que sendo o triângulo a figura geométrica mais simples, sua adoção se alinha com a busca da simplicidade e daquilo que importa e faz diferença.

Os três fundamentos que são apresentados a seguir demonstram o sentido de cada uma dessas quatro variáveis na dinâmica das Organizações e o porquê e como elas devem ser focadas e geridas.

Mais uma vez, as imagens da navegação nos permitirão tentar expressar esses fundamentos de uma forma que seja inteligível para todos aqueles que nos leem.

O propósito da Organização

Como será mais bem detalhado em outras partes do livro, toda e qualquer organização é uma entidade que foi criada e existe para atingir um Propósito dentro de um ambiente, tendo o desafio de interagir de forma adequada com esse ambiente, gerador de recursos, oportunidades e ameaças.

Para atingir esse Propósito, as organizações contam com duas bases fundamentais que são as Pessoas e os Processos, cujo sucesso depende criticamente da definição e aplicação de políticas adequadas.

Nesse contexto, sucesso tem a ver com atingir os resultados desejados contidos no Propósito. Excelência significa que os resultados gerados tornam a organização uma referência.

Tendo sempre em mente que o sucesso e a excelência têm a ver com o alcance do Propósito, o passo seguinte é identificar como devem ser gerenciadas as variáveis críticas delineadas no Capítulo 1.

Além de nossas próprias experiências e aprendizados na atuação como Responsáveis por Desenvolvimento, internos ou externos às Organizações, estivemos sempre a nos referenciar aos casos de Organizações reconhecidamente de sucesso, no Brasil e no mundo, assim como colhendo do aprendizado acumulado e divulgado pelos Profissionais nacionais e internacionais compromissados e desafiados com o Desenvolvimento de Profissionais e Organizações.

Consideramos também importante fazer uma espécie de contraprova, procurando compreender também os casos de insucesso – sobretudo aqueles seguidos por quebra ou perda do controle –, em especial os de organizações que estavam indo bem, algumas atingindo mesmo a liderança em seus segmentos e setores, em especial aquelas citadas como referência por revistas especializadas em gestão e as ganhadoras de prêmios nacionais e internacionais de qualidade.

Neste segundo aspecto, encontramos evidências que nos permitiram descrever, no Capítulo 7, o que chamamos de "A Síndrome do Sucesso", mapeando os três principais momentos de morte organizacionais, com a caracterização de suas causas principais.

Quase como redescobrindo a pólvora ou a roda – mas agora sustentados por convicções que se tornaram nossas, função das vivências –, foi ficando claro que as Organizações, assim como todos os empreendimentos humanos, como já dito, possuem alguns fundamentos universais, permitindo construir conceitos e daí desenvolver soluções para contribuir com o sucesso e a excelência.

Nosso ponto de partida para focar e lidar com as Organizações/Instituições retoma o esquema inicial que visualizamos em 1980 e que foi apresentado na Introdução, complementando-o com nosso aprendizado junto aos Homens e Mulheres de Negócios e aos estudos e aprofundamentos que tivemos a oportunidade de realizar nestes últimos 20 anos, no Brasil e no Exterior (Insead, Stanford University e outros).

Dentro dessas novas realidades, como nunca o sucesso nos empreendimentos exige de todos, em especial dos Dirigentes, uma capacidade de contínua adequação ao externo e ao futuro, antecipando e interpretando os impactos nas nossas realidades e desenvolvendo respostas adequadas.

Vimos que esse desafio de compreensão das novas realidades tem sido exponenciado pela necessidade de se lidar com um novo conceito de futuro, que é o futuro no presente, vinculado a desdobramentos de aspectos científicos e culturais jamais vivenciados – como a nanotecnologia, a robótica, a mecatrônica, a genética – e que estão a gerar situações que têm muito pouco ou nada a ver com o passado e o presente.

Tudo isso com uma única e fundamental finalidade – a definição das nossas respostas, que se expressam em decisões e ações vinculadas sobretudo às dinâmicas econômica e financeira, mercadológica e comercial e tecnológica e operacional.

O prêmio por se fazer isso de forma adequada é a garantia da contínua adequação ao externo e ao futuro, expressa na forma de resultados sustentáveis.

Como na imagem da navegação, acreditamos que esses fundamentos são muito importantes para aqueles que estão a navegar por mares nunca dantes navegados e muitas vezes sob forte neblina.

Numa situação como essa, talvez tão importante quanto saber o porto onde se quer chegar, é conhecer alguns dos fundamentos da navegação.

Capítulo 3
COMO GERENCIAR E DESENVOLVER ORGANIZAÇÕES

As conclusões de estudos realizados fazem aflorar o sentido oculto do verso *"navegar é preciso, viver não é preciso"*, tornado famoso pelos portugueses e que era perfeito como estilo e mote daquela que pode ser considerada a NASA de meados do 2º milênio, a Escola de Sagres.

No sentido oculto e para além da extraordinária poética, está uma declaração científica a afirmar que a navegação é algo preciso, por contar com uma tecnologia e seus muitos instrumentos. Diferentemente do viver, que não é algo preciso.

Na navegação organizacional, é evidente a existência de um processo ordenado e ordenador preciso, para a evolução na direção da excelência, tendo sempre o Propósito como ponto de partida e porto de chegada.

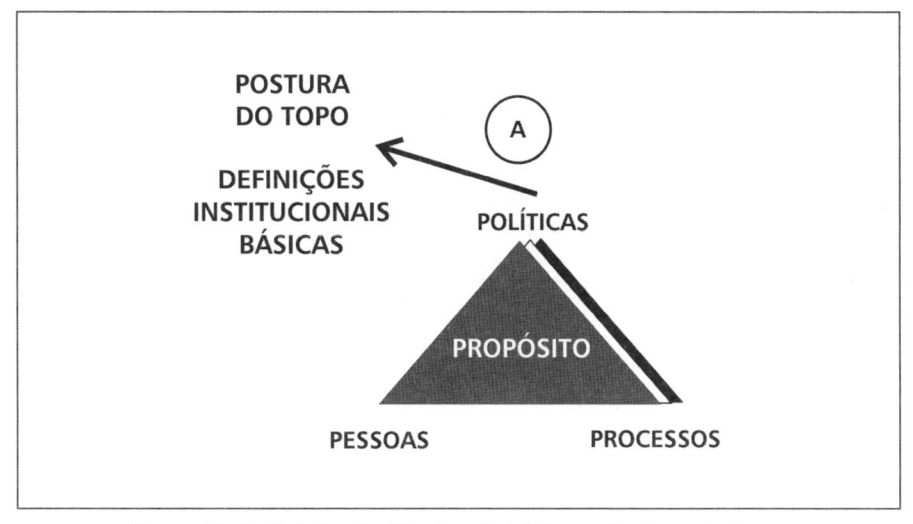

Figura 12: Definições institucionais básicas – Postura do topo.

O primeiro movimento é a definição da Carta de Navegação, mediante a caracterização de PROPÓSITO e das POLÍTICAS (Estratégia, Estilo e Estrutura) que, no seu conjunto, chamamos de Definições Institucionais Básicas. Nisso, as experiências das Organizações têm deixado evidente que existe algo que é tão ou mais importante do que essas definições, que é a POSTURA DO TOPO.

Impressionam as informações que revelam um índice de aproximadamente 90% de insucesso na plena implementação das definições estratégicas bem definidas.

Na nossa própria experiência, convivemos com Instituições que passavam por crise, até mesmo de sobrevivência, enquanto competentes e adequadas definições estratégicas que poderiam ter evitado a crise estavam nas gavetas, porque não foram assumidas pelas pessoas que deveriam ter feito sua implementação.

O resultado é a razão

Toda e qualquer Instituição possui um Propósito que constitui sua razão de ser e que deve ser o foco das decisões e ações. O Propósito é o ponto de partida e o porto de chegada, e constitui sua primeira e mais fundamental variável.

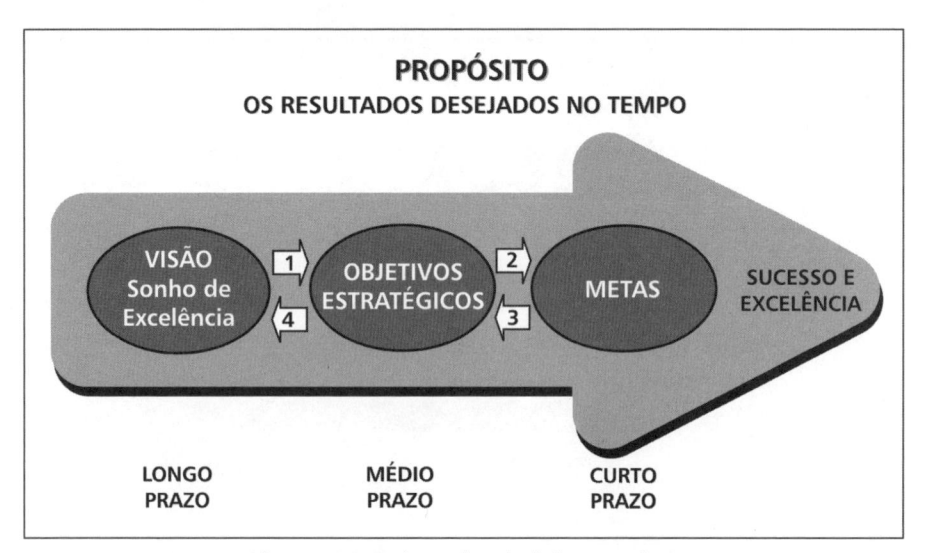

Figura 13: O foco das decisões e ações.

Capítulo 3: Como Gerenciar e Desenvolver Organizações

Consequentemente, a primeira e básica responsabilidade dos principais dirigentes é deixar claro qual é seu Propósito ou Resultados Desejados. Ser Diretor ou Dirigente tem mais a ver com o garantir que a Instituição possua uma direção, ou rumo, ou norte, do que com o ato de dirigir.

Uma vez definida qual a direção ou Propósito, cabe-lhes dirigir no rumo da direção definida. Esse é seu segundo papel.

Esse Propósito deve deixar claros dois desafios e compromissos que os Dirigentes assumem consigo próprios e com todos os que têm alguma interface significativa com a Instituição:

1. Qual é a **Missão** da Instituição, ou seja, o que ela se propõe a gerar de valor para o ambiente no qual opera, considerado o conjunto do seu público relevante e os clientes dos seus resultados. Definir a Missão serve mais do que à já importante razão de orientar o foco e as posturas e ações dos colaboradores internos e externos, uma vez que, quando bem estabelecida e comunicada, ela promove uma imagem positiva junto aos Públicos Relevantes e aos Clientes dos Resultados, gerando uma predisposição positiva em relação à Organização.

2. Qual é sua intenção estratégica, ou **Visão**, ou sonho. Ou seja, o que significa sucesso em nível de excelência. Definir a Visão serve mais do que à já importante razão de assumir compromissos com aqueles de quem depende a Organização, vem que, quando bem estabelecida e comunicada, ela promove o foco e o entusiasmo dos colaboradores internos e externos.

Nas perspectivas do porto de chegada, uma das mais clássicas e validadas afirmações no campo da gestão é a de que "não há vento a favor [nem contra, dizemos nós] para quem não sabe para onde vai". E para navegar por esse oceano de forma competente, as Instituições dispõem de dois remos ou motores, que são as Pessoas e os Processos. Pessoas, na perspectiva dos Colaboradores internos e externos, individuais ou agrupados. Processos, no sentido mais amplo da palavra, na linha das Funções Empresariais, em que se destacam:

1. Marketing, com o desafio de olhar para fora e descobrir clientes em potencial, ou seja, Pessoas e/ou Organizações com necessidades insatisfeitas, com recursos e vontade para satisfazê-las.

2. Operações, com o desafio de olhar para fora e para dentro e desenvolver soluções que atendam a essas necessidades por um custo inferior ao valor que os clientes em potencial se dispõem a – ou podem – pagar.
3. Finanças, com o desafio de mobilizar os recursos necessários para realizar as duas funções anteriores, normalmente facilitado pelo grau de competência relativo a elas.
4. Capital Humano, com o desafio de mobilizar as Pessoas internas e externas que possibilitem o sucesso na realização das três funções anteriores.
5. Gestão, que se caracteriza como a megafunção, uma vez que não apenas garante que as outras quatro sejam feitas de forma adequada, como a contínua adequação ao externo e ao futuro.

Para que esse conjunto de variáveis seja adequadamente focalizado e abordado, toda e qualquer Instituição precisa contar com um ordenador fundamental, que deixe evidente o que ela considera adequado em termos de Resultados Desejados, de Posicionamento no que tange ao ambiente onde ela se insere, e de qual é seu jeito de ser e agir em relação a Pessoas e Processos e a todos aqueles que se caracterizam como seus Públicos Relevantes. Isso se faz através da mais importante e básica das variáveis, que é a Filosofia da Instituição.

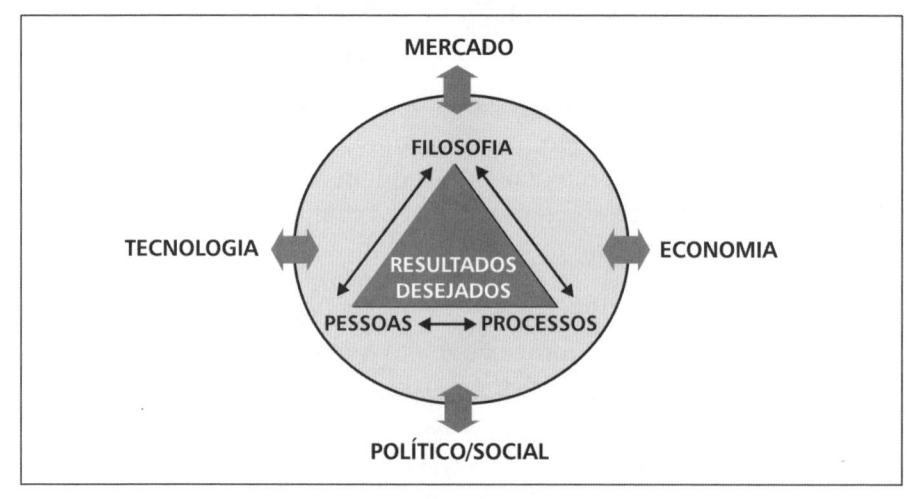

Figura 14: A Filosofia da Instituição.

Capítulo 3: Como Gerenciar e Desenvolver Organizações

Essa visão da Filosofia como o norteador básico tem sido cada vez mais acentuada pelos principais especialistas nacionais e internacionais, que consideram esgotado o pensar e agir tradicional dos anos 70 e 80, na linha de Estratégia ➔ Estrutura.

Um dos melhores e mais ricos exemplos, que vem reforçar quase que *ipsis literis* o jeito de pensar e agir aqui apresentado, pode ser encontrado no livro *Changing the Role of Top Management: Beyond Strategy to Purpose*, de 1994[19], que demonstra o esgotamento e a insuficiência da abordagem tradicional e propõe uma nova, calcada em Propósito, Pessoas e Processos.

Isso reforça nossa maneira de pensar e agir, que desde a década de 80 vem recomendando que não apenas se defina como básica a Filosofia, mas que esta deva ser composta pela caracterização de três aspectos:

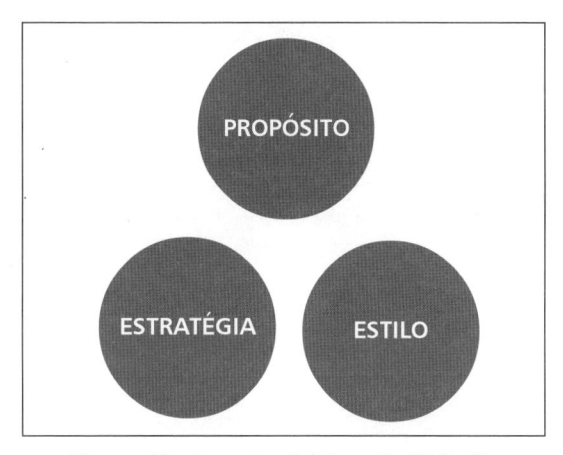

Figura 15: Aspectos básicos da Filosofia.

Propósito, que define os resultados desejados na suas formas mais importantes, que são a Finalidade (ou razão de Ser) e a Intenção Estratégica (ou sonho, visão).

Estratégia, que define a maneira como a Instituição deve se posicionar dentro do seu ambiente, ao caracterizar seu Escopo de Atuação e, daí, a melhor Forma de Atuar para atingir o sucesso.

---
[19] BARTLET, C. A., GHOSHAL, S. Changing the Role of Top Management: Beyond Strategy to Purpose. In: *Harvard Business Review*, nov./dez., v. 72, nº 6, p. 79-88, 1994.

Estilo, que define o jeito de ser e agir da e na Instituição, *vis-à-vis* seu Público Relevante interno e externo e nos aspectos vinculados à gestão e à organização.

Uma vez realizada sua primeira e básica responsabilidade, que é a de garantir a posse pela Instituição de uma direção/rumo/norte, cabe àqueles que a dirigem promover que essa Filosofia esteja presente nas Pessoas e nos Processos, certificando-se de que exista o nível mais elevado possível de coerência, congruência e integridade.

A necessidade e a importância disso é algo fortemente evidenciado pelas organizações consideradas extraordinárias, como magistralmente demonstrado em "Feitas para Durar".[20]

Figura 16: Potencialização de forças rumo aos resultados desejados.

Quando se conta com essa integração/integridade, ocorre uma forte potencialização das forças e uma resultante das mesmas na direção dos Resultados Desejados.

Carta de navegação

"Para quem sabe para onde vai, e sabe navegar, até vento contra ajuda a chegar."

Ouvido de Lars Grael, esse fundamento da navegação à vela no mar revela o terceiro ponto em comum nos Empreendimentos que são geridos com o foco no sucesso e na excelência: a necessidade de uma carta de navegação.

---

[20] COLLINS, J. C.; PORRAS, J. I. *Feitas para Durar: Práticas Bem-Sucedidas de Empresas Visionárias*. Rio de Janeiro: Rocco, 1995.

No contexto da gestão, isso significa o estabelecimento das Políticas que deverão ser seguidas na viagem em direção ao alcance do Propósito predefinido.

A primeira e básica lição (embora quase sempre tarde muito para aprender) que a navegação, a vida e a gestão nos ensinam é que, por se ter pouco ou quase nenhum domínio das forças que se colocam no nosso ambiente, a arte e a sabedoria estão em saber ler as águas e os ventos e se adequar com o emprego de uma flexibilidade estratégica, traçando a rota que nos permita avançar na direção do Propósito definido. Em nenhum contexto, talvez, seja mais bem demonstrada a afirmação de que nem sempre uma reta é o caminho mais curto entre dois pontos.

Mais uma vez, no contexto da navegação, é sabido que, para os melhores navegadores, sobretudo após o desenvolvimento da vela triangular, o problema dos ventos contra é quase sempre transformado em oportunidade, servindo para alavancar a força propulsora do barco, como que jogando judô com os ventos.

Novamente, sobre os aprendizados derivados da navegação, cabe promover uma reflexão sobre um dos incontáveis textos brilhantes contidos em *Os Lusíadas*: "Mares calmos não formam bons navegantes". Isso será retomado no Capítulo 4 que trata sobre pessoas e competências.

Toda e qualquer Instituição existe e opera dentro de um ambiente dinâmico, para o qual não há melhor e mais realista analogia do que a que fazemos com os mares e seus ventos, difíceis de prever e quase impossíveis de dominar, em especial quando se tem que navegar pelos mares nunca dantes navegados de um mundo com elevadas transformações e em clima de hipercompetição (por clientes e/ou por recursos).

Na definição de uma carta para navegação, um dos "*softwares* para a mente" mais importantes é o esquema já clássico do modelo sistêmico, que coloca as Instituições como sistemas abertos em contínua interação com seu ambiente. Na sua evolução para as perspectivas da cadeia produtiva e da cadeia de valor, esse esquema mostra como se dá a dinâmica dessa interação, gerando valor através de soluções e resultados, tendo como foco a conquista de continuidade sustentável.

OS VALORES DO EMPRESARIAMENTO

- NEGÓCIOS PARA O PRESENTE E O FUTURO
- GERAÇÃO DE VALOR PARA OS *STAKEHOLDERS*
- RESULTADOS PARA O PRESENTE E O FUTURO
- TOCAR A OPERAÇÃO COMO NEGÓCIO
- PRIMEIRO O NEGÓCIO, DEPOIS A OPERAÇÃO

SUCESSO E EXCELÊNCIA EMPRESARIAL

AS PRÁTICAS DO EMPRESARIAMENTO

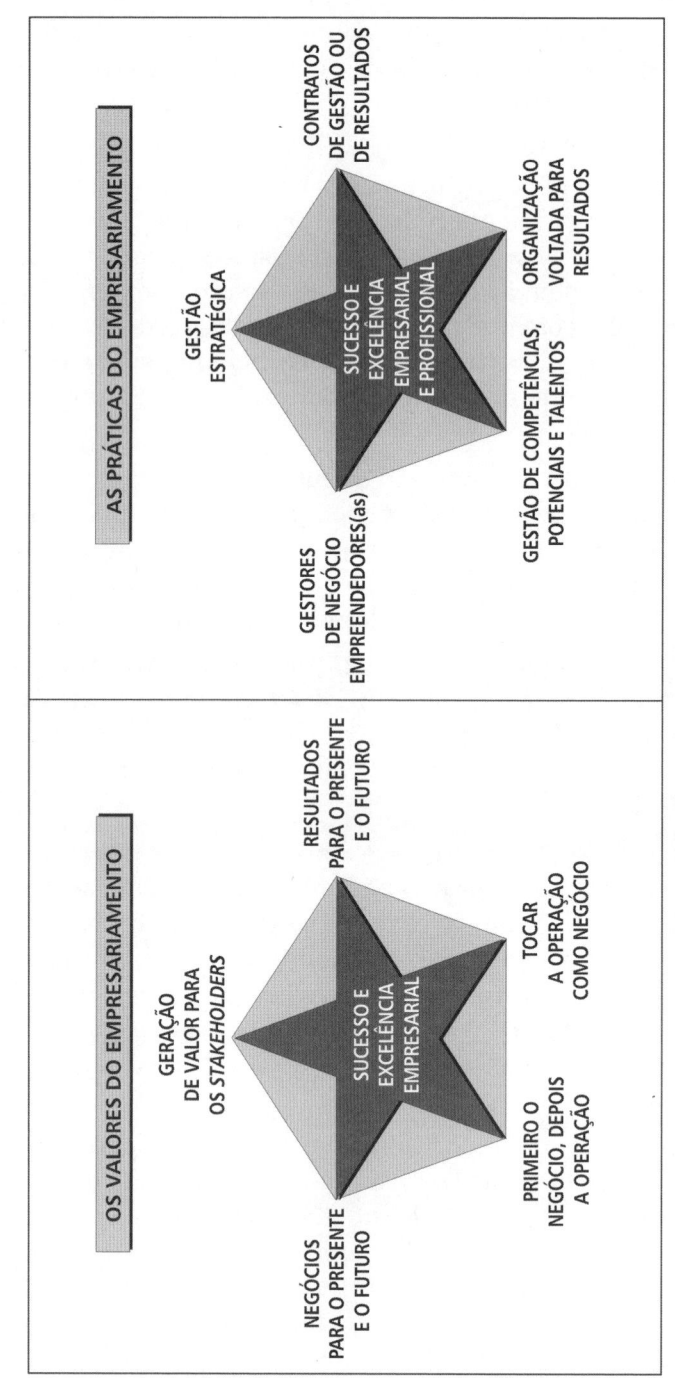

- GESTÃO ESTRATÉGICA
- CONTRATOS DE GESTÃO OU DE RESULTADOS
- ORGANIZAÇÃO VOLTADA PARA RESULTADOS
- GESTÃO DE COMPETÊNCIAS, POTENCIAIS E TALENTOS
- GESTORES DE NEGÓCIO EMPREENDEDORES(as)

SUCESSO E EXCELÊNCIA EMPRESARIAL E PROFISSIONAL

Figura 17: Os valores e as práticas do empresariamento.

Para desenvolver uma adequada e competente carta de navegação, é necessário que o ambiente seja compreendido não apenas no que tange às realidades atuais, mas também em relação às tendências de evolução das mesmas (na linha do "Novas Realidades ➔ Nossas Realidades"), tanto na perspectiva do futuro **do** presente, quanto na cada vez mais presente perspectiva do futuro **no** presente – ou seja, a conexão do presente com um futuro que tem pouco ou nada a ver com o passado e o presente que dele decorreu.

No modelo mental que aprendemos tudo isso tem a ver com a caracterização das POLÍTICAS da Instituição, dentro das perspectivas daquilo que no *management* internacional está contido no tema Política e Estratégia de Negócios e que lida com os aspectos vinculados à Estratégia, ao Estilo e à Estrutura.

No passado, os ortodoxos da gestão estratégica tendiam a ignorar ou minimizar a relevância do Estilo, apesar de sua importância vital. Hoje, em face de estudos como os vinculados ao Sucesso e sua Síndrome, assim como os tremendos problemas criados por associações, parcerias, fusões e aquisições que não levam em conta a questão das crenças e valores, o Estilo passa a ter um papel central nas Políticas.

Estudos mais profundos sobre o sucesso e sua continuidade (como o já citado *Feitas para Durar*, de Collins e Porras, e *A Empresa Viva*, de Arie de Geus[21]) tendem mesmo a colocar o Estilo como eixo central e motriz, uma vez que influencia a definição de Propósito e de Estratégia.

Determinar as Políticas de uma Instituição é definir a maneira de atuar das Pessoas, tanto interna quanto externamente. E isso deriva sobretudo dos posicionamentos que ela adota, consciente ou inconscientemente, no que tange à Estratégia e ao Estilo:

- A Estratégia tem a ver com os posicionamentos relativos ao negócio, quando se faz a caracterização de qual é o escopo de atuação e, dentro dele, qual a maneira adequada de atuar para se alcançar os resultados desejados.

---

[21] *The Living Company*, do holandês Arie de Geus, foi publicado em Londres em 1997 e lançado no Brasil no ano seguinte pela editora Campus, com o título de *A Empresa Viva: como as organizações podem aprender a prosperar e se perpetuar*.

Visando utilizar ao máximo as competências e motivações básicas (*core*), assim como promover uma contínua adequação ao externo e ao futuro, as definições relativas à Estratégia são de natureza mais situacional – embora algumas sejam mais duradouras.

- O Estilo tem a ver com os posicionamentos relativos às atitudes/posturas e aos comportamentos das Pessoas na condução dos assuntos internos e externos sob sua responsabilidade. É o jeito de ser e agir (o *way of* a que tanto se refere a gestão internacional).

  Visando promover o contínuo alinhamento das Pessoas e Equipes, as definições relativas a Estilo são de natureza mais permanente – embora algumas sejam mais atualizáveis, face a novos aprendizados.

A definição da Estrutura tem importância complementar nesse processo e visa caracterizar qual dos modelos de organização ou funcionogramas é o mais adequado para a mais bem-sucedida implementação e prática da Estratégia e do Estilo.

- A Estrutura Básica tem a ver com a forma como será feito o ordenamento da utilização dos recursos (sentido amplo, inclusive o conhecimento) para se garantir a melhor prática possível da Estratégia e do Estilo e, sobretudo, o alcance do Propósito.

  Embora constitua uma definição institucional básica, a caracterização da Estrutura Básica tem importância complementar nesse processo, identificando qual dos modelos de organização ou funcionogramas é o mais adequado para a mais bem-sucedida implementação e prática da Estratégia e do Estilo.

Discutir e definir uma Estrutura, sem estar ancorado e orientado pela prévia definição da Estratégia e do Estilo, é uma das maiores evidências de burocratização e perda de sentido. Comprova aquilo que Alfred Chandler[22] demonstrou de forma magistral, que é a tra-

---

[22] Autor de *Strategy and Structure* (MIT Press, 1962), Alfred D. Chandler, falecido em 2007, aos 88 anos, foi professor de Administração e História Econômica da Harvard Business School. Publicou ainda, entre outros, *The Visible Hand: The Managerial Revolution in American Business* (HBS Press, 1977).

gédia de após um sucesso decorrente de uma Estratégia que define uma Estrutura, tender a ocorrer uma inversão perversa de a Estrutura pretender definir ou, de maneira culposa, condicionar a definição da Estratégia.

Focalizando Estratégia

Na gestão de Empreendimentos, o termo "Estratégia" costuma ser utilizado segundo três sentidos:

1. *Política e estratégia empresarial.* Este é o sentido mais amplo, abrangendo todo o conjunto das Definições Institucionais Básicas, na perspectiva colocada nos conteúdos das cadeiras com o mesmo título, nos Programas Avançados de Gestão dos melhores centros nacionais e internacionais de desenvolvimento de Profissionais e Instituições.

2. *Estratégia competitiva.* Tem a ver com a definição do Escopo de Atuação da Instituição e, daí, de como ela deve atuar dentro desse escopo para maximizar seus resultados em termos de competitividade, rentabilidade e, se desejado, crescimento.

3. *Ações estratégicas.* Ações, normalmente na forma de Programas e Projetos, para a implementação das Definições Institucionais Básicas, em especial as vinculadas aos Objetivos Estratégicos.

Além desses três sentidos, mais técnicos, a palavra "Estratégia" tem uma utilização mais livre em vários momentos dos textos, buscando indicar aspectos (Pessoas, Valores ou Fatores) que possuem importância distintiva ou crítica. Neste texto, estaremos abordando os conceitos e metodologias para a definição da Estratégia Competitiva.

Definir a Estratégia (competitiva) significa definir onde serão investidos os recursos limitados – dinheiro, gente, tempo... – disponíveis e/ou mobilizáveis, visando à maximização dos resultados da Instituição. Na essência, significa uma decisão de investimento, por meio de escolha(s) entre as alternativas visualizadas.

Nas Instituições, a definição da Estratégia se faz mediante resposta a quatro perguntas fundamentais, com as três primeiras servindo de base para definir o escopo de atuação e a última para definir como atuar dentro do escopo de atuação definido:

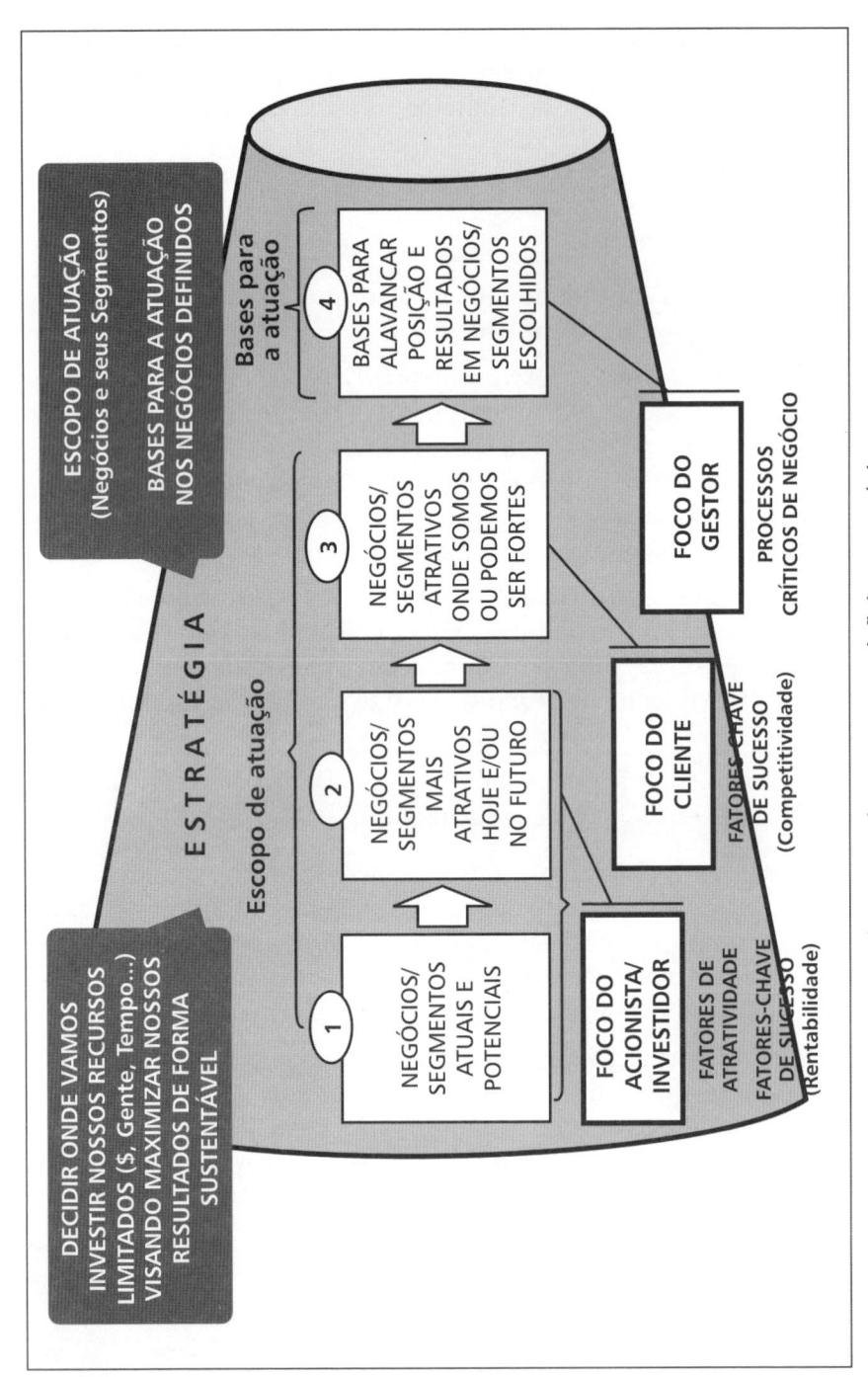

Figura 18: Elementos para definir a estratégia.

1. Quais são as alternativas de escolha de que se dispõe?
2. Qual o grau de atratividade de cada escolha, função do Propósito e do Estilo?
3. Qual é a competência atual ou potencial para o sucesso nas mais atrativas?
4. Como atuar para tornar real o potencial de resultados existente nas escolhas feitas?

Focalizando o Estilo

Estilo é o jeito de ser e agir de uma Pessoa, Equipe ou Instituição, baseado em suas crenças e valores. Nesse contexto, valores são as crenças que se pratica **mesmo**. No contexto internacional da gestão, é aquilo que se caracteriza como o *"way of..."* (*"American way of life"*, *"IBM way..."*). Numa comparação com as pessoas físicas, o Estilo de uma Instituição tem a ver com sua personalidade e identidade, refletidos em suas atitudes, posturas e comportamentos. Aí o sentido de Estilo como jeito de ser e agir.

Também como no caso das pessoas físicas, é importante saber distinguir no Estilo o que se caracteriza como **Princípios** – que tendem a ser permanentes – e o que são apenas **Regras** de atuação, quase sempre aprendidas e, portanto, mais passíveis de flexibilização.

Focalizando a Estrutura

A definição de uma Estrutura Básica para o Projeto ou Programa ou para a Instituição é algo que vem muito antes de se cogitar da questão de organograma, se é que isso será cabível. Trata-se aqui de identificar qual é o Funcionograma mais adequado à prática da Estratégia e do Estilo definidos. E a palavra "adequação" adquire aqui seu sentido mais forte, uma vez que a convicção é de que toda e qualquer Estrutura Básica ou Funcionograma é em si boa, mas pode ou não ser adequada. No contexto das Pessoas, a metodologia apresenta as várias alternativas desenvolvidas pelos especialistas em gestão de programas e projetos, sob a inspiração dos conceitos e definições emanados do PMI (Project Management Institute), que regula o assunto no mundo, sobretudo no Ocidente.

No contexto das Instituições, a metodologia disponibilizada permite analisar e considerar o conjunto das alternativas de Estrutura que foram desenvolvidas pelas Instituições desde o início da Administração Científica, que podem ser visualizadas na figura da página seguinte, construída com base nos conceitos colocados pelo Professor Georges Blanc, da Fundação Dom Cabral, quando da realização da primeira pesquisa feita no Brasil sobre Unidades de Negócio. Será mais bem detalhado no Capítulo 7.

Como alternativas de escolha do mais adequado Funcionograma, estão disponíveis sete alternativas:

1. MF – Modelo Funcional.
2. MF/SBU – Modelo Funcional combinado com *Strategic Business Unities*.
3. MM – Modelo Matricial.
4. MM/SBU – Modelo Matricial combinado com *Strategic Business Unities*.
5. ME – Modelo Empresarial (ou Matricial com Unidades Empresariais).
6. Redes.
7. Organização Virtual.

Finalizando a preparação para a navegação

Definidos o Propósito (porto de chegada) e as Políticas (carta de navegação), tem-se agora o terceiro momento crítico de todo e qualquer empreendimento, que é a ação empreendedora focalizada nos resultados desejados – a navegação em si –, para o que são fundamentais:

- Finalizar o aparelhamento para a navegação, mediante mobilização das competências organizacionais necessárias – e os respectivos recursos – para implementar a Estratégia e o Estilo, no formato da Estrutura definida. Isso tem a ver com a mobilização de PESSOAS e de PROCESSOS, complementando os quatro P que compõem o esquema de pensar os empreendimentos/organizações que estamos apresentando. Pessoas deve ser entendido num sentido mais amplo de Competências, internas ou externas.

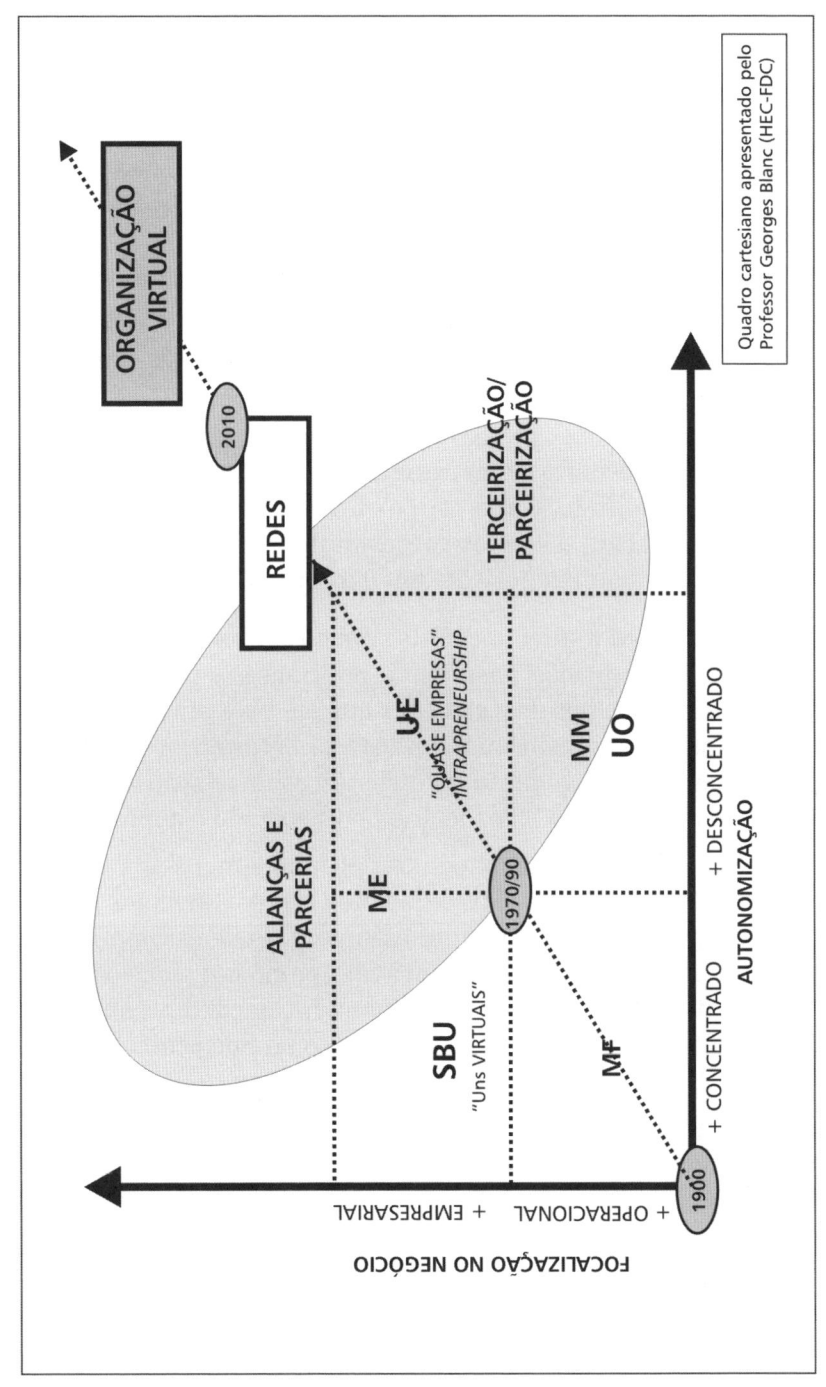

Capítulo 3: Como Gerenciar e Desenvolver Organizações

Figura 19: Conjunto de alternativas do Funcionograma.

No contexto externo, as competências podem ser mobilizadas sob a forma de prestação de serviços, de parcerias e até mesmo de alianças. Processos deve ser entendido num sentido mais amplo de tecnologias e sistemas necessários para as Instituições perceberem as situações, tomarem suas decisões e realizarem suas ações, internas e externas. Nesse contexto, o foco deve estar sobretudo nos megaprocessos que são o eixo da gestão econômico-financeira, mercadológico-comercial e técnico-operacional.

- Promover uma ação ordenada e ordenadora que garanta a contínua integridade/coerência do sistema com as definições institucionais básicas realizadas. Isso tem a ver tanto com a questão do respeito e do alinhamento com os valores contidos no Estilo definido, como com os fatores contidos na Estratégia estabelecida e com os compromissos contidos nas definições relativas a Propósito – em especial Missão e Visão.

Tudo isso mostra a adequação da afirmação romana "navegar é preciso, viver não é preciso", assumida por Sagres e tornada famosa por Fernando Pessoa, nos dois sentidos que ela traz a necessidade da ação como base para transformar sonhos e projetos em resultados e o fato de que, como na navegação tradicional, a navegação nos empreendimentos é algo preciso – desde que bem pensado e abordado.

Para alcançar o porto de chegada definido como seu Propósito, toda e qualquer Instituição tem o desafio de navegar pelos oceanos que constituem o ambiente no qual ela opera, onde estão presentes forças e ventos favoráveis e desfavoráveis, como os relativos a Mercado (onde estão os Clientes, Fornecedores, Concorrentes), à Ciência e à Tecnologia, à Economia, ao Político e ao Sociocultural.

Nesse contexto, constitui um embasamento e reforço muito importante para o modelo mental aqui apresentado o enfoque druckeriano de que a missão e o desafio dos Dirigentes estão não apenas na geração dos resultados desejados, mas antes, e como base essencial para isso, na garantia de uma contínua adequação da Instituição ao externo e ao futuro.

O desafio (e as vantagens) de uma adequada interação com o ambiente já tinha sido demonstrado muito antes por Charles Darwin, quando deixou evidente quão central e crítica é a questão da adaptabilidade ambiental para a sobrevivência, a continuidade e o crescimento. Tende a sobreviver o mais adaptável, que não é necessariamente o mais forte.

Os especialistas em desenvolvimento têm confirmado que isso é crítico também no contexto das Instituições, em que a adaptabilidade ao ambiente tem-se demonstrado como fator-chave para a sobrevivência e para a continuidade, sobretudo num ambiente cada vez mais competitivo e em transformação.

A abordagem desse ambiente deve se dar na linha do "Novas Realidades → Nossas Realidades", identificando não apenas as variáveis externas, mas sobretudo sua correlação com o negócio e os resultados da Instituição. Nisso, é importante caracterizar tanto a probabilidade de ocorrência, quanto o grau do impacto favorável e desfavorável.

Geração de resultados

Nosso aprendizado é de que nesta fase do processo de desenvolvimento é necessário que o Topo seja o campeão da causa e coloque como desafios os seguintes resultados:

- Competentes e adequadas Definições.
- Coautoria/corresponsabilidade/copropriedade das Definições pelas Pessoas que serão responsáveis pela implementação.
- Capacitação e alinhamento das Pessoas que ocupam posições-chave, nas perspectivas do pensamento estratégico, do modelo mental e de similares.
- Instalação de um processo contínuo de análise estratégica.

Além de elevar substancialmente a probabilidade de implementação das definições estabelecidas, a geração dos resultados acima vai propiciar à Instituição as bases para dar continuidade ao processo estratégico e, daí, para a contínua adequação ao externo e ao futuro. O "nome do jogo" é a geração de resultados. Os caminhos que conduzem os Empresários ao cartório e os Profissionais para a rua estão cheios de Pessoas bem-intencionadas e esforçadas, mas que não geraram os resultados necessários. A definição do Propósito é um movimento básico para isso, uma vez que define o Resultado Desejado na sua forma mais elevada.

Mas o Propósito é uma conquista colocada como resultado futuro (até porque quando alcançado é substituído por outro, mais elevado e também futuro), para cujo alcance se impõe identificar que resultados e ações se necessitam realizar no presente.

Assim, o segundo, natural e necessário, movimento da gestão e do desenvolvimento é a identificação dos Resultados Desejados no curto prazo e quais as respectivas Ações Planejadas.

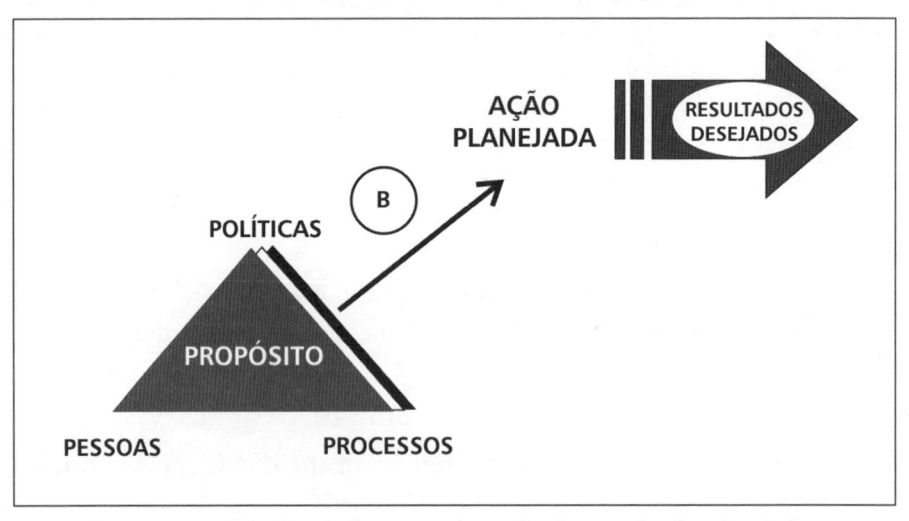

Figura 20: Ações planejadas para obtenção dos resultados desejados.

Processo de Gestão do Negócio

Estes dois primeiros movimentos do Processo de Desenvolvimento constituem o que chamamos de Processo de Gestão do Negócio ou Qualidade da Gestão. Como primeira e fundamental base da Qualidade Empresarial ou Institucional, a Qualidade da Gestão é uma função direta do grau de Competência Empreendedorial ou Empresarial da Organização.

Na medida em que as Definições Institucionais Básicas sejam competentemente estabelecidas, a Organização estará conectada de maneira adequada aos seus ambientes.

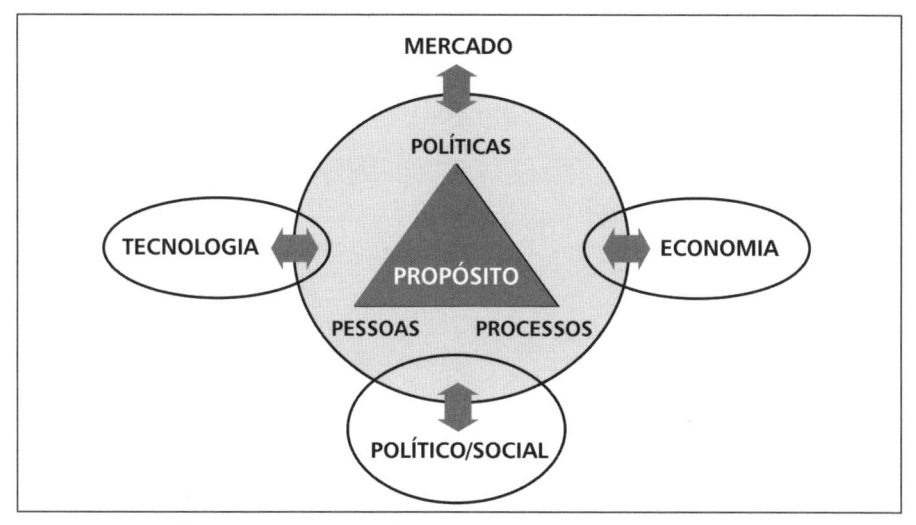

Capítulo 3: Como Gerenciar e Desenvolver Organizações

Figura 21: Conexão da Organização ao seu ambiente.

Mas o Processo de Desenvolvimento possui o desafio de ir além do sucesso, que é alcançar os resultados desejados, contribuindo para a evolução na direção da excelência, que é a conquista de resultados no nível mais elevado possível, tornando-se referência. Para isso impõe-se gerar as bases adequadas em termos de Competências/Pessoas e de Ambiente/Processos:

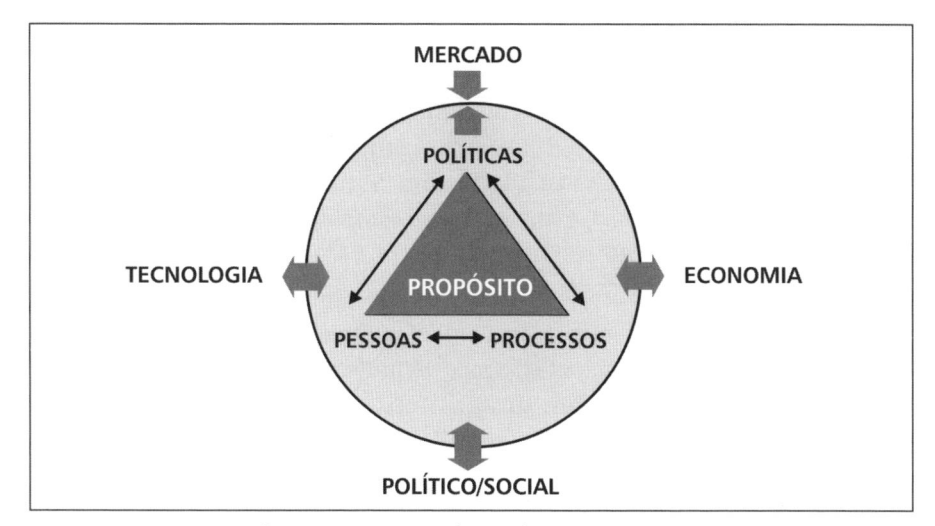

Figura 22: Bases adequadas para avançar.

Para isso, o terceiro movimento do Processo de Desenvolvimento tem a ver com a promoção das Competências e Pessoas Adequadas.

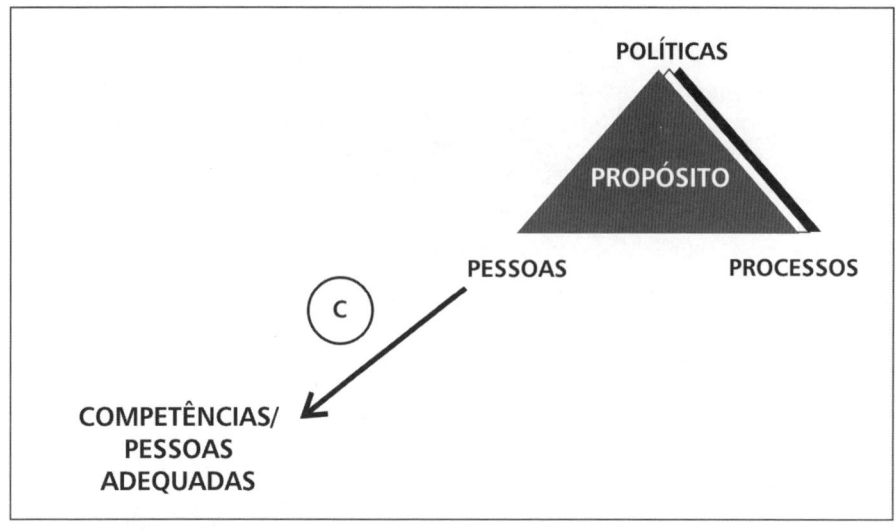

Figura 23: Promoção de Competências e Pessoas Adequadas.

Nesse contexto, dois aspectos precisam ser bem compreendidos:

1. A palavra-chave: ADEQUADAS. Temos a convicção de que toda e qualquer Pessoa é competente para alguma coisa. Mas a questão aqui não é se é competente ou não, mas sim se ela é adequada ao Projeto que se definiu no primeiro momento e aos resultados que se estabeleceu como meta no segundo movimento. Isso tem a ver tanto com a questão da Competência, quanto com as Crenças e Valores, *vis-à-vis* o definido quanto à Estratégia e ao Estilo.

2. É importante compreender, cada vez mais e melhor, que o desafio neste contexto tem mais a ver com a gestão e o desenvolvimento de competências que podem estar nas Pessoas que integram ou precisam integrar os quadros da Organização ou externamente, através de parcerias, alianças e *outsourcing*.

O Processo de Desenvolvimento se completa mediante a focalização adequada em termos de Ambiente e Processos:

Capítulo 3: Como Gerenciar e Desenvolver Organizações

```
                    POLÍTICAS

                   ▲
                  ▲ ▲
                 ▲   ▲
                ▲PROPÓSITO▲
               ▲         ▲
              ▲           ▲
   PESSOAS             PROCESSOS
                                  ↘
                          (D)      ↘
                                    AMBIENTE E
                                    PROCESSOS
                                    ADEQUADOS
```

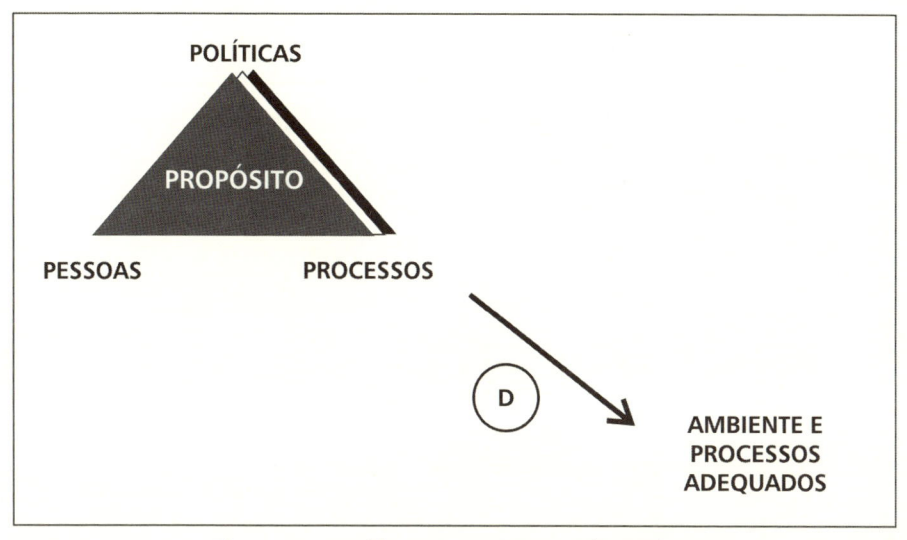

Figura 24: Ambiente e Processos Adequados.

Nesse contexto, é também importante compreender que ADEQUADOS é a palavra-chave, uma vez que o foco e as prioridades precisam estar na contribuição para a otimização do alcance daquilo que foi definido como crítico na Gestão do Negócio, ou Qualidade da Gestão. Ou seja, é preciso estar focalizado nos Fatores-chave de Sucesso e nos Processos Críticos do Negócio.

A opção que fazemos de colocar o foco nas Competências e Pessoas, antes de nos Processos, é fruto de mais do que uma convicção decorrente da nossa vivência profissional. Mesmo aqueles que tendem a colocar os Processos antes das Pessoas acabam mais tarde aprendendo (ou "dando o braço a torcer") de que essa não pode nem deve ser a maneira básica de se conduzir as questões de desenvolvimento organizacional.

Conforme veremos mais adiante, principalmente no capítulo que trata de gerenciamento de mudanças, o "longo caminho curto" na sequência de Políticas → Pessoas → Processos é muito mais eficaz – e muitas vezes mais eficiente para se chegar a resultados – do que o "curto caminho longo", na sequência Políticas → Processos → Pessoas. Mesmo nas organizações que têm por valor focar mais os Processos/Tarefas do que as Pessoas.

Gestão da qualidade

Estes dois últimos movimentos não apenas completam o Processo de Desenvolvimento. Combinados, constituem um processo dentro do processo geral, que chamamos de Processo de Gestão da Organização ou da Gestão da Qualidade:

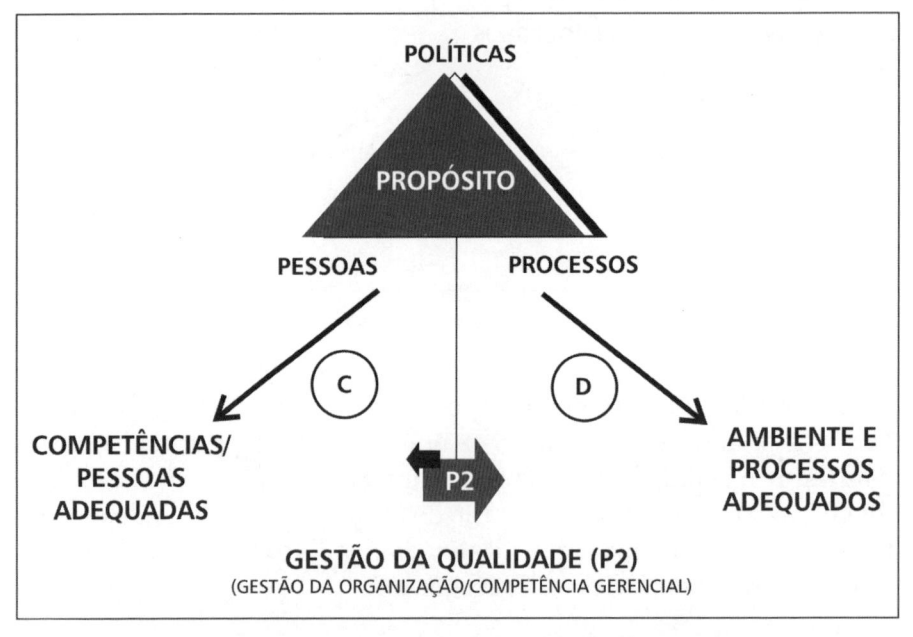

Figura 25: Processo de Gestão da Qualidade.

Como segunda, necessária e complementar parcela da Qualidade Empresarial ou Institucional, a Gestão da Qualidade tem o seu grau, como uma função do grau de Competência Gerencial e, sobretudo, do grau de sua conexão com as definições geradas pela Qualidade da Gestão.

Assim, o Processo de Desenvolvimento pode ser também descrito como um Processo para a Qualidade Empresarial (QE), que promove, sucessivamente, a Qualidade da Gestão (QG) e a Gestão da Qualidade (GQ):

$$QE = QG + GQ$$

Capítulo 3: Como Gerenciar e Desenvolver Organizações

Numa forma "druckeriana" de expressar, pode-se dizer que o processo visa em primeiro lugar apoiar a definição de qual é **a coisa certa a ser feita** pela Instituição, para em seguida apoiar a identificação de qual é o jeito adequado para se **fazer certo a coisa**.

A Qualidade Empresarial, ou Institucional (ou, para nós, a verdadeira Qualidade Total), estará alcançada quando a Instituição estiver realizando a coisa certa do modo certo, sinal de que está em franca evolução na direção do sucesso e da excelência.

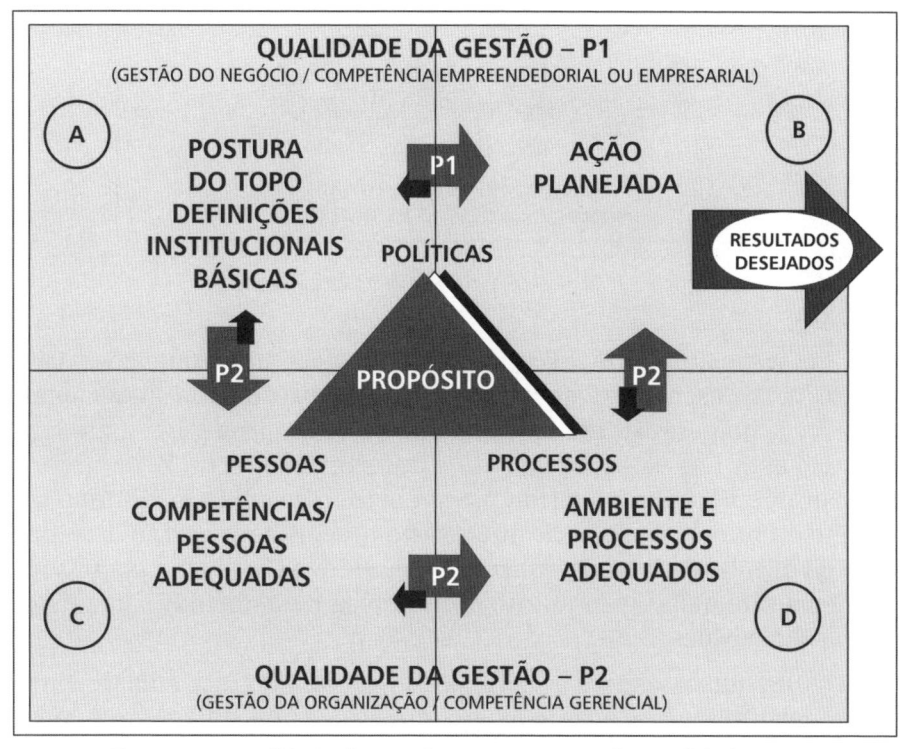

Figura 26: Qualidade da Gestão (P1) e Gestão da Qualidade (P2).

No Capítulo 5 estão apresentados os vários Programas que temos desenvolvido e implementado como base para apoiar as Organizações no desenvolvimento de seus Profissionais e na definição e mobilização de suas Políticas, com destaque para os vinculados à Qualidade da Gestão.

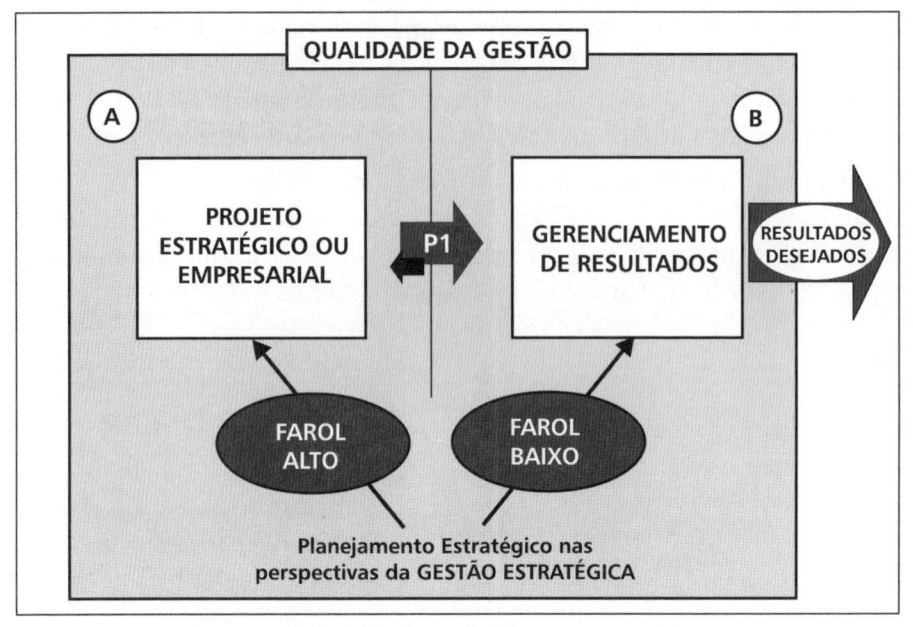

Figura 27: Programas de apoio às Organizações.

Essa visão ampliada das organizações coloca três dimensões para sua gestão e desenvolvimento: interna, de natureza mais operacional; externa 1, na perspectiva da cadeia de valor ou produtiva – na qual o crítico está nos elos a montante e a jusante; externa 2, no abranger o ambiente no seu sentido mais macro. Isso deixa evidente o tamanho da miopia em gestão que esteve presente na gestão dominadora da década de 90, que quase sempre esteve focalizada apenas na primeira dimensão – enquanto o mundo se transformava nas duas outras dimensões.

Alguns outros aspectos críticos que demonstram a enorme diferença de enfoque e ação que existe entre essa abordagem, interna e excessivamente focalizada em processos, estão apresentados no Capítulo 6, que apresenta o Empreendedorismo/Empresariamento como jeito de ser e agir preconizado pelos mais importantes dirigentes que operam no Brasil e no mundo. Tendo por base os dois fundamentos que apresentam as faces mais visíveis das organizações, nosso aprendizado sobre as mesmas avançou na direção de identificar mais um conjunto de fundamentos que demonstram como navegar de forma adequada para alcançar o sucesso e a excelência.

Capítulo 4
SOBRE COMPETÊNCIAS E SUA GESTÃO

Valéria Régia de Santana

No Projeto de Desenvolvimento, Pessoas é um dos "Ps" na construção da carta de navegação. Definidos o Propósito (porto de chegada) e as Políticas (carta de navegação), tem-se em seguida o momento que consideramos mais crítico de um empreendimento, que é a ação empreendedora focada nos resultados desejados: a mobilização de Pessoas e Processos.

Entendemos Pessoas, num sentido amplo, como as Competências, internas ou externas, das quais a organização dispõe para empreender a carta de navegação e a realização de suas estratégias. Tudo isto tem a ver com o alinhamento de Pessoas e Processos aos valores do Estilo definido, aos fatores contidos na Estratégia estabelecida para o negócio e aos compromissos contidos no Propósito, especialmente na Missão e na Visão.

Quando passamos a pensar a questão das competências na gestão e, por consequência, a gestão das competências, faz-se necessária uma freada de arrumação no raciocínio, pois a Gestão por Competências é muito mais do que um sistema de gestão de pessoas. Trata-se de um modelo mental que dá base à cadeia de valor do negócio. Em hipótese alguma, esse raciocínio e ações serão coerentes se não estiverem alinhados à estratégia do negócio.

> Ao colocarmos organização e pessoas lado a lado, podemos verificar um processo contínuo de trocas de competências. A organização transfere seu patrimônio para as pessoas, enriquecendo-as e preparando-as para enfrentar novas situações profissionais e pessoais, na organização ou fora dela. As pessoas, ao desenvolverem suas capacidades individuais, transferem para a organização seu aprendizado, capacitando-a a enfrentar novos desafios.[23]

---
[23] DUTRA, Joel Souza. *Competências: Conceitos e Instrumentos para a Gestão de Pessoas na Empresa Moderna*. São Paulo: Atlas, 2004. 206 p.

E é com este espírito que introduzimos a questão das competências e sua gestão, bem como a Gestão por Competências. A expressão correta, a nosso ver, seria Gestão Estratégica de Pessoas com ênfase em Competências, pois demanda estreita conexão com os Projetos Estratégicos. Para nós, é a chamada Gestão por Competências que articula a estratégia empresarial às competências individuais.

Há inúmeros métodos e modelos de Gestão por Competências no mercado, apresentados segundo as visões de ser humano, das relações do trabalho e de negócios que os profissionais que neste campo atuam têm como base. Apesar de não ser nossa proposta apresentar aqui esses modelos, pois são facilmente encontrados com um pouco de pesquisa, desejamos apresentar nossas ideias sobre o assunto. A nosso ver, há que se lançar um olhar sobre as bases conceituais de cada modelo para propô-lo a uma organização. E a escolha do modelo a se propor demanda estreita relação com a cultura e os valores da organização em que se pleiteia implementá-lo. Nossas ideias e metodologia para a Gestão de Pessoas e Competências se delinearam no atendimento aos nossos clientes, desenvolvendo, sob medida, programas, produtos e serviços que habilitassem ou aperfeiçoassem as competências das pessoas para a prática do seu negócio.

Como já dissemos, a Gestão de Pessoas com ênfase em Competências demanda estreita conexão com os Projetos Estratégicos. E em se tratando de Gestão de Pessoas, valorizamos o Modelo de Múltiplos Papéis de Dave Ulrich[24] no qual se destaca a posição da Gestão de Pessoas como Parceiro Empresarial em quatro campos de atuação: futuro estratégico, presente operacional, processos e, obviamente, pessoas. E assim se exercem quatro importantes papéis que valorizam e consolidam sua atuação nas organizações modernas:

- *Parceiro Estratégico:* Administra estratégias de recursos humanos.
- *Especialista Administrativo:* Administra a infraestrutura da empresa.
- *Defensor dos Funcionários:* Administra a contribuição dos funcionários.
- *Agente de Mudanças:* Administra a transformação e a mudança.

---

[24] ULRICH, Dave. *Os Campeões de Recursos Humanos: inovando para obter os melhores resultados*. São Paulo: Futura, 1998. 340 p.

Capítulo 4: Sobre Competências e sua Gestão

A Gestão de Pessoas por Competências trata-se da integração do sistema de Gestão de Pessoas, para o exercício desses papéis, tendo como base um modelo mental que raciocina através de/por competências. Demanda uma cultura de desenvolvimento do negócio e do autodesenvolvimento das pessoas que se manifeste em todas as funções da Gestão de Pessoas na organização.

Modelos eficazes de competências precisam:

- buscar um equilíbrio entre simplicidade e acuracidade;
- incorporar os *inputs* dos *stakeholders*;
- relacionar estratégia e desempenho das pessoas;
- estabelecer claramente o que é esperado para o alto desempenho da organização;
- proporcionar um caminho para o desenvolvimento profissional na organização.

As competências adicionam valor se focarem em comportamentos observáveis, se refletirem os princípios e comportamentos organizacionais, se forem mensuráveis e se definirem o alto desempenho atual e futuro.

Figura 28: Gestão por Competências.

Mas Competência, especificamente, o que é?

A Competência em si é a capacidade que uma Pessoa tem de utilizar/mobilizar o seu conjunto de Conhecimentos, Habilidades e Atitudes (denominado comumente de CHA), assim como os recursos materiais e não-materiais, para realizar uma ação/movimento que permita alcançar os resultados desejados. É como no xadrez, em que o que importa é a capacidade de realizar os lances/movimentos que permitam vencer o jogo – ou pelo menos não perder. Nesse contexto, de nada valem os Conhecimentos sobre o jogo e suas regras e sobre a Pessoa com a qual se está jogando; de nada valem as Habilidades/Aptidões de analisar e antecipar movimentos próprios e do outro; de nada valem as atitudes/posturas de defesa ou ataque etc. se disso não resultar um lance/movimento adequado.

Fiquemos com a definição de Le Boterf para embasar nossa visão: "Não há outra competência que a competência em ação".[25] Competência tem a ver com profissionalismo, tem a ver com saber administrar situações profissionais complexas. Em resumo: saber administrar a complexidade e navegar na complexidade.

A competência se demonstra e se mede no lance/movimento/ato. Um exemplo similar no contexto da Gestão tem a ver com a Competência em Negociação, que tem a ver com a ação/movimento que se faz, tendo por base:

- os Conhecimentos que se tem sobre o assunto e sobre as Pessoas com as quais se está negociando;
- as Habilidades de perceber situações e movimentos dos participantes na negociação e lidar com imprevistos;
- a Atitude perante tensões e pressões, o tino comercial etc.

Ao nosso ver, tem o foco em conhecimentos, habilidades e atitudes importância de segundo grau e serve apenas como base para compreender as causas que estejam impactando positiva ou negativamente as competências. Devemos também fazer uma distinção no que tange às Competências: aquela que existe entre elas e aquilo que delas resulta, que são obviamente os Resultados.

---

[25] LE BOTERF, Guy. *Desenvolvendo a Competência dos Profissionais.* 3ª ed. Porto Alegre: Artmed, 2003. 278 p.

Capítulo 4: Sobre Competências e sua Gestão

**GESTÃO DE PESSOAS
ABORDAGEM CONTEMPORÂNEA**

CONHECIMENTOS	HABILIDADES	ATITUDES	COMPETÊNCIAS	SABER AGIR
EDUCAÇÃO FORMAL E EMPÍRICA	APTIDÕES VOCAÇÃO E *EXPERTISE*	TRAÇOS E MOTIVOS	CHA EM AÇÃO REALIZAR ENTREGAR FAZER ACONTECER	SABER APRENDER SABER MOBILIZAR SABER TRANSFERIR SABER ENGAJAR-SE TER VISÃO ESTRATÉGICA ASSUMIR RESPONSABILIDADE

- CURSOS DE MARKETING E NEGOCIAÇÃO
- APTIDÃO PARA RELACIONAR
- FLEXIBILIDADE ESCUTA
- CAPACIDADE DE FECHAR NEGÓCIOS ADEQUADOS

Figura 29: Abordagem contemporânea.

Um exemplo claro da necessidade e da relevância disso está nas Organizações que adotam a prática da remuneração por resultados. Nas mais avançadas, existe uma prática que recomendamos:

- Utilizar a remuneração "fixa" para responder adequadamente às Competências que as Pessoas possuem e colocam à disposição da Organização.
- Utilizar a remuneração variável para responder adequadamente à transformação que as Pessoas fazem das Competências em Resultados.

Temos, assim, uma distinção importante a fazer entre:

- As Competências da Organização/Instituição, função de seus Propósitos e Políticas (Estratégia, Estilo e Estrutura) e respectivos Programas e Projetos.
- As Competências das Pessoas, função das Competências da Organização e dos requisitos relativos aos Papéis que cabem às Pessoas dentro da Organização.

As Competências da Organização/Instituição podem ser desdobradas também em outras Competências, que podem estar nas Tecnologias/Processos ou em outros pontos da Cadeia de Valor e da Cadeia Produtiva, fora da Organização.

Do prisma do aperfeiçoamento (tornar a Pessoa crescentemente melhor naquilo que está fazendo hoje; ou crescimento horizontal) e do desenvolvimento (preparar a Pessoa para ocupar posições mais complexas e/ou de nível mais elevado; ou crescimento vertical/oblíquo) o campo de atuação nas competências estará no CHA (Conhecimentos, Habilidades e Atitudes), treinando e educando em cada um destes campos de desdobramento da competência.

A seguir estão duas figuras que apresentam o conjunto de quatro variáveis na implantação da Gestão por Competências ao longo da mobilização de um Projeto Estratégico. Estas quatro variáveis estão ligadas a dois processos fundamentais:

P1 – A Qualidade da Gestão que envolve a ordenação das competências da organização e o planejamento da ação empreendedora, basicamente através do gerenciamento de resultados.

Figura 30: A variável Competências no Projeto Estratégico.

Capítulo 4: Sobre Competências e sua Gestão

PROGRAMA PARA A EXCELÊNCIA

QUALIDADE DA GESTÃO – P1

- RESULTADOS DESEJADOS
- PROJETO ESTRATÉGICO
- DESENVOLVIMENTO ESTRATÉGICO
- GRUPO DE DESENVOLVIMENTO ESTRATÉGICO
- GERENCIAMENTO DE RESULTADOS
- RECONHECIMENTO E RECOMPENSA
- RESULTADOS DESEJADOS
- GESTÃO DE COMPETÊNCIAS
- QUALIDADE DE VIDA NO TRABALHO
- ORGANIZAÇÃO PARA RESULTADOS
- DESENVOLVIMENTO DE PROCESSOS

GESTÃO DA QUALIDADE – P2

Figura 31: Gestão da Qualidade – Competências em termos de Pessoas e Processos.

P2 – A Gestão da Qualidade que envolve essencialmente o que foi citado no primeiro parágrafo deste capítulo: a ação empreendedora em si, focada nos resultados desejados, através da mobilização de Pessoas e Processos.

Em P1 as variáveis são:

- A Postura do Topo com definições institucionais básicas, disponibilizadas no Projeto de Desenvolvimento Estratégico.
- A Ação Empreendedora Planejada, organizada através do Gerenciamento de Resultados, Reconhecimento e Recompensa.

Em P2 as variáveis são:

- Disponibilizar competências e pessoas adequadas através da Gestão de Competências como modelo de Gestão de Pessoas e garantir a Qualidade de Vida no Trabalho.

- Disponibilizar ambiente e processos adequados através da organização para resultados e do desenvolvimento/melhoria de processos.

Tendo por base esse conjunto de variáveis, é feita a mobilização de um conjunto de mecanismos de gestão de competências visando à construção da excelência da Organização por meio da promoção da excelência das Pessoas/Competências que com ela colaboram.

Na gestão de pessoas, um dos mecanismos mais importantes no desenvolvimento de competências é a mobilização dos Planos de Desenvolvimento Profissional, em que se faz o mapeamento das Competências Atual e Potencial das Pessoas, *vis-à-vis* o conjunto de competências definido para cada posição no negócio ou mesmo a análise do desempenho.

A partir daí são identificados os gaps positivos (situação em que as Pessoas estão aquém daquilo que trazem em si de potencial e podem crescer horizontal ou vertical/obliquamente) e/ou negativo (as Pessoas estão aquém daquilo que é necessário dentro do papel/carreira que ocupam).

Mapeados os *gaps* de Competência, é feita a análise de suas causas, num processo em que o foco se coloca nos Conhecimentos, Habilidades e Atitudes e nas ações e movimentos que são necessários para a eliminação dos *gaps*.

Isso se faz num processo muito similar aos que são adotados na Qualidade Total, agora com o uso, no grau mais elevado possível, das soluções tecnológicas disponibilizadas pelos campos da Psicologia, Sociologia, Antropologia, Educação e Gestão.

O sentido de tudo, a filosofia e o espírito da coisa, é promover a excelência de cada Pessoa, pela transformação em realidade de tudo aquilo que ela traz em si de potencialidade.

No desenvolvimento de competências, observamos que há uma arte na promoção do desenvolvimento. Como dissemos, nossa experiência se deu no desafio de promover as potencialidades de Líderes e Dirigentes, para a implementação dos projetos estratégicos de suas organizações. É favorecer o fazer brotar das raízes, os frutos na forma de geração de valor.

Capítulo 4: Sobre Competências e sua Gestão 85

A ÁRVORE DAS COMPETÊNCIAS

Uma Perspectiva Transpessoal para a Excelência

TRANSFORMAR EM REAL O POTENCIAL

Frutos: Competências e Geração de Valor

Ramos e Folhas: Conhecimentos/Habilidades/Percepções/Relacionamentos

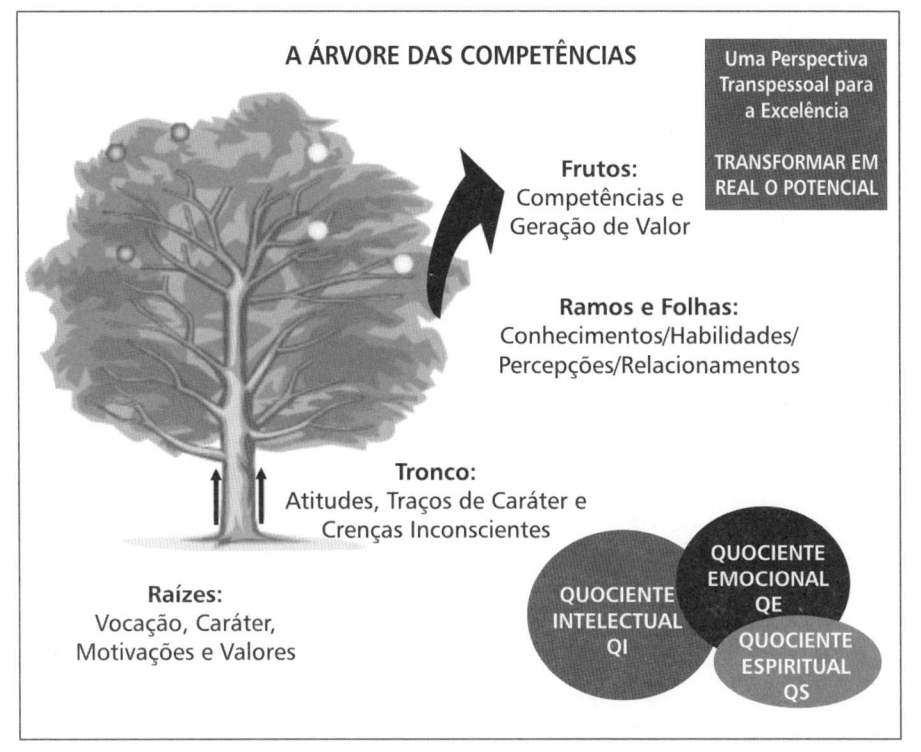

Tronco: Atitudes, Traços de Caráter e Crenças Inconscientes

Raízes: Vocação, Caráter, Motivações e Valores

QUOCIENTE INTELECTUAL QI
QUOCIENTE EMOCIONAL QE
QUOCIENTE ESPIRITUAL QS

Figura 32: A árvore das competências.

Apoiados neste contexto, buscamos respeitar alguns dos valores básicos do desenvolvimento sustentável:

- O respeito ao estágio de evolução das Pessoas e Organizações que são Clientes do processo.
- O planejamento como um processo de aprendizagem, sempre conectado com as decisões e ações.
- A Pessoa e a Organização como sujeitos de seu desenvolvimento.
- O desenvolvimento sustentável como um processo que evolui como uma espiral ascendente.

A figura a seguir, explorada no Capítulo 10, mostra os movimentos de espiral do desenvolvimento.

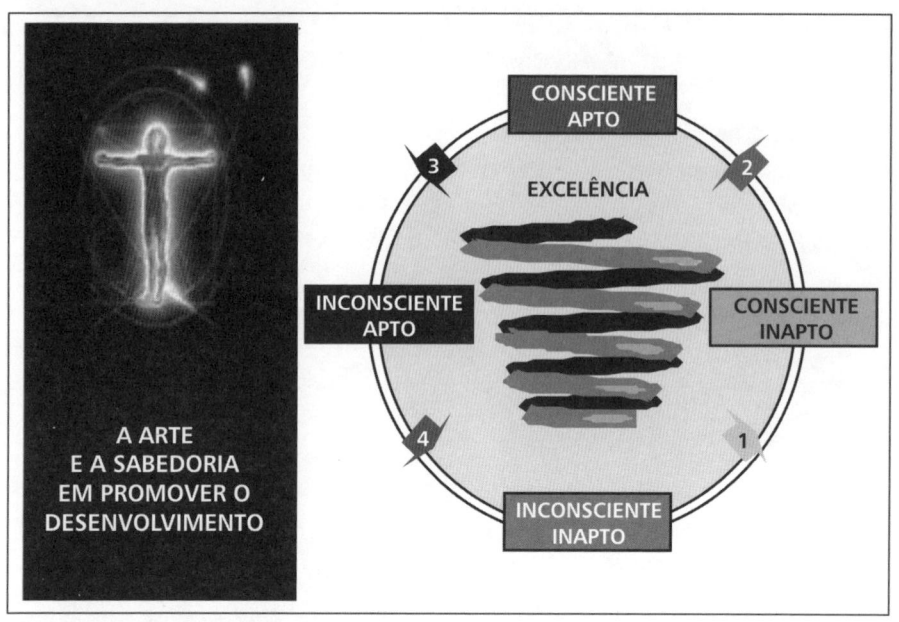

Fonte: Kurt Lewin.

Figura 33: A Roda do Desenvolvimento.

A questão da educação mostra-se fundamento imprescindível no desenvolvimento e aculturamento de nova mentalidade nas pessoas e organizações que pretendem se gerir por competências. A amplitude de consciência dos indivíduos que funcionam bem na gestão por competências mostra ser uma consciência com fluidez em aspectos que Hans TenDam[26] denomina tópicos para a maestria pessoal: clareza mental, poder de decisão, equanimidade, alinhamento, energia e foco.

As pesquisas[27] mostram que concentrar ou apoiar o desenvolvimento nos Pontos Fortes é a chave para a eficácia do desenvolvimento. Ao focar o desenvolvimento e o aprimoramento de competências nos aspectos mais potentes de um indivíduo, ele aumenta suas chances de contribuição, muito mais do que focar seu desenvolvimento apenas nos seus Pontos Fracos. Desta forma, aqueles Pontos Fortes que compõem o seu Potencial Individual devem ser o foco do seu

---

[26] TENDAM, Hans. *Cura Profunda*. São Paulo: Summus, 1997.

[27] Novations. Apresenta artigos e pesquisas publicadas do Novations Group. Disponível em: <http://www.novations.com>. Acesso em: 8 de fevereiro de 2010.

desenvolvimento. Além disso, essas pesquisas mostram que os "Excelentes Contribuidores são aqueles que têm um ou dois Pontos Fortes extraordinários, e não aqueles que são medianos em tudo". Criar bons momentos de carreira envolve conectar talentos e paixões individuais – o Potencial – ao mesmo tempo em que atende às necessidades da organização. Isso aumenta o valor da sua contribuição para a organização, elevando, ao mesmo tempo, a empregabilidade e o profissionalismo em longo prazo.[28]

Carreira e autodesenvolvimento são, portanto, pontos cruciais da gestão das competências. É preciso criar uma cultura de aprendizado e desenvolvimento do negócio e do autodesenvolvimento das pessoas que se manifeste em todas as funções da Gestão de Pessoas na organização, apreciando as competências pelo grau de contribuição à implementação da estratégia do negócio.[29] Observamos, portanto, que o desempenho é fruto de um grupo de competências e não pode ser avaliado individualmente. A gestão por competências não é uma gestão das pessoas apenas, é a gestão da predisposição da organização para o alcance de suas metas e caminhada em direção ao rumo definido em sua carta de navegação.

A excelência delineia-se no processo de desenvolvimento de indivíduos e pela sua cada vez mais ampla consciência do profissionalismo, da liderança situacional e do espírito de servir. Neste modelo de gestão, os indivíduos raciocinam não apenas em termos de competências, mas de profissionalismo.

Qualificação (conhecimentos e habilidades) apenas já não é, há algum tempo, o principal atributo da competência. A pessoa competente é aquela que sabe navegar.

Importante relembrar que, desde o período da Industrialização clássica (1900 a 1950) até a era da Informação (após 1990), houve muitas mudanças na administração de RH, não apenas em termos de estrutura do RH, mas principalmente no modo de lidar e conceber a contribuição das Pessoas.[30]

---

[28] Four Stages of Contribuition Reseach. Disponível em: <http://www.novations.com/publications/articles/four-stages-of-contribuition-research-study.51.html>. Acesso em: 9 de fevereiro de 2010.

[29] SANDHOLTZ, Kurt et al. HR Competencies: Mastery at the Intersection of People and Business. Alexandria, Virginia: Society for Human Resource Management, 2001.

[30] CHIAVENATO, Idalberto. Recursos Humanos. 5ª ed. São Paulo: Atlas, 1998. 623 p.

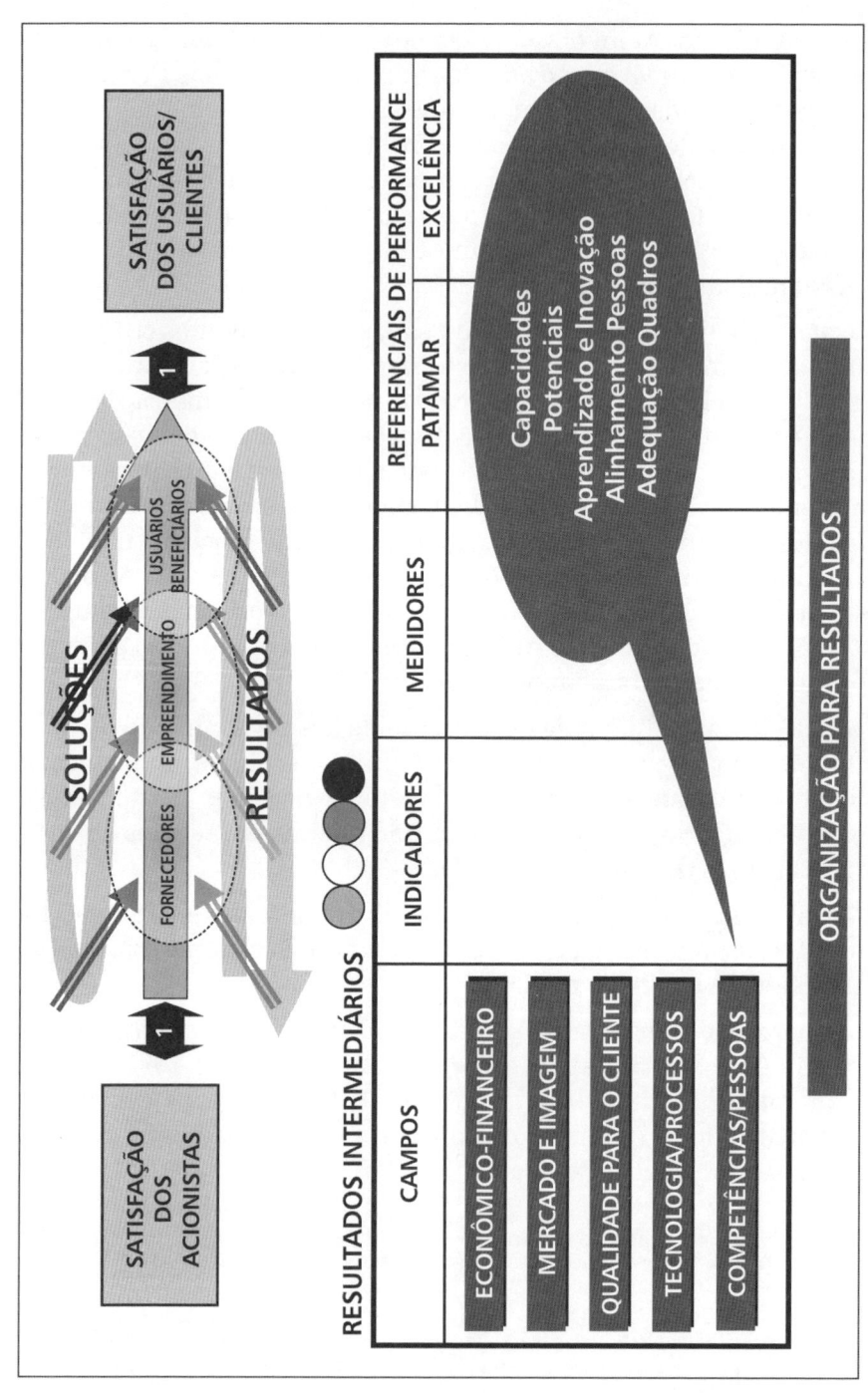

Figura 34: Organização para resultados.

As Pessoas foram deixando de ser tratadas como recursos e passaram a ser tratadas como Pessoas. As mudanças no ambiente organizacional (empresas mais ágeis e horizontais) levaram a uma mudança do padrão funcional do trabalho, para os padrões de liderança e empreendedorismo em várias posições nas organizações, onde, independente do cargo, as pessoas precisam cada vez mais contribuir através de outras pessoas (seja na coordenação de projetos e negócios, de áreas, diretorias ou de empresas).

Assim, com a evolução do ambiente de trabalho (novas realidades ➔ nossas realidades ➔ novas respostas), foram necessários o aumento no nível de profissionalismo e uma total reconstituição do exercício de funções e ofícios para a vivência competitiva e profissional. Competitividade é também um conceito estreitamente ligado à competência. Não falamos aqui da competitividade destrutiva, mas daquela que Prahalad e Hamel nos apresentaram, ao falar sobre como criar o futuro das organizações.[31]

São os serviços e a aplicação da inteligência que fazem hoje a diferença entre as empresas. Da liderança servidora e da aplicação da inteligência é que se derivam a criatividade, a inovação e a tomada de decisão como exemplos de competências individuais ou mesmo organizacionais.

Le Boterf assim resume os principais atributos sobre as competências e sua gestão:

- É preciso raciocinar em termos não apenas de competências, mas de profissionalismo.

- Distinguir a ação-competência e os recursos necessários para a sua realização.

- Para se mostrar competente é preciso demonstrar um saber combinatório, no qual o profissional se define pela sua condição de administrar a complexidade.

- A navegação profissional é um desafio da profissionalização, da gestão da carreira e da profissão.

---

[31] PRAHALAD, C. K.; HAMEL, Gary. Competindo pelo Futuro: Estratégias Inovadoras para Obter o Controle do seu Setor e Criar os Mercados de Amanhã. 19ª ed. Rio de Janeiro: Campus, 2005. 373 p.

- O gerenciamento das competências é uma gestão subjetiva e estratégica: é preciso construir uma carta de navegação e os instrumentos de aferição do estoque de competências e seu desempenho no negócio.

E, por fim, é preciso que lancemos nosso olhar para as redes de competências e não mais apenas para as competências individuais.

Os profissionais dos anos vindouros serão aqueles que fazem uso dos recursos da sua personalidade, aplicando sua qualificação num processo combinatório entre a qualificação em si, as características de personalidade e os valores pessoais, resultando em ações em que o saber combinatório está no cerne daquilo que, de modo geral, denominamos competência. Cada ação competente é o produto de uma combinação de recursos da pessoa. E é no saber combinar seus recursos que reside toda a riqueza de um profissional, bem como sua autonomia para a gestão de sua carreira e desenvolvimento.[32]

É por isso que, a nosso ver, a questão das competências e sua gestão formam um capítulo especial na Gestão dos Negócios e das Organizações. Estando nas perspectivas do *front*, observamos que no futuro este deve se tornar assunto prioritário na pauta de Líderes e Dirigentes. Gestão de Pessoas é, a nosso ver, um dos grandes diferenciais competitivos das organizações do futuro.

São essas algumas das nossas considerações sobre o tema das competências e sua gestão, e que, como citado na Introdução, tem sido nossa missão e também foco dos nossos olhares e estudos futuros, em que seguimos apoiados pela nossa experiência nesta caminhada orientada pelo gosto e desafio de apoiar Pessoas no seu desenvolvimento e Organizações (ou conjunto de Pessoas) no desenvolvimento de seus negócios.

---

[32] LE BOTERF, Guy. *Desenvolvendo a Competência dos Profissionais*. 3ª ed. Porto Alegre: Artmed, 2003. 278 p.

Capítulo 5

COMO PROMOVER ORGANIZAÇÕES QUE APRENDEM

Em tempos de elevadas transformações, o aprendizado se converte em variável de importância transcendental, gerando um desafio que talvez só seja superado pelo de desaprender aquilo que foi a razão do sucesso no passado presente e já não mais serve como base para a atuação no presente/futuro.

No dia a dia das Organizações, temos percebido a existência de três momentos ou focos críticos no que tange ao aprendizado:

- O aprendizado coletivo, de toda a Organização, *vis-à-vis* as evoluções no seu ambiente.

- O aprendizado nos processos internos de desenvolvimento, tanto nos vinculados ao desenvolvimento da Organização, quanto naqueles que se busca nos programas de capacitação.

- O aprendizado individual, necessário ao crescimento profissional, nas perspectivas do aperfeiçoamento na posição atual e no crescimento para posições mais elevadas.

Ao descrever mais adiante o processo para desenvolvimento de um Projeto Estratégico, ressaltamos que o foco deve estar em mais do que apenas gerar competentes definições institucionais básicas (Propósito, Estratégia, Estilo, Estrutura e Objetivos Estratégicos); que é necessário ir além disso, garantindo uma postura do topo que promova o adequado grau de participação e engajamento das Pessoas que ocupam posições-chave, instalando-se o pensamento estratégico e, daí, as bases para a contínua adequação ao externo e ao futuro.

O processo deve ser entendido e conduzido também como forte ação de aprendizado e integração que, além de melhorar a qualidade das definições, contribui para evitar que o Projeto Estratégico se torne vítima do assustador índice de insucesso que se verifica nas implementações: estatísticas internacionais demonstram que 90% dos planos bem estabelecidos não são bem implementados.

Essa realidade tem sido confirmada pela nossa vivência, em que impressiona a quantidade de projetos que estão nas gavetas, por questões vinculadas mais a processo do que a conteúdos. Nisso, a principal causa tem sido o não-engajamento das Pessoas que terão, em maior ou menor grau, responsabilidades na implementação.

Tê-las como coautoras promove atitudes e comportamentos de coproprietários e corresponsáveis pelas definições, elevando fortemente o grau de sua implementação.

Como partes do processo de desenvolvimento de Pessoas e Equipes e, daí, das Organizações, a educação e o treinamento são atividades bastante valorizadas por quase todos.[33] Apesar disso, existe sempre um grande questionamento sobre ser ou não o principal agente para a evolução e a geração de resultados e, sobretudo, sobre sua eficácia na geração de mudanças e transformações.

Toda e qualquer atividade educacional só tem sentido quando focalizada em resultado, na perspectiva do Empresariamento de que resultado é o que resulta.

APRENDIZADO e APLICAÇÃO são os dois resultados a serem gerados. Para garantir esses resultados, toda e qualquer atividade educacional tem que ser concebida numa forma que garanta forte CONEXÃO com os contextos daqueles que estarão como participantes e da Instituição à qual estão vinculados (a Sociedade, no caso da educação em geral, e as Organizações, no caso da educação em gestão e desenvolvimento).

---

[33] Fazemos uma diferenciação entre Educação e Treinamento, e destes com o Adestramento: Adestramento é algo que tem mais a ver com o condicionamento; Treinamento é algo que aborda de forma mais nobre, mas normalmente se limita ao *know how*; Educação é algo que aborda de forma ainda mais nobre, incluindo o Treinamento e o *know how*, mas atingindo a dimensão do *know why*. No restante do capítulo estaremos nos referindo à Educação.

Capítulo 5: Como Promover Organizações que Aprendem

Esse conjunto de conceitos e valores está na base das soluções que adotamos e recomendamos para as atividades educacionais. Elas buscam maximizar os resultados nos três principais fatores-chave de sucesso de um programa de capacitação:

1. Adequação às realidades das Organizações (CONEXÃO).
2. Compreensão dos Conteúdos (APRENDIZADO).
3. Melhoria dos Resultados das Organizações (APLICAÇÃO).

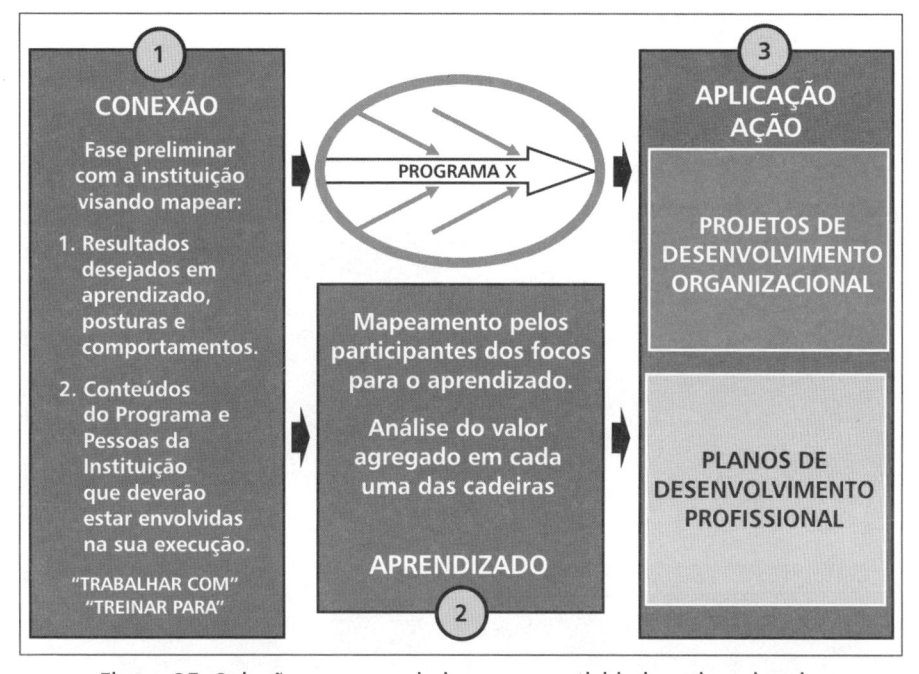

Figura 35: Soluções recomendadas para as atividades educacionais.

Para o mapeamento dos focos de aprendizado e a elaboração dos Projetos de Desenvolvimento Organizacional e dos Planos de Desenvolvimento Profissional, é utilizada a metodologia do Projeto de Desenvolvimento (Figura 36).

No seu conjunto, os Programas para Capacitação em uma Organização devem estar continuamente conectados com duas bases principais: a Gestão de Competências e Pessoas e o Projeto Estratégico ou Empresarial (Figura 37).

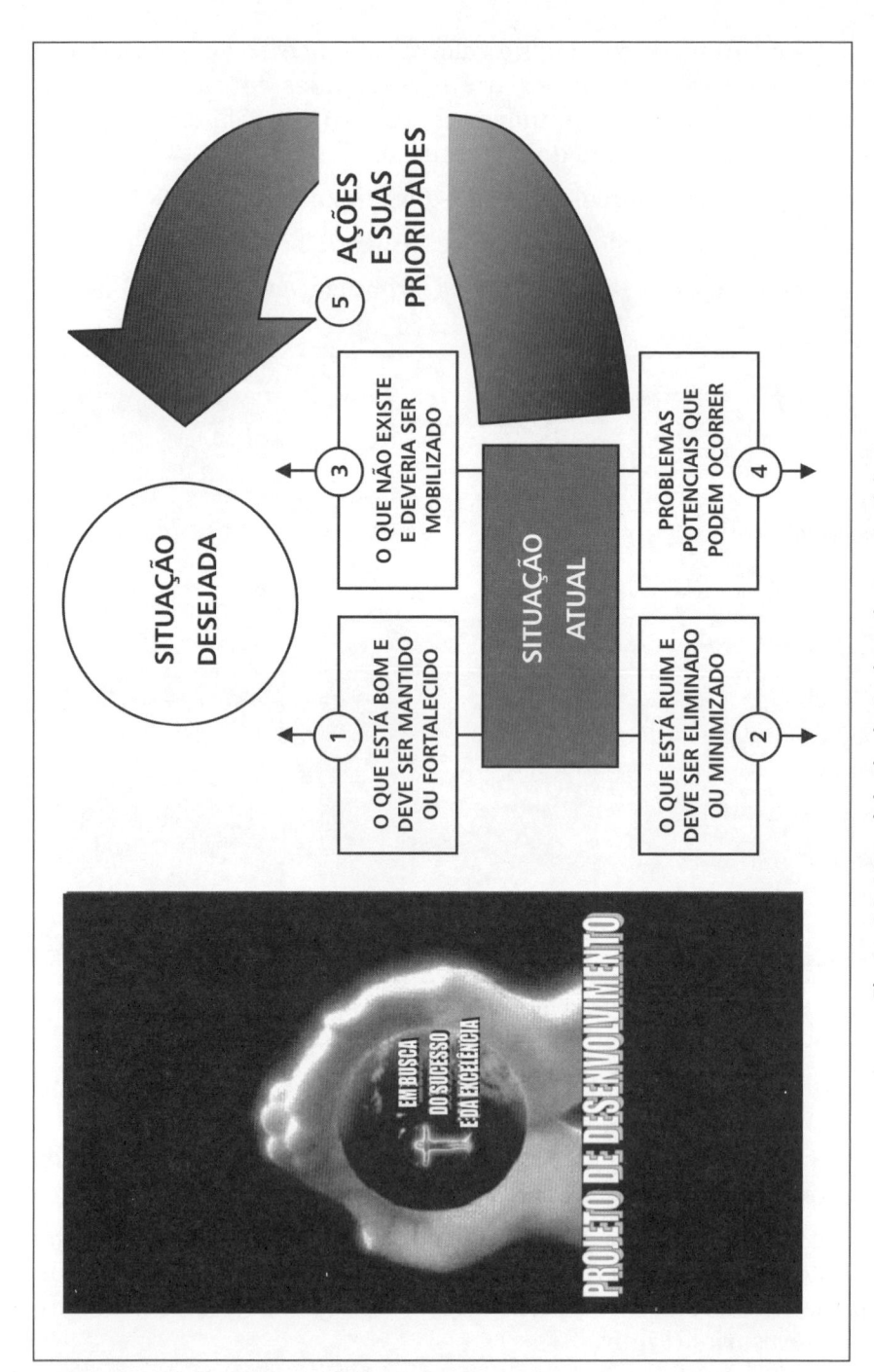

Figura 36: Metodologia do Projeto de Desenvolvimento.

Capítulo 5: Como Promover Organizações que Aprendem

```
┌─────────────────────────────────────────────────────────┐
│           GESTÃO DE COMPETÊNCIAS E POTENCIAIS           │
│   APRECIAÇÃO    │      PLANOS DE DESENVOLVIMENTO        │
│   DE PESSOAL    │            PROFISSIONAL               │
├─────────────────┴───────────────────────────────────────┤
│                                                         │
│              COMPETÊNCIAS, POTENCIAIS E                 │
│              MOTIVAÇÕES MAPEADOS                        │
│                                                         │
│   PROGRAMA DE        CAPACITAÇÃO      PROGRAMAS DE      │
│   CAPACITAÇÃO                         CAPACITAÇÃO       │
│   BÁSICO                              ESPECÍFICOS       │
│                                                         │
│              COMPETÊNCIAS REQUERIDAS                    │
│              PELO PROJETO ESTRATÉGICO                   │
│                                                         │
├─────────────────┬───────────────────────────────────────┤
│   PROPÓSITO     │      OBJETIVOS ESTRATÉGICOS           │
│   ESTILO        │   ESTRATÉGIA, ESTILO E ESTRUTURA      │
├─────────────────┴───────────────────────────────────────┤
│          PROJETO ESTRATÉGICO OU EMPRESARIAL             │
└─────────────────────────────────────────────────────────┘
```

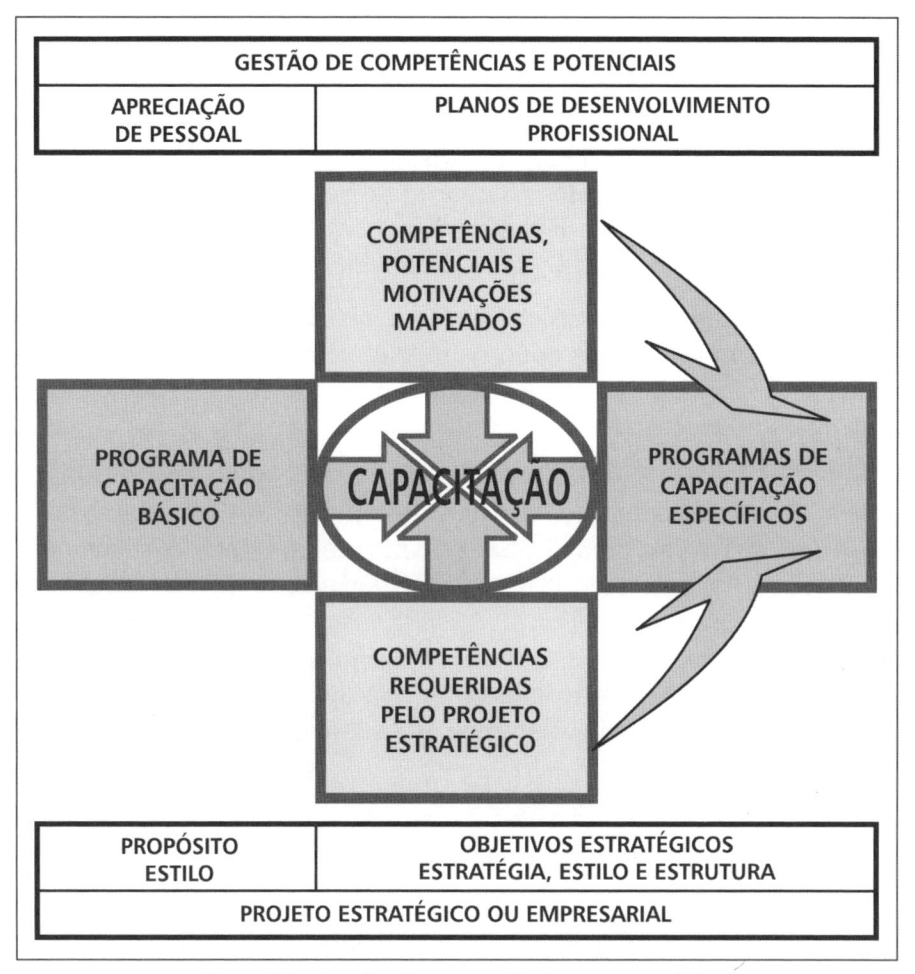

Figura 37: Gestão de competências e potenciais.

Rumos da Tecnologia de Gestão[34]

Na busca das melhores e mais adequadas soluções para contribuir com o desenvolvimento de seus Clientes na sua evolução para o sucesso e a excelência, a Liderança do Processo de Tecnologia da Fun-

---

[34] O texto deste item está vinculado ao Encontro do Comitê de Presidentes do Centro de Tecnologia Empresarial, realizado no dia 12 de junho de 1997. O material completo desse Encontro pode ser encontrado no livro *Pensamento Empresarial – Teoria e Prática*, Edições Fundação Dom Cabral, de 1997.

dação Dom Cabral entende ser necessário encontrar e/ou aperfeiçoar as respostas para duas perguntas fundamentais: o que é uma organização? Que fatores são críticos para seu desenvolvimento?

Percebíamos, já em 1979, em função das diferentes Empresas de sucesso com que havíamos colaborado diretamente, que o sucesso convivia com diferentes Estilos e Estratégias. Daí o interesse em aprofundar o conhecimento sobre Liderança e Gestão Situacionais.

Desde então, temos desenvolvido e incorporado um conjunto de conceitos e metodologias que estamos a praticar e aperfeiçoar, primeiro no Grupo Odebrecht, e depois de 1985 nas nossas colaborações com o já amplo conjunto de empresários e dirigentes, de instituições privadas, públicas e do 3º setor.

Conforme relatamos, no início, esse conjunto de conceitos e metodologias constituía a monografia/tese intitulada "Gestão Situacional", de 1979, e que hoje compõe o que se poderia chamar de Tecnologias – Programas para a Excelência (PRO.EX), Empresariamento e Gerenciamento de Mudanças –, cujo objetivo é gerar bases para preparar os integrantes da REDE (Rumos para a Excelência no Desenvolvimento e no Empresariamento), Parceiros Tecnológicos e de Negócios.

É um sonho compartilhado de contribuir para o desenvolvimento e o sucesso de organizações, em especial as de médio porte e em crescimento, as do 3º setor e as públicas, na forma do Projeto Empresarial da REDE.

Os Empresários participantes dos programas da FDC, entre eles os relacionados diretamente ao Centro de Tecnologia Empresarial (CTE), estiveram nestes últimos anos procurando equacionar os fatores vinculados às novas/nossas realidades, visando responder de forma competente tanto aos novos desafios quanto às novas e inúmeras soluções que têm sido propostas para lidar com eles.

Como resultado de todo esse conjunto de análises e debates, temos tido a validação e o aperfeiçoamento do conjunto de crenças, conceitos e metodologias com que temos focado e abordado a questão da gestão e do desenvolvimento de Organizações, que estão apresentados neste capítulo e nos dois que o complementam, "Empresariamento" e "Gerenciamento de Mudanças".

Capítulo 5: Como Promover Organizações que Aprendem

O desafio de se construir Instituições coerentes e congruentes é algo cujo grau aumenta de forma exponencial na medida em que elas crescem e se tornam mais complexas. O mais comum é que ocorra uma fragmentação das organizações, como "continentes que se tornam arquipélagos, onde cada ilha tende a, progressivamente, pensar e agir como se fosse um outro continente".

E isso ocorre não apenas por ser um fato natural e intrínseco das organizações que adotam soluções organizacionais tradicionais, como o Funcional e o Matricial, mas também pela maneira tradicional que os ocidentais adotam para equacionar o desafio da integração e integridade organizacional, com o foco sobretudo em processos.

Somos – até pela forma tradicional majoritária com que temos organizado o trabalho e a educação para o trabalho – uma cultura de especialistas, fortes mais no *know how* do que no *know why* e que tendem a valorizar mais as "soluções técnicas" estabelecidas por aqueles que têm o respectivo *know how*.

Por isso, e por uma série de outras razões convergentes em que não cabe agora aprofundar, somos uma cultura que tem uma forte tendência de andar pelo que chamamos de *"o curto caminho longo"*:

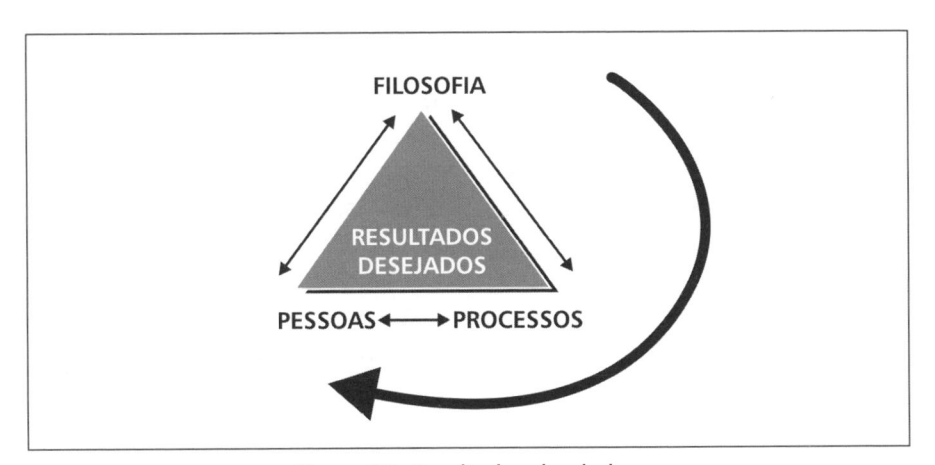

Figura 38: Resultados desejados.

Essa tendência de focar mais o processo do que as Pessoas, muitas vezes mais ancorados nas necessidades dos especialistas internos e/ou externos que os concebem, do que daqueles para quem os processos gerarão *outputs* (clientes internos ou externos), e mesmo daqueles que deverão implementá-los, tem sido fortemente incentivada por algumas das *best practices* surgidas na década de 90, como Reengenharia, *Downsizing*, *Activity Based Costs* e outras.

Mesmo a Qualidade Total, que no seu âmago tem mais a ver com Valores/Filosofia e com Pessoas, foi no Ocidente extremamente focalizada nos processos, levando àquilo que *The Economist* intitulou "The Cracks in Quality"[35] numa reportagem que tratava de duas pesquisas realizadas nos Estados Unidos e na Europa, em cerca de 600 Instituições, e que demonstrou que dois terços dos programas de qualidade estavam enfrentando sérios problemas e mesmo sendo abandonados.

As pesquisas e a reportagem apontavam como causas principais, nessa ordem, a não existência de uma genuína orientação para os Clientes e o excesso de ênfase nos processos. Fala-se que o Ocidente não estaria usando a doutrina da qualidade total nas suas ações de implementação da qualidade total.

Na FDC, os Programas para a Excelência estão concebidos tendo por base o aprendizado e a convicção de que o melhor caminho para se promover a integridade, a coerência e a congruência, maximizando resultados, tem muito a ver com aquilo que a sabedoria do interior de Minas Gerais tanto fala, quando diz: "Vamos devagar, que a pressa é de chegar". O "curto caminho longo" tem ligação com isso, na medida em que, baseando-se antes de tudo na definição da Filosofia e na convicção de que o sentido está nas Pessoas, gera as bases para que se pratique a genuína administração participativa que tem a ver com o criar as condições para que as Pessoas não sejam "só atrizes", do papel que exercem, passando a ser "coautoras" e, portanto, coproprietárias e corresponsáveis pela implementação daquilo que se definiu como adequado (Figura 39).

Nesse contexto, o crítico tem a ver com a Postura do Topo, que deve se caracterizar como campeão da causa e liderar todo o processo, no grau de engajado e não do apenas envolvido.

---

[35] "The Cracks in Quality", in *The Economist*, p. 67-68, 18 de abril de 1992.

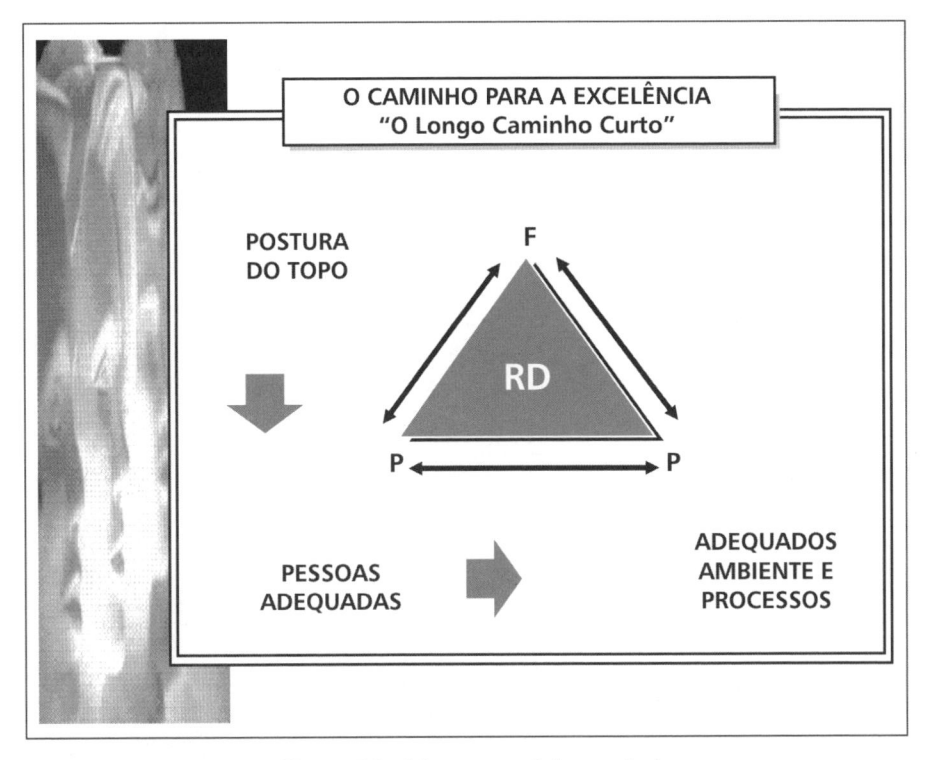

Figura 39: O longo caminho curto.

Navegar é preciso

Assim como nesse verso lusitano, a gestão do desenvolvimento pode ser uma coisa precisa, na medida em que se faça a combinação dos fundamentos anteriores. Sua combinação nos propicia um mapa para a navegação, no qual quatro variáveis básicas (Filosofia, Resultados Desejados, Pessoas e Processos) constituem os instrumentos para a navegação.

Além de instrumento, os resultados são também o foco/balizamento da navegação e, com seus indicadores e referências, a melhor medida do avanço na direção do sucesso e da excelência. Tendo sempre o foco voltado para a razão de ser de tudo, que é a geração dos Resultados Desejados (RD), os Programas para a Excelência (PRO.EX) devem ser entendidos no seu conjunto como um programa que visa à Qualidade Empresarial (QE), que resulta da combinação, nessa ordem, de uma boa Qualidade da Gestão (QG) com uma boa Gestão da Qualidade (GQ), como na fórmula QE = QG + GQ, vista no capítulo anterior.

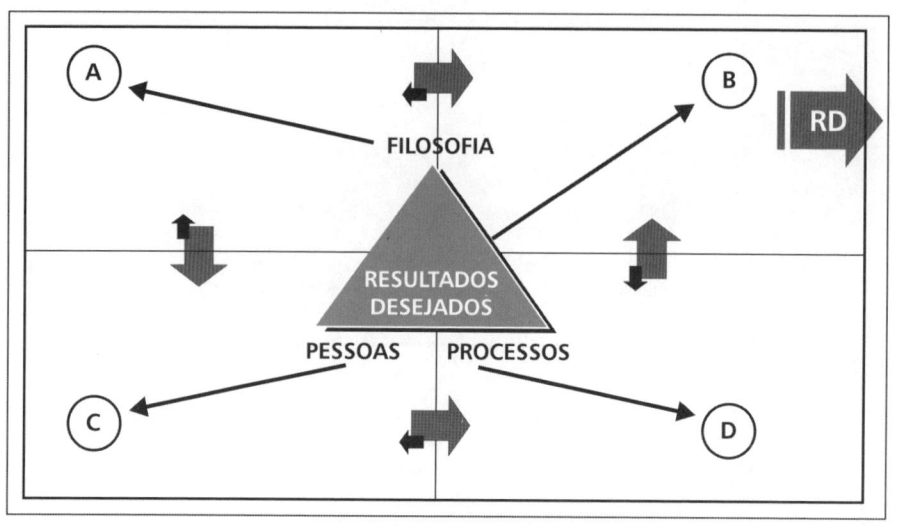

Figura 40: Quatro variáveis básicas.

O PRO.EX é uma solução que está composta por dois Processos integrados e sinérgicos:

1. Processo de Gestão do Negócio – P1, visando otimizar a Qualidade da Gestão, cobrindo os Quadrantes A e B, que busca preservar e promover a Competência Empresarial.

2. Processo de Gestão da Organização – P2, visando otimizar a Gestão da Qualidade, cobrindo os Quadrantes C e D, que busca promover uma adequada Competência Gerencial.

Atuando como um mapa para pensar e operar o desenvolvimento, esse esquema parece indicar que existe um caminho natural, orgânico e lógico para as ações, partindo-se do Quadrante A e evoluindo-se para o B (onde são gerados os Resultados), sustentando-se em bases geradas em C e D.

De fato, sempre que possível e adequado, isso deve orientar o processo de desenvolvimento. Contudo, a realidade demonstra que nem sempre essa é a abordagem inicial mais adequada para o processo, pois:

Capítulo 5: Como Promover Organizações que Aprendem

- quando se trata de uma Instituição que ainda está num estágio embrionário de desenvolvimento, não dispondo de um processo ordenado para o Gerenciamento de Resultados, existe mais e melhor ganho se se iniciar pelo Quadrante B e daí evoluir para os demais;
- muitas vezes, existe uma situação emergencial nos Quadrantes C ou D que impõe início de atuação por aí, buscando-se como base o essencial dos demais Quadrantes, mas sem nunca se perder de vista o Quadrante B, onde as ações viram resultados.

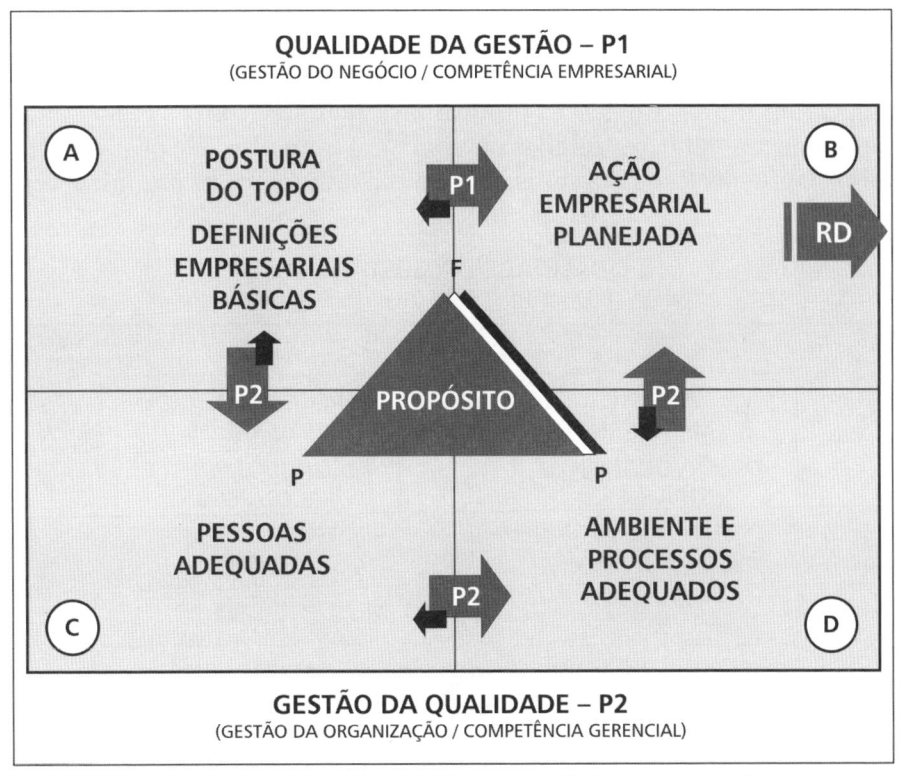

Figura 41: Gestão do negócio/Competência empresarial.

Assim, embora não seja o ideal, é possível – e muitas vezes recomendável – iniciar os Programas para a Excelência a partir de qualquer um dos Quadrantes.

O que não é possível – e muito menos recomendável – é fazer isso sem se ter a perspectiva do todo e sem considerar/cuidar das bases nos demais Quadrantes e das consequências nos mesmos; ou promover alguma mudança mais forte (transformação) sem uma ancoragem no Quadrante A, que deve direcionar o foco e definir as bases dessa transformação. Uma alternativa também prática – reforçando a abordagem situacional e "customizada" – é a definição entre se fazer uma abordagem inicial global da Instituição ou se adotar uma forma sequencial (exemplo: Piloto ou Modelo Reduzido).

Programas da FDC

Para a realização do desenvolvimento, foram desenvolvidos oito Programas, cuja caracterização está apresentada nas páginas seguintes. O detalhamento desses programas, inclusive com os respectivos papéis de trabalho, concebidos para sua implementação e prática, está nos seus respectivos manuais, disponibilizados para as organizações.

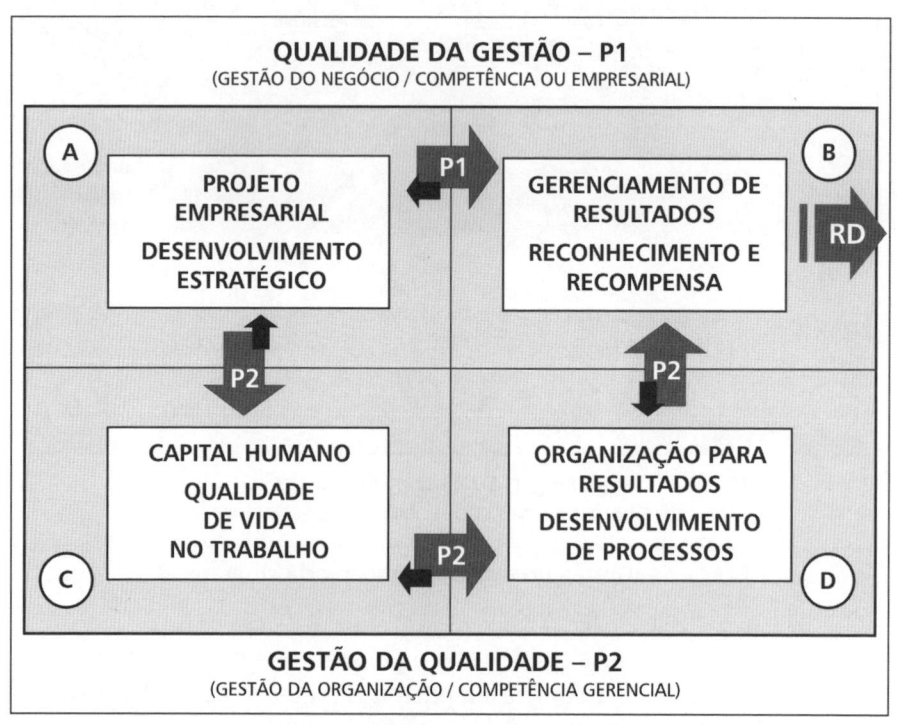

Figura 42: Oito programas da FDC.

PROJETO EMPRESARIAL – Visando garantir as Definições Empresariais Básicas, este Programa vai muito além do tradicional planejamento estratégico, na medida em que incorpora os conceitos e abordagens do *Planning as Learning,* dá forte ênfase no Pensamento Estratégico e assume a convicção de que a gestão estratégica tem mais a ver com o definir hoje o que se quer conquistar no futuro, como base para se definir e implementar as ações estratégicas que devem ser realizadas a partir de hoje para tornar realidade o sonho e a visão definidos. Na sua forma de condução, a ênfase é colocada também na construção de uma adequada Postura do Topo.

DESENVOLVIMENTO ESTRATÉGICO – Visando garantir que o Projeto Empresarial (PE) e a Organização estejam continuamente adequados ao externo e ao futuro, este Programa promove revisões periódicas do PE, mas vai além disso, na medida em que, incorporando os conceitos do *Learning Organization*, promove uma organização para o pensamento contínuo estratégico, para a inovação e melhoria, para a integração/sinergia etc.

GERENCIAMENTO DE RESULTADOS – Visando garantir as bases para uma eficaz Ação Empresarial Planejada, este Programa é fruto de um processo que vem sendo aplicado e aperfeiçoado há mais de 25 anos. Seu processo garante a conexão da ação empresarial com as definições do Projeto Empresarial, assegura a orientação para os resultados do presente e para o futuro e, sobretudo, que se mantenha continuamente o foco nas metas de resultado sem se perder a flexibilidade necessária para lidar com mudanças que venham a ocorrer interna e externamente.

RECONHECIMENTO E RECOMPENSA – Visando assegurar que todo o sistema empresarial esteja sempre com o foco em resultados desejados, este Programa está fortemente conectado com o Gerenciamento de Resultados e, inclusive, com os resultados vinculados ao campo do capital humano, alinhando-se com os mais modernos conceitos da variabilização dos custos. Na medida em que extrapola a abordagem focada só em recompensa, o Programa contribui para gerar as bases para a motivação dos profissionais no nível mais elevado possível.

CAPITAL HUMANO – Visando promover a disponibilidade das Pessoas Adequadas, nas perspectivas do PRO.EX, este Programa está composto por três mecanismos:

1. Balanço do Patrimônio Humano – numa forte conexão com o Projeto Empresarial e as definições relativas a Estratégia, Estilo e Estrutura –, identifica não apenas os tipos e quantidades de profissionais que serão necessários no presente e no futuro, mas em especial as Competências e Habilidades requeridas.
2. Contratos de Desenvolvimento Individual – assentado em apreciação 360º –, visa contribuir para a excelência das organizações, na medida em que promove a excelência de seus colaboradores. O mecanismo tem forte conexão com as modernas formas de remuneração, na linha do remunerar por competência.
3. Academia Virtual, segundo os mais modernos conceitos do *learning* e da variabilização dos custos, gera as bases para o desenvolvimento de pessoas e das competências requeridas pelo Projeto Empresarial.

QUALIDADE DE VIDA NO TRABALHO – Visando assegurar as soluções que estimulem as pessoas a colocar em ação suas competências atuais, este Programa lida com os aspectos vinculados a condições de emprego e trabalho, como remuneração, arquitetura espacial, clima e tudo o mais relacionado com as relações industriais e trabalhistas. O foco e as práticas visam superar a cultura burocrática que normalmente está associada a esses aspectos, buscando gerar soluções que sejam compatíveis com as novas realidades e paradigmas do trabalho na atualidade.

ORGANIZAÇÃO PARA RESULTADOS – Visando criar as condições organizacionais que orientam e embasam a gestão por resultados, este Programa está focalizado sobretudo nas Funções da Administração/Gestão (perspectiva horizontal das organizações), mas também nas Áreas Funcionais (perspectiva vertical). Seu desafio é complementar as definições contidas no Projeto Empresarial, em especial as vinculadas a Estratégia, Estilo e Estrutura, garantindo que todos os papéis individuais e coletivos estejam configurados de forma integrada com essas definições.

DESENVOLVIMENTO DE PROCESSOS E FUNÇÕES – Visando criar as condições organizacionais que materializem as definições relativas a Estratégia e Estilo, este Programa utiliza todo o conjunto de conceitos e ferramentas típicos da qualidade total, com as diferenciações colocadas pelo PRO.EX, em especial o forte respeito ao Longo Caminho Curto, ou seja, às Pessoas e à Filosofia definida. A descrição detalhada desses programas, com os respectivos materiais de trabalho, está disponível aos integrantes da Rede para o Desenvolvimento, da FDC. Limitar-nos-emos aqui a tratar dos principais aspectos dessas questões.

1. Projeto Estratégico ou Empresarial

Como o primeiro e principal dos mecanismos que utilizamos para promover a Gestão Estratégica e alavancar a Qualidade da Gestão, o Projeto Estratégico se diferencia do planejamento estratégico tradicional pelas seguintes razões principais:

1ª) Coloca a ênfase na identificação, hoje, das conquistas que se deseja no futuro de longo e médio prazos como base para identificar e mobilizar o que se deve realizar hoje e no futuro imediato, para atingir as conquistas. Assim, não abrange a vã tentativa de definir hoje o que executar nos futuros médio e longo.

2ª) No sentido mais estrito da palavra estratégia, considera as alternativas de cenários, oportunidades e problemas potenciais como base para a construção de contingências para tudo aquilo identificado como relevante em termos de probabilidade de ocorrência e grau de impacto, favorável e desfavorável.

3ª) Assume que tão ou mais importante que definir os planos a implementar, um Projeto Estratégico deve gerar como resultados:

- uma unidade e comunhão de visão e ação por parte das Pessoas-chave ("o planejamento como um processo de aprendizagem");
- uma capacidade de se promover o gerenciamento estratégico, na linha da contínua adequação ao externo e ao futuro.

Promover e gerenciar a participação das Pessoas-chave no processo de pensamento e ação estratégicos tem sido uma das principais preocupações do processo de gestão e desenvolvimento com que temos colaborado com as Organizações. Na elaboração dos Projetos Estratégicos, essa participação tem sido praticada através de uma dinâmica com a seguinte configuração:

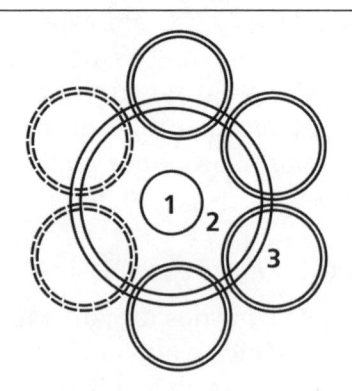

1 = Comitê de Pilotagem – CP
2 = Grupo de Desenvolvimento Estratégico
(Dirigentes + Pessoas-chave) – GDE
3 = Grupos de Apoio ao Pensamento Estratégico especializados e idealmente multifuncionais – GAPE

Figura 43: Dinâmica de elaboração dos Projetos Estratégicos.

O Cliente principal e Líder do processo é o nº 1, que participa do CP e do GDE. Os GAPEs contam necessariamente com a participação de pelo menos um membro do GDE e devem buscar ampliar a participação dos demais colaboradores.

Essa dinâmica tem-se revelado vital para o atingimento do conjunto de resultados que buscamos quando trabalhamos o Projeto Estratégico.

2. Desenvolvimento Estratégico

O desafio de se preservar a adequação das definições contidas no Projeto Estratégico impõe a necessidade de se preservar a dinâmica de pensamento estratégico anteriormente descrita, levando a uma evolução na direção de um processo ou programa de desenvolvimento estratégico. O Desenvolvimento Estratégico significa para o Projeto Estratégico o que a Avaliação Gerencial Mensal é para o Gerenciamento de Resultados: uma oportunidade para se verificar a adequação e atualidade das definições institucionais básicas, sobretudo as relativas à Estratégia e a todas suas decorrências. Para isso, a recomendação é no sentido de revisitas idealmente trimestrais – no máximo semestrais – às definições contidas no Projeto Estratégico. Dessa dinâmica resulta significativa evolução no funcionograma básico do Empresariamento, com fortes repercussões favoráveis ao processo de aprendizagem e, daí, uma contínua adequação ao externo e ao futuro.

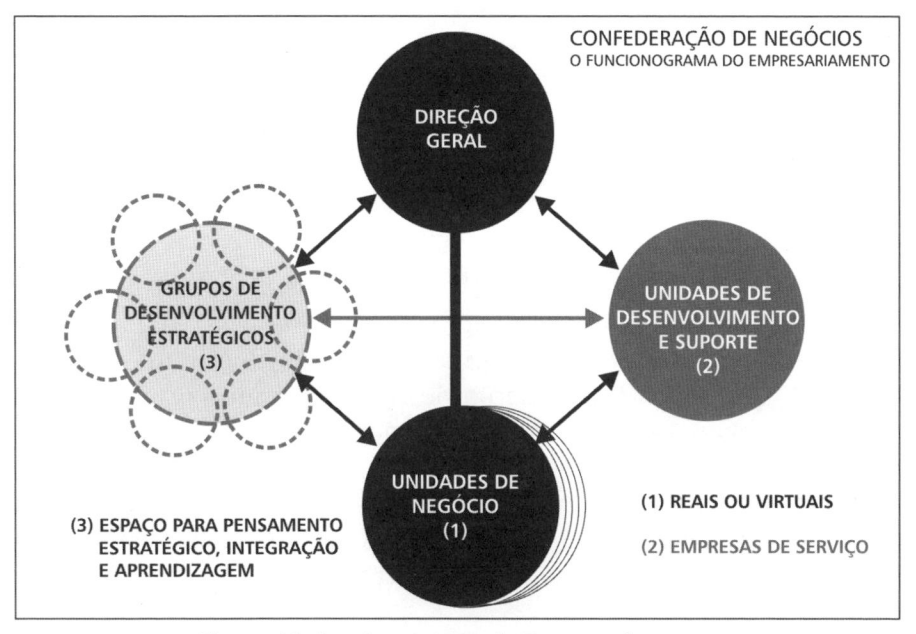

Figura 44: Funcionograma do Empresariamento.

Esse enriquecimento do funcionograma do Empresariamento gera as bases para resultados suplementares extraordinários:

- promove a contínua integração e troca de *know how* entre as principais Pessoas da Organização;
- estimula a busca do aperfeiçoamento e da inovação, no avanço para a excelência.

Quando conduzida de forma adequada, essa dinâmica resulta numa admirável universidade corporativa geradora de aprendizados, competências e soluções, rompendo definitivamente com o superado paradigma das organizações tradicionais, em que alguns estão voltados para o desenvolvimento e a autoria e outros para a implementação, operando como atores. Agora, tem-se uma realidade em que as Pessoas, sobretudo as que ocupam posições-chave, participam tanto da implementação quanto do desenvolvimento como coautoras e coatrizes. Ainda como parte do processo que focaliza e embasa a Qualidade da Gestão, este Programa tem como objetivos:

- manter atualizado o Projeto Estratégico e, daí, garantir a contínua adequação da Organização ao externo e ao futuro. Nesse contexto, o dinamismo do mercado e da competição recomenda revisões estruturadas idealmente trimestrais (no máximo semestrais) da Estratégia Competitiva;
- a contínua integração e sinergia das Pessoas que ocupam as posições-chave, gerando as bases para que a Organização disponha de um conjunto de Pessoas sempre e mais alinhadas com o Propósito e as Políticas;
- um processo de contínuo aprendizado organizacional nas perspectivas de "Novas Realidades/Nossas Realidades/Nossas Respostas". Como base para isso, o Programa promove uma evolução no Funcionograma básico do modelo empreendedorial – que pode ser utilizada em quaisquer dos outros modelos – com a transformação em processo permanente dos grupos de desenvolvimento e apoio ao pensamento estratégico que embasaram o Projeto Estratégico.

A lógica do Programa é promover uma realidade em que cada Pessoa – sobretudo aquelas que ocupam as posições-chave – esteja engajada, tanto nas implementações quanto nos desenvolvimentos. Quando utilizado em conjunto com outros Programas, sobretudo o de Gestão de Competências e Pessoas, o Programa de Desenvolvimento permite explorar, no seu grau elevado, as perspectivas e possibilidades de uma universidade corporativa.

3. Gerenciamento de Resultados

Segundo mecanismo da Qualidade de Gestão, o Gerenciamento de Resultados tem como norte as definições contidas no Projeto Estratégico, sobretudo os resultados desejados no médio prazo (Objetivos Estratégicos) e no longo prazo (Visão). Constitui um plano estratégico de curto prazo (normalmente anual) e é focalizado na geração de valor no presente e no futuro e nos resultados intermediários que conduzem aos mesmos.

Sua lógica é a dos Contratos de Gestão ou Resultados, dos prismas vertical e horizontal, uma vez que abrange também a caracterização das bases para alcançar os resultados compromissados. Sua principal característica é o dinamismo que promove na gestão dos resultados, pois passa a constituir o instrumento para o acompanhamento, os diálogos e os eventuais redirecionamentos, na perspectiva de flexibilidade estratégica.

Outro aspecto relevante da metodologia é que ela incorpora, desde suas origens na década de 70, a filosofia e a prática do *balanced scorecard*. A metodologia faz o balanceamento entre os resultados do presente (implementação) e os desejados definidos para o futuro (Projeto Estratégico); e entre os resultados finais do período e os intermediários, básicos para os finais.

Figura 45: Gerenciamento de resultados.

Mecanismo por excelência para a interação entre Empreendedores(as), possui uma dinâmica muito forte, fornecida pelas Avaliações Gerenciais Mensais, que garantem a contínua adequação das ações às variáveis internas e ambientais. Do prisma dos resultados, assume as bases definidas no Projeto Estratégico.

Quando o estilo definido é o Empresariamento, os campos de resultados Globais e das Unidades de Negócio são:

- nas Unidades de Desenvolvimento e Suporte, utilizam-se quase sempre os campos de Performance, Pessoas e Processos;
- em todos os campos, utilizam-se fortemente as bases geradas pelo Programa Organização para Resultados.

Como plano estratégico de curto prazo, a metodologia usa um processo de pensamento estratégico para determinar os desafios e conquistas (ou resultados finais) a realizar no período:

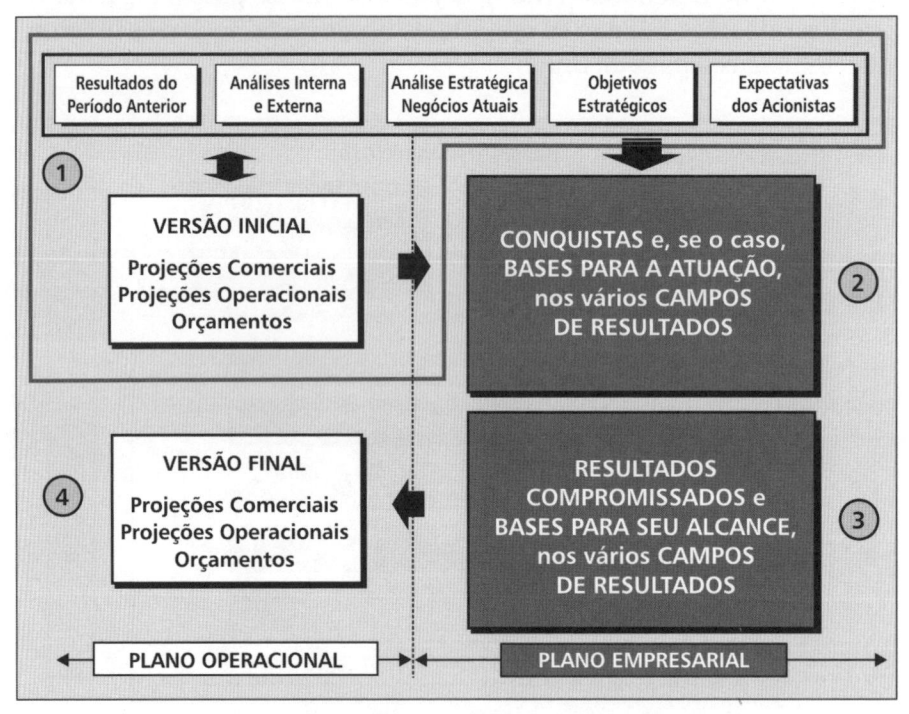

Figura 46: Conquistas e resultados compromissados.

4. Reconhecimento e Recompensa

O Processo de Gestão e Desenvolvimento propõe forte conexão da remuneração com a gestão do negócio e seus resultados, abordando uma parcela significativa da remuneração em conexão com o Gerenciamento de Resultados.

Capítulo 5: Como Promover Organizações que Aprendem

Com modularidade que permite adequação aos mais diferentes Estilos de Gestão, a solução desenvolvida busca a melhor equação possível entre competitividade/empregabilidade/pagabilidade, estando alinhada com as práticas contemporâneas da remuneração e da gestão, que estão cada vez mais focalizadas na variabilização dos custos e na geração de resultados.

```
REMUNERAÇÃO ESTRATÉGICA E COMPETITIVA
FOCOS: COMPETITIVIDADE/EMPREGABILIDADE/PAGABILIDADE

         CUSTOS FIXOS              CUSTOS VARIÁVEIS

        REMUNERAÇÃO                 REMUNERAÇÃO
           FIXA                        VARIÁVEL
         (Salário)                   (PL, PR, PP, ...)

                    RECONHECIMENTO
                     E RECOMPENSA

        REMUNERAÇÃO                 REMUNERAÇÃO
         INDIRETA                    SITUACIONAL
        (Benefícios)              (Adicionais, Vantagens, ...)

        ESTRATÉGIAS  1. Variabilização dos custos
                     2. Empreendedorismo
                     3. Vinculação a Resultados
                     4. Remuneração Global, Anual
```

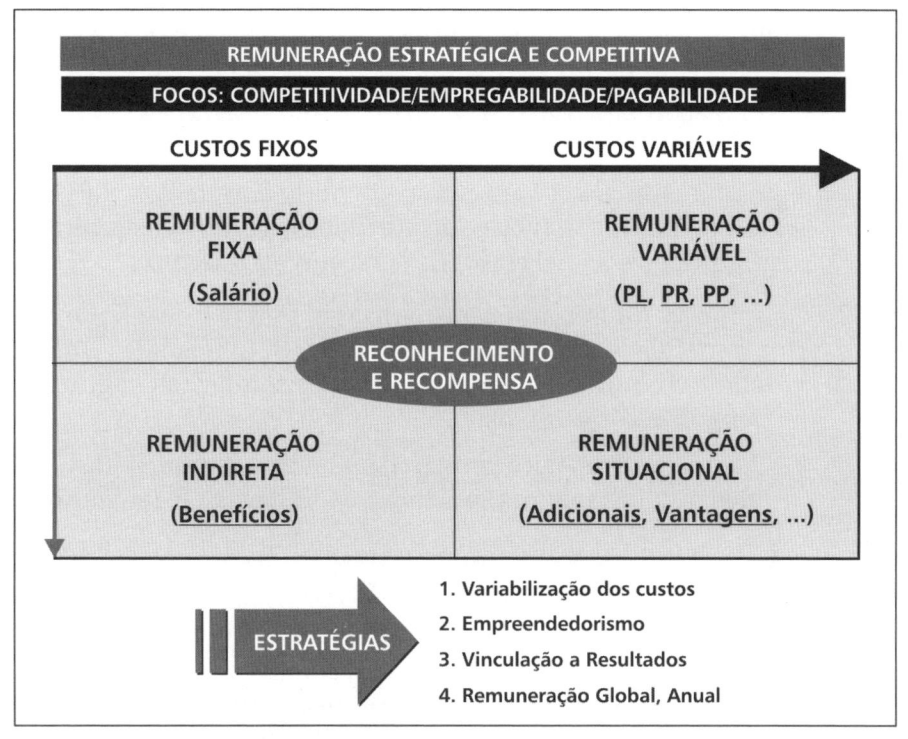

Figura 47: Remuneração Estratégica e Competitiva.

Quanto à Recompensa, o Programa foca a Remuneração Variável e a Remuneração Situacional, embora já tenha havido aplicações nas quais se cobriu também a Remuneração Fixa (em situações em que a direção da Organização buscava maximizar a vinculação da remuneração com resultados e se chegou a um conceito de salário variável em correlação com a cobertura do custo de capital). Mas o programa busca otimizar o Reconhecimento, com soluções que abrangem respostas não monetárias a contribuições especiais e extraordinárias dos Colaboradores, inclusive fora da Organização.

No contexto do Reconhecimento, o pressuposto nº 1 do Programa é que o reconhecimento número 1 está no Respeito às vocações e motivações dos Colaboradores, de forma a oferecer a eles o melhor papel possível, com o maior espaço possível, na perspectiva herzbergiana.[36]

Os pressupostos que orientam as soluções

1. A ênfase é colocada nas Remunerações Variável e Situacional. Para isso, impõe-se que haja, a um só tempo:

    - uma abordagem conservadora das Remunerações Fixa e Indireta;
    - uma gestão da RV na perspectiva do Empreendedorismo (em níveis agressivos e tão elevados quanto o permitam os resultados e as necessidades de reinvestimento).

2. As soluções da Remuneração Variável têm por desafio propiciar o melhor equilíbrio possível entre Simplicidade, Objetividade e Justiça. E deverão observar sempre os seguintes princípios, reforçando-os:

    1º) Ter como propósito principal a alavancagem dos Resultados, na linha da maximização do valor da Organização.

    2º) Estimular a prática adequada do Estilo de Gestão definido.

    3º) Responder de forma diferenciada às contribuições diferenciadas.

    4º) Embasar e reforçar uma linha de genuína parceria entre os Acionistas/Proprietários e os Colaboradores.

    Devem também gerar respostas adequadas para as cinco principais questões de um Programa de Remuneração Variável:

    I. Qual a verba disponível e de onde ela vem.

---

[36] Nessa perspectiva, os fatores de satisfação ou motivadores são considerados por Frederick Herzberg, autor da teoria dos dois fatores, os mais característicos do ser humano. São desenvolvedores e expressivos da qualidade de vida no trabalho. Já os fatores de higiene se referem às condições que rodeiam o funcionário enquanto trabalha e, segundo Herzberg, são muito limitados na sua capacidade de influenciar poderosamente o comportamento dos empregados. O autor escolheu o termo "higiene" por refletir o seu caráter preventivo e profilático, visando evitar fontes de insatisfação do meio ambiente ou ameaças potenciais ao seu equilíbrio.

II. Quem participa.

III. Como definir a cota-parte de cada Pessoa e Equipe.

IV. Como definir os direitos durante e ao final do período.

V. Como e quando pagar.

3. A Remuneração Fixa deve ter por referência e limite 100% da "mediana qualificada do mercado qualificado" e estar vinculada aos Resultados Básicos (patamares). No ideal, deve estar relacionada ao grau e à evolução das competências dos Colaboradores.

4. A Remuneração Indireta (Benefícios) deve passar a ser abordada numa perspectiva mais empresarial (não-assistencialista), efetivamente como um componente da remuneração.

5. Deve estar disponível um conjunto de soluções (Adicionais, Bônus e Vantagens vinculados a situações especiais e transitórias) que evitem transferir para os demais componentes da Remuneração aspectos que nada têm a ver com eles (por exemplo: os tradicionais aumentos por mérito, baseados em desempenho, são mais adequadamente abordados na forma de bônus ou prêmios, do que por aumentos permanentes nos salários).

5. Capital Humano

Na sua origem, este Programa focalizava mais a contribuição com as Organizações para obter e reter talentos em todas as posições, sobretudo as posições-chave, pela elevação de sua atratividade para os Profissionais. Hoje, ele vai além dessa perspectiva, para se adequar às novas realidades dos funcionogramas organizacionais, em que:

- colaboradores deixam de ser um conceito que abrange apenas as Pessoas dos quadros das Organizações, passando também a incluir – cada vez mais – Colaboradores externos, pertencentes a Organizações parceiras;

- as Organizações passam a ser focadas e abordadas também como um portfólio de competências que devem ser mapeadas, protegidas e desenvolvidas como base para se obter vantagem competitiva sustentável. Nesse contexto, avoluma a importância da gestão do conhecimento e das competências.

- Entre os mecanismos que compõem o Programa estão:
  ✓ mapeamento de Competências e Motivações;
  ✓ balanço de competências *vis-à-vis* o Projeto Estratégico;
  ✓ contratos de Desenvolvimento Profissional;
  ✓ programas de Capacitação.

Um dos destaques dentro do Programa são as abordagens para o apoio individual ao desenvolvimento de pessoas-chave, na linha do *mentoring*, como um complemento/aprofundamento das soluções de mapeamento de competências e motivações e contratos de desenvolvimento profissional.

Os quatro diagramas da página seguinte exemplificam algumas das abordagens e processos utilizados no Programa Gestão de Competências e Pessoas.

O pressuposto é de que o grau de excelência de qualquer organização é função do grau de excelência das Pessoas que com ela colaboram.

O objetivo do Programa é promover a disponibilidade de um quadro de colaboradores composto por Pessoas talentosas – alinhadas, capacitadas e com potencial para crescer horizontal e/ou verticalmente – em todas as posições, sobretudo as posições-chave. Para isso, ele focaliza, em primeiro lugar, o quadro já disponível e promove seu desenvolvimento, via três mecanismos:

1. Apreciação de Pessoal.
2. Contratos de Desenvolvimento Profissionais.
3. Programas de Capacitação (inclusive *mentoring* ou *coaching*).

Nesse contexto, o valor agregado pelo Programa é contribuir para que as Pessoas estejam em papéis coerentes com sua competência atual e potencial e com sua motivação e, daí, que evoluam na direção de sua excelência, crescendo horizontal e verticalmente.

Em segundo lugar, o Programa focaliza o futuro, promovendo o Gerenciamento de Quadros, por meio da sua conexão com o Projeto Estratégico e, daí, dimensionando, face ao futuro definido:

- Necessidades que precisarão ser mobilizadas.
- Disponibilidades que precisarão ser recicladas ou desmobilizadas.

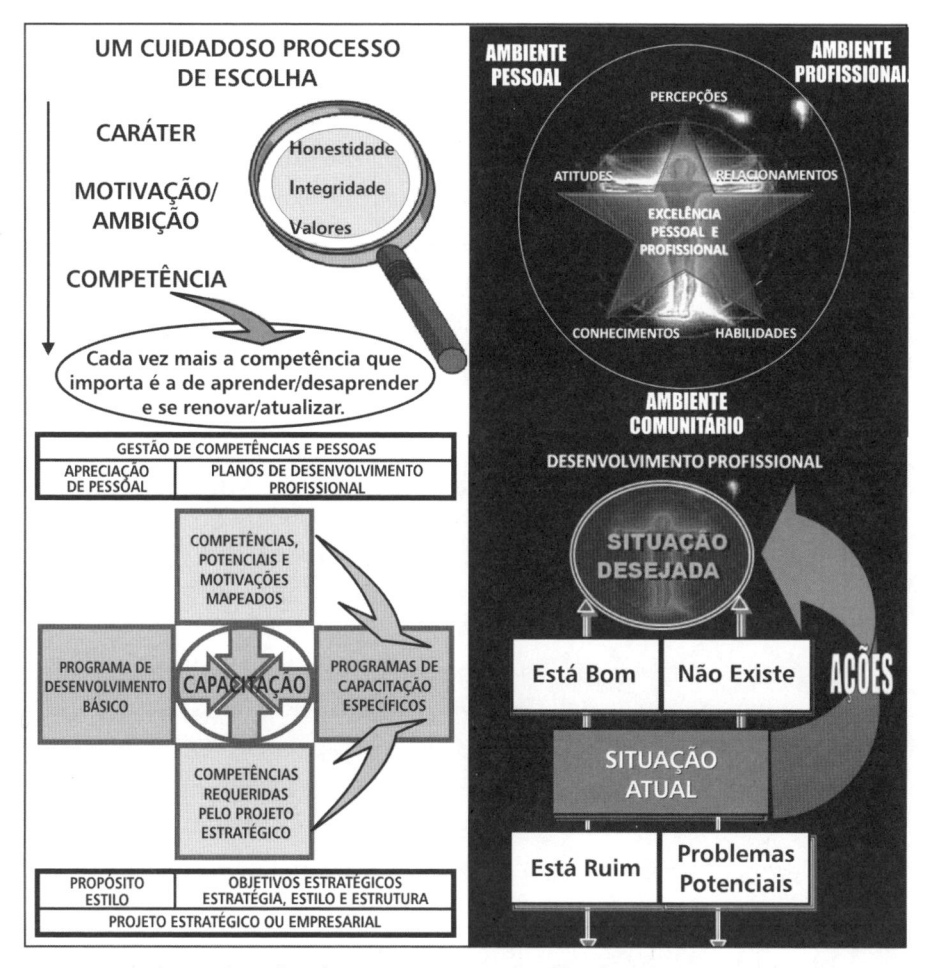

Capítulo 5: Como Promover Organizações que Aprendem

Figura 48: Abordagens e processos utilizados no Programa.

Além disso, o Programa se conecta com o de Qualidade de Vida no Trabalho, visando promover na Organização:

- o domínio e o desenvolvimento das variáveis que elevem o grau de atratividade da Organização para os Profissionais, visando à atração de talentos;
- a oferta das condições de Emprego e Trabalho que maximizem a satisfação e a motivação dos Profissionais, garantindo sua retenção e, sobretudo, que coloquem suas energias e competências a serviço dos resultados desejados.

6. Qualidade de Vida no Trabalho

O desafio deste Programa é assegurar que a Organização disponha das mais adequadas condições de emprego e de trabalho que garantam a ela o grau mais elevado possível de:

- atratividade para Profissionais talentosos;
- satisfação e motivação dos Profissionais que integram seus quadros, garantindo sua retenção e, sobretudo, que coloquem suas energias e competências a serviço dos resultados desejados.

No seu conjunto, o Programa assume a perspectiva herzbergiana e faz a distinção entre bases para a satisfação e bases para a motivação.

A primeira contribuição do Programa é o mapeamento dos Fatores de Atratividade e o dimensionamento dos graus de atratividade atual e potencial da Organização, *vis-à-vis* o mercado de Profissionais no qual ela se insere. Como resultado, é estabelecido o Plano para Alavancagem da Atratividade da Organização.

A segunda contribuição é o mapeamento e o desenvolvimento das soluções a serem oferecidas pela Organização no que tange a Condições de Emprego:

- Remuneração, naquilo que extrapola o Programa Participação nos Resultados, mas em íntima conexão com o mesmo.
- Condições Físicas de Trabalho, inclusive Arquitetura Espacial.

A terceira é a alavancagem das Condições de Trabalho, além da adequada alocação das Pessoas, trabalhada em Gestão de Competências e Pessoas:

- Estilo de Liderança e sua prática.
- Reconhecimento aos Colaboradores.

Finalmente, o Programa promove a contínua monitoração do Clima na Organização.

7. Organização para Resultados

A gestão focalizada em resultados pressupõe duas bases para evoluir na direção da excelência:

1. Um processo ordenado e ordenador de gestão, como o disponibilizado pelo Programa Gerenciamento de Resultados.
2. Um embasamento técnico competente a respeito dos resultados, com o detalhamento e objetivação dos Resultados Globais e a caracterização do valor que cada unidade deve gerar.

A missão deste Programa é promover esse embasamento técnico, essencial para se ter uma Organização totalmente voltada para Clientes (externos e internos) e Resultados.

Partindo dos campos de resultados da Organização e suas Unidades de Negócio e Funcionais, definidos no Estilo, o Programa caracteriza os respectivos Indicadores, Medidores e Referenciais de Performance. Nos Referenciais, são estabelecidos dois níveis: Patamar (nível já dominado de performance, abaixo do qual ocorreria uma "piora") e Excelência (nível em que a Organização vira referência).

Quadro 2: Indicadores, Medidores e Referenciais de Performance

Campos de Resultados:			
Indicadores	Medidores	Referenciais	
		Patamar	Excelência

No caso das Unidades de Desenvolvimento e Suporte, o Programa busca promover uma revolução cultural, sem a qual elas continuam a focar mais as atividades do que o valor a agregar. O Programa disponibiliza um processo para revisita às definições quanto aos papéis e responsabilidades dessas unidades, mudando o foco de atividades/processos para resultados que lhes cabe gerar para a satisfação de seus clientes internos. Assim, coloca o foco das unidades primeiro no negócio e seus resultados e, daí, nas bases operacionais para os mesmos. Para isso, é utilizado o processo a seguir, simulando uma situação em que cada unidade seria como uma outra organização contratada para gerar soluções/serviços no seu campo de atuação.

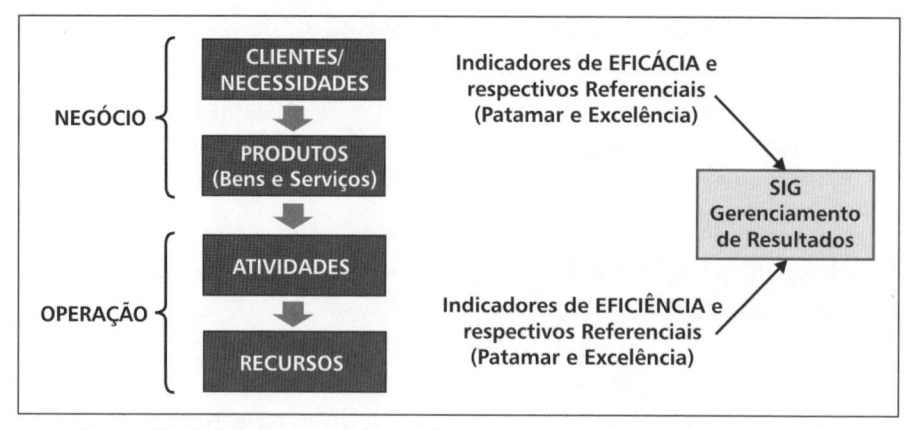

Figura 49: Unidades de Desenvolvimento e gerenciamento de resultados.

No Gerenciamento de Resultados, as Unidades de Desenvolvimento e Suporte devem estabelecer Metas nos campos de performance, pessoas/competências e processos/tecnologias. No campo de performance, o processo a seguir torna as metas bem mais focalizadas e objetivas.

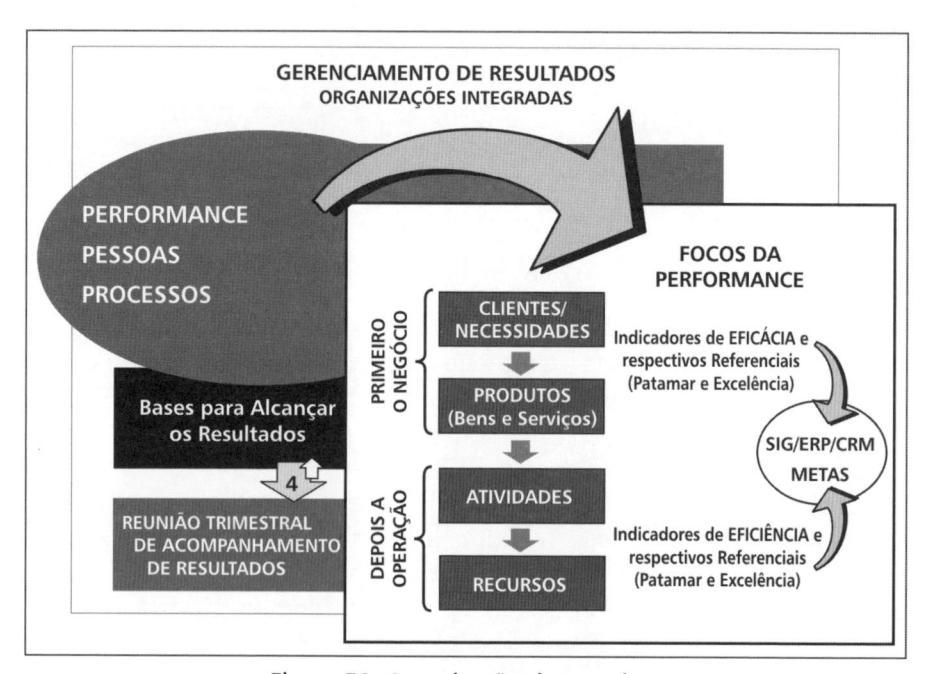

Figura 50: Organizações integradas.

8. Desenvolvimento de Processos e Funções[37]

A primeira missão deste Programa é disponibilizar o conjunto de metodologias que integram a Qualidade Total, nas perspectivas de "Gerenciando a Dinâmica de Qualidade". Por influência do empreendedorismo, a utilização dessas metodologias se diferencia sobretudo pela subordinação da Gestão da Qualidade à Qualidade da Gestão. Assim, o crítico é a escolha dos PROCESSOS CRÍTICOS DO NEGÓCIO, função dos Fatores-Chave de Sucesso, caracterizados quando da definição da Estratégia Competitiva.

Isso significa uma abordagem de "subir o rio", na perspectiva de se ver a organização como uma bacia hidrográfica que tem por desafio entregar água limpa na foz do rio principal:

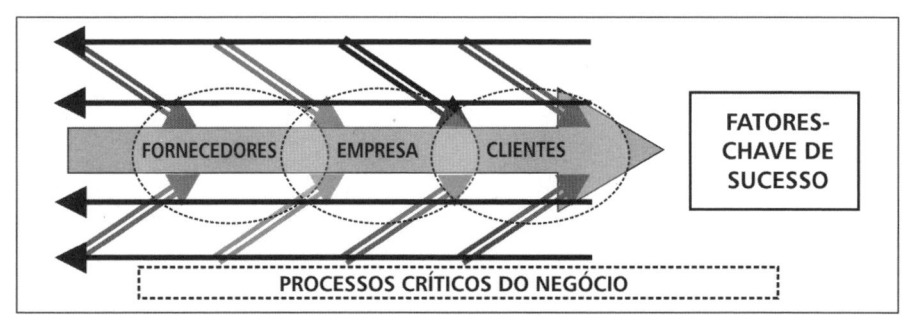

Figura 51: Processos críticos do negócio.

A segunda missão é oferecer as bases para a gestão das Funções da Administração, sobretudo MARKETING, FINANÇAS, OPERAÇÕES, LOGÍSTICA e TECNOLOGIA DA INFORMAÇÃO.

Essas bases são oferecidas por meio de dois conjuntos de soluções:

1. Definição do negócio da função e das bases para sua condução, na perspectiva da gestão por processos, utilizando-se da metodologia disponibilizada pelo Programa Organização para Resultados.

2. Tecnologias de gestão específicas da função, numa abordagem não voltada para especialistas da respectiva área.

---

[37] As soluções técnicas específicas da função não fazem parte dos Programas para a Excelência, mais voltados para a gestão. A Rede para o Desenvolvimento disponibiliza essas soluções mediante a prestação de serviços de seus especialistas.

Capítulo 6
O EMPRESARIAMENTO COMO ESTILO DE GESTÃO E ORGANIZAÇÃO

Estamos convencidos de que existe um Estilo de Gestão e Organização mais adequado para as Empresas operarem e serem bemsucedidas, sobretudo dentro das novas realidades do mundo dos negócios. Esse Estilo é o EMPRESARIAMENTO. Antes de apresentá-lo de forma mais detalhada, queremos convidá-lo a investir algum tempo na leitura das páginas a seguir, que demonstram a evolução em três passos do nosso aprendizado e formação dessa convicção. Estamos certos de que isso facilitará em muito sua compreensão.

Como buscamos demonstrar até aqui, pensamos que o Sucesso de qualquer Empresa é uma função do grau com que ela possui e aplica duas competências, nesta ordem:

- Competência Empresarial, vinculada ao Negócio, cobrindo aspectos como Clientes, Competidores e Fornecedores, naquilo que se chamou de Qualidade da Gestão.
- Competência Gerencial, vinculada à Organização, cobrindo aspectos como Pessoas, Processos e Situações, naquilo que se chamou de Gestão da Qualidade.

Nesse contexto, o Estilo tem mais a ver com a Competência Gerencial, embora influencie também as questões vinculadas à Estratégia – e daí à Competência Empresarial. O êxito empresarial depende primeiro e sobretudo da Competência Empresarial. Sem ela, é muito difícil que se identifique e mobilize a coisa certa que vale a pena empreender. Embora importante, a Competência Gerencial é complementar e tem por foco o fazer certo a coisa certa identificada e mobilizada pela competência empresarial. O que mais importa na competência gerencial não parece, à primeira vista, ser o tipo do Estilo adotado, mas a coerência e a congruência na aplicação desse Estilo, através da mobilização do adequado em termos de Pessoas e Processos.

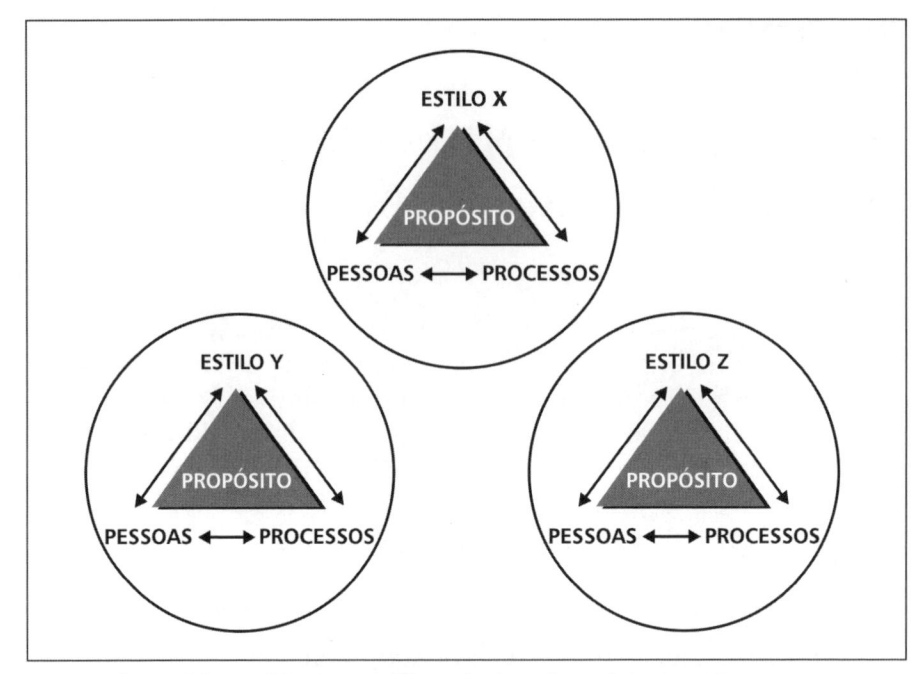

Figura 52: Os diferentes estilos relacionados a Pessoas e Processos.

Nesse contexto, se considerarmos três Empresas, cada qual com seu Estilo (X, Y ou Z) e com o grau adequado de competência empresarial, a tendência para o sucesso estaria presente nas três, se houvesse nelas a capacidade de mobilizar o adequado em termos de Pessoas e Processos. Isso parecia evidenciar a existência de uma Gestão Situacional, com perspectivas semelhantes à Liderança Situacional.

E os estudos, diálogos e trabalhos que realizamos posteriormente – tanto no aprofundamento sobre a Liderança Situacional (iniciado em 1979 junto a Hersey e Blanchard, na California American University), quanto nas interações com Empresas e Dirigentes Empresariais a partir da década de 80 – pareciam confirmar essa formulação inicial. A conclusão óbvia: "vale qualquer Estilo, desde que ancorado numa competência empresarial e implementado com competência, através da mobilização do adequado em termos de Pessoas e Processos". Contudo, essa conclusão não se sustentou durante muito tempo, pelos fatos a seguir apresentados.

O primeiro deles foi a percepção de que a afirmação ou conclusão anteriormente citada trazia em si um paradoxo ou contradição. Assim como alguém que afirma não crer em teorias revela nisso qual é sua teoria, ou como alguém que declara que coisas como filosofia não importam já revelam nessa afirmação qual é sua filosofia, a afirmação ou conclusão de que "vale qualquer estilo, desde que..." revela a convicção de que no mínimo é universal a convicção ou crença de que a competência empresarial e a coerência entre Políticas-Pessoas-Processos é condição *sine qua non* para qualquer tipo de organização.

A leitura que fizemos é a de que vale qualquer Estilo, desde que nele estejam contidas a prevalência da competência empresarial sobre a gerencial e a importância de se promover uma coerência na mobilização e na prática do Estilo definido – seja ele qual for. As evidências na direção da existência de um melhor Estilo, mesmo que reduzido a algumas poucas crenças, foram reforçadas e ampliadas pela análise dos fatos que serão apresentados neste capítulo, vinculados ao sucesso e, sobretudo, à síndrome do sucesso.

A constatação principal foi quanto à existência de uma elevada correlação entre o sucesso – e sobretudo sua continuidade – com o grau de presença e prática do empreendedorismo na Empresa. A perda do espírito empreendedor provoca a morte de uma Empresa, da mesma forma que a perda da energia vital gera a morte de um ser, humano ou não. Essas percepções foram muito reforçadas e viraram uma convicção, após os diálogos e debates com os Dirigentes Empresariais.

Assim, esse mínimo Estilo de Gestão e Organização já possui três crenças:

1. A importância das competências empresarial e gerencial, com a prevalência da primeira.

2. A competência gerencial é evidenciada pela capacidade em se mobilizar o adequado em termos de Pessoas e Processos.

3. O empreendedorismo é uma condição *sine qua non* para o sucesso e, sobretudo, para sua continuidade, devendo ser preservado, reforçado e ampliado/espalhado na medida em que a Empresa obtém sucesso e cresce.

Com essas crenças fundamentais, pode-se atualizar o esquema anterior para uma forma mais compatível com as perspectivas do *front*:

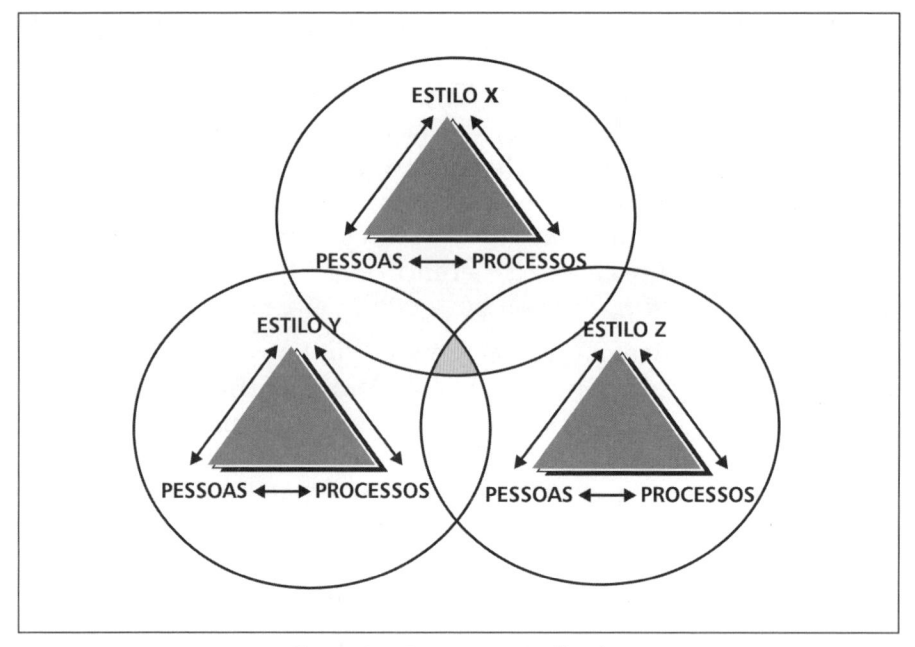

Figura 53: Esquema atualizado.

Sobre o empreendedorismo

Antes de avançar para o terceiro passo, julgamos importante fazer algumas considerações sobre o Empreendedorismo no contexto das Empresas.

Alguns Profissionais do campo de desenvolvimento – inclusive alguns que são Professores Associados à Fundação Dom Cabral – argumentavam que o Empreendedorismo é uma condição necessária e mesmo vital, mas apenas na alta direção das Empresas e nas partes delas que lidam com o desenvolvimento de negócios e a estratégia competitiva.

Não que fosse algo restrito apenas às Pessoas que atuam na dinâmica comercial ou de desenvolvimento de negócios das Empresas, consideradas os principais agentes do empreendedorismo, mas que os Profissionais fora desse circuito somente estariam atuando como empreendedores quando estivessem gerando inovações que direta ou indiretamente implicassem crescimento ou melhoria da posição da Empresa no negócio e no mercado. Concordamos que essa é a face mais visível, mais importante e certamente a mais charmosa do empreendedorismo. Mas invocamos os fatores e valores associados à Síndrome do Sucesso para embasar uma discordância quanto a essa desnecessária – e para nós incorreta – redução do Empreendedorismo.

Quando ouvimos e interpretamos as perspectivas do *front* quanto à necessidade de se preservar, reforçar e ampliar/espalhar o empreendedorismo por toda a Empresa, estamos ouvindo Dirigentes Empresariais a dizer:

- que o sonho dourado de todo Dirigente é contar com uma realidade em que todos os Colaboradores, seja qual for seu papel, pensam e agem como se fosse o Dirigente que ali estivesse;
- que é necessário que cada um e todos os Colaboradores pensem e ajam como se fossem homens e mulheres de negócio, responsáveis por um negócio dentro do negócio, com fornecedores e clientes internos e/ou externos;
- que o ideal é se dispor de um quadro de Pessoas composto por Proprietários que pensam e agem como Profissionais, atuando junto a Profissionais que pensam e agem como Proprietários.

Estamos a ouvir e escutar desses Dirigentes que se impõe a necessidade de uma Empresa que opere como uma confederação de negócios, operada por Empreendedores(as) e Homens e Mulheres de Negócio. Por isso, advogamos com entusiasmo que o empreendedorismo é algo muito mais amplo e universal, sendo aplicável a todo e qualquer ser humano que esteja em todo e qualquer papel em que exista algo a realizar e alguma liberdade para que ele possa influenciar na definição do grau de desafio a realizar e na forma de atuar para se chegar à realização. Esse entendimento é muito similar ao que o mesmo Peter Drucker utilizou para definir o que é um Gerente: toda e qualquer Pessoa que tenha um resultado a alcançar e alguma liberdade para agir (e não apenas as Pessoas que têm a responsabilidade de liderar Pessoas, ou, como dizia uma colega de trabalho, "gerente é quem gerencia gente", sendo que gente aí significa subordinados).

Assumir o conceito fechado para o empreendedorismo é, para nós, tão equivocado quanto o de se classificar como Talentos – nos muito comuns programas de desenvolvimento feitos nas Empresas – apenas as Pessoas, normalmente jovens, com alto potencial para o crescimento vertical. Temos a convicção de que nenhuma Empresa evoluirá para a Excelência buscando obter e promover Pessoas talentosas dentro desse conceito fechado. A evolução para a Excelência pressupõe e exige que todas as Pessoas que colaboram com a Empresa tenham o potencial de atingir a maestria nos papéis que exercem. A Excelência pressupõe talentos tanto para o vertical (os poucos vitais), quanto para o horizontal.

Empreendedores(as) são, para nós, Pessoas que, seja na vida Pessoal, seja na Profissional, demonstram possuir pelo menos as quatro seguintes características básicas:

1. Vontade de realizar coisas significativas (sonhar).
2. Coragem de assumir os riscos e sacrifícios que as coisas significativas pressupõem e exigem (ousar).
3. Busca incessante de melhorias (inovar).
4. Tenacidade (persistir).

Deixar de adotar essa perspectiva ampliada do empreendedorismo significaria uma indesculpável redução na utilização pela Empresa do formidável potencial de contribuição existente na mente e na alma das Pessoas (talvez fosse isso que estivesse na mente de Barnevik quando disse que "se a ABB soubesse tudo que a ABB sabe, ninguém poderia com a ABB"). O que importa na promoção e gestão do empreendedorismo em qualquer Empresa é o foco em que ele é colocado, função do papel que cabe a cada Pessoa ou Equipe. Quando provocados a respeito da existência ou não de um melhor ou mais adequado estilo para a gestão e o desenvolvimento das Organizações, a tendência natural e majoritária dos Dirigentes Principais é de se posicionar dentro do espírito da fórmula relativa à nossa hipótese inicial:

$$SE = CE + CG$$

Onde   *SE* ➔ *Sucesso e Excelência*
       CE ➔ *Competência Empresarial ou Empreendedorial*
       CG ➔ *Competência Gerencial*

Seus posicionamentos tendem a conter dois pontos principais, nesta ordem:

1º) O que importa, sobretudo e antes, é que a Organização possua a Competência Empresarial orientada para o Negócio, o mercado e para as forças externas e internas que impactam os Resultados.

2º) A partir daí, o crítico é garantir que exista uma dinâmica que dê sustentação ao negócio, o que exige a Competência Gerencial orientada para a Organização (Pessoas e Processos), garantindo sua coerência/congruência com o estilo definido, seja ele qual for.

Ou seja, se posicionam na linha de que não existe um estilo de gestão e organização melhor ou mais adequado. Que o crítico é que o estilo definido seja efetivamente promovido e praticado, o que se faz mediante a escolha de Pessoas Adequadas e do desenvolvimento e da prática dos Processos Adequados, como descrito no Capítulo 3.

Do gerenciamento para o empresariamento

O foco excessivamente fechado para o Empreendedorismo poderia ser compreendido – não aceito ou validado – quando as Empresas viviam numa época de menor competição, na qual a questão das Empresas era, uma vez inserida num bom negócio, cuidar de fazer bem feito a coisa, com ênfase mais na eficiência. Porém, os fatos que serão apresentados a seguir sobre os riscos do sucesso e do crescimento demonstram quão temerária é a tese de que o empreendedorismo deve ficar restrito à cúpula e aos negócios. Nem que seja para inocular os riscos da estabilidade e do domínio do organizacional sobre o negocial, numa tática defensiva, ele deveria ser promovido.

O crescimento exponencial da competição e os também crescentes desafios em termos de competitividade e rentabilidade – para não dizer da própria sobrevivência de Empresas e Empregos – tornaram a ampliação do empreendedorismo uma condição *sine qua non* para a continuidade. Pensar e agir como Empreendedor(a) passou a ser um dos principais requisitos para garantir a empregabilidade dos Profissionais.

As soluções organizacionais que prevaleceram nos tempos de baixa competição (como o modelo funcional e matricial clássico) passaram a ser vistas como crescentemente inadequadas para dar sustentação ao grau de competência empresarial requerida das Empresas, sobretudo no que tange à velocidade de percepção e, sobretudo, à velocidade de resposta (além de servir como um fator fortemente limitador para a ampliação do empreendedorismo para os demais aspectos da gestão). Ficou evidente que não era mais suficiente pensar apenas em Pessoas Empreendedoras, tornando-se cada vez mais clara a necessidade de se promover Empresas Empreendedoras. Esse movimento – que consideramos e classificamos como um renascimento na gestão – não veio trazer nada de absolutamente novo no mundo da gestão. Seu significado foi retomar um dos caminhos evidenciados desde o início do século passado como alternativa para a gestão de Empresas, melhor do que a de se mobilizar organizações e dinâmicas baseadas em funções e seus respectivos especialistas.

Proposto e praticado por Dirigentes Empresariais como Sloan, na General Motors[39], e Sam Walton, na Wal-Mart[40], esse modelo acabou suplantado no mundo da gestão pelas soluções geradas por Henry Ford e os profissionais da administração científica – sobretudo pelo fato de que, não havendo competição significativa pelos negócios, a atenção da gestão se concentrou sobretudo na organização do trabalho. No que foi feito um trabalho brilhante, saindo-se de um mundo tipicamente rurícola para uma nova realidade formada por Empresas, quase sempre urbanas, requerendo mais do que o atual desafio de reinventar. O desafio era inventar a Empresa.

A competição veio forçar o *back to the basics* numa perspectiva que é extremamente simples e objetiva – pelo menos para aqueles que possuem visão e mentalidade empresarial. Básico e fundamental é o fato de que toda e qualquer Empresa é antes de tudo e sobretudo um negócio, devendo ter nisso o seu foco e o eixo motriz de seu funcionamento. A nova e adequada ordem é o organizar-se por negócios!

---

[39] Alfred Pritchard Sloan Jr. dirigiu durante 23 anos, a partir de 1923, a General Motors Corporation, transformando-a no maior, mais bem-sucedido e lucrativo empreendimento industrial que o mundo já conhecera.

[40] Samuel Moore Walton fundou em 1962 a Wal-Mart, que, 30 anos depois, quando ele morreu, já era considerada como a maior rede varejista do mundo.

Temos afirmado que não se precisa ter uma razão para se organizar por negócios. Isso é o natural e orgânico. O que se precisa ter é uma clara razão para não se organizar por negócios. Essas perspectivas, que eram colocadas e praticadas por Dirigentes Empresariais considerados como referência e que estavam a construir alguns dos maiores sucessos empresariais passaram a ser compreendidas e validadas por um crescente número de Dirigentes Empresariais.

Talvez o que tenha confundido muitos que vivenciaram essa evolução, mas não a perceberam ou compreenderam, foi o fato de que a passagem de um sistema matricial clássico, para uma organização focalizada em negócios, não ocorreu necessariamente no contexto das estruturas organizacionais (ou organogramas) e sim no da dinâmica organizacional (ou funcionogramas). Prova disso é que a grande maioria dos Gerentes e mesmo Dirigentes não compreendeu – e muitos têm ainda hoje dificuldade de entender – o fato de que as SBUs (*Strategic Business Unities*) são um conceito mais de pensamento e ação estratégica do que de estrutura organizacional. Que elas são Unidades de Negócio, mas, muitas vezes, não passam de Unidades de Negócio virtuais. Que sua evolução de Unidades de Negócio virtuais para Unidades de Negócio de fato é uma função mais de aspectos vinculados à lógica do negócio específico, em que o grau de sinergia dos negócios e operações constitui o fato mais importante.

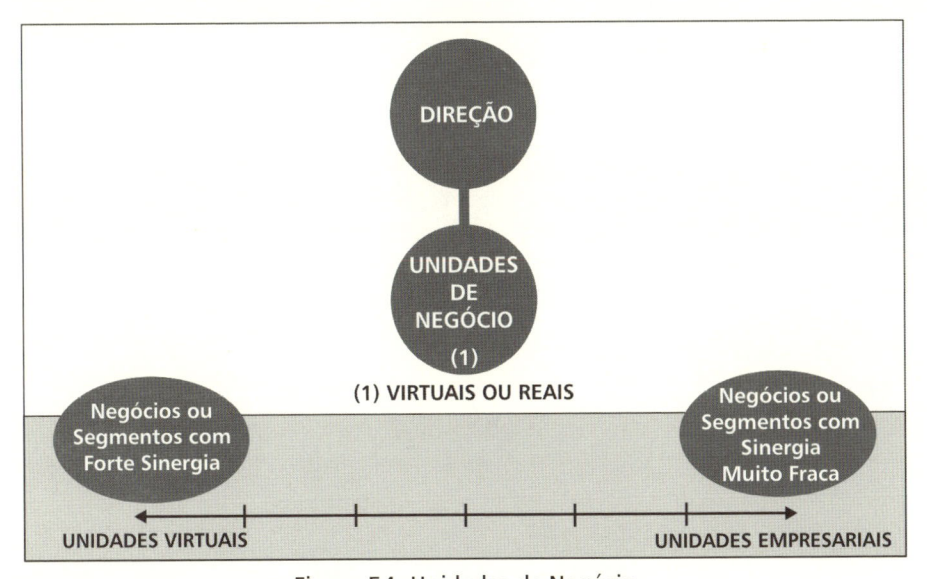

Figura 54: Unidades de Negócio.

Esse Funcionograma mais empresarial, afetando a dinâmica e até mesmo a estrutura das Empresas, veio promover a evolução de uma realidade que se poderia chamar de Gerenciamento, típica da organização funcional e matricial – voltada mais para o interno e a eficiência –, para uma nova, que chamamos de Empresariamento, que tem no seu âmago o empreendedorismo, mas é muito mais do que ele. Como dito anteriormente, isso significou e está significando um renascimento na gestão empresarial.

Capítulo 7

A SÍNDROME DO SUCESSO E OS RISCOS DOS EMPREENDIMENTOS

Introdução

Quais são as bases para o sucesso nos empreendimentos, seja qual for o negócio? E para a continuidade desse sucesso, gerando empreendimentos duradouros ou sustentáveis? Essa é seguramente a principal questão que mobiliza todos os que estão envolvidos com a busca da excelência na gestão e desenvolvimento de empreendimentos e que constitui o foco deste capítulo, em que apresentamos nosso aprendizado – sempre com a perspectiva do *front*.

Um dos aprendizados no *front* é que o tema pode e deve ser observado e abordado de duas maneiras que se completam:

1. As bases do sucesso, função do aprendido com aqueles que construíram uma continuidade sustentável em seus empreendimentos.
2. As causas do insucesso, função do aprendido com aqueles que não conseguiram sustentar o sucesso e tiveram que, a contragosto, vender ou fechar seus empreendimentos.

Embora a primeira seja mais tradicional, temos encontrado um extraordinário valor ao adotar no campo da gestão a perspectiva que os médicos e cientistas do campo da saúde reconhecem ao lidar com as doenças e a morte: compreender as causas da perda da saúde, as doenças e o envelhecimento tem sido importante não só para remediar, mas também para prevenir, seja pela vacinação, seja pela promoção de hábitos saudáveis.

O pressuposto número 1 de tudo o que será abordado neste livro é que as Pessoas estão, individual ou coletivamente, buscando alcançar o sucesso e a excelência em seus Empreendimentos, segundo a conceituação colocada na Introdução:

SUCESSO: Alcançar os Resultados Desejados.

EXCELÊNCIA: Gerar Resultados que constituam Referência para todos aqueles que estejam engajados em Empreendimentos similares.

Esse conceito de excelência é clássico e muito similar ao que era adotado pelos romanos ao expressarem o *primus inter paris* (primeiro entre os pares) e ao que é adotado pelos americanos ao expressarem o *the best in class* (o melhor da classe). Todos têm em comum o fato de empregarem para a excelência uma medida externa. É, portanto, um conceito relativo. Existe, contudo, uma forma mais aberta de conceituar a excelência, que pode ser chamada de o conceito humanista, que coloca a medida da excelência na própria Pessoa ou Instituição. Segundo ele, uma Pessoa ou Instituição se move na direção da Excelência, na medida em que está transformando em realidade aquilo que traz em si de Potencialidade, ou seja, aquilo que traz em si de Competências Básicas e de Motivação ou Ambição. Nesse sentido, a proximidade da Excelência significa a proximidade da Plenitude.

O pressuposto número 2 é que o sucesso e a excelência exigem logicamente, como competência básica e inicial das Pessoas e Instituições, o saber conceber, mobilizar e gerenciar seus Empreendimentos.

O terceiro pressuposto é que, como colocado na Introdução, em todo e qualquer tipo de Empreendimento está presente um conjunto de aspectos comuns, que podem ser caracterizados como fundamentos, cujo conhecimento constitui a primeira e fundamental base da competência em conceber, mobilizar e gerenciar Empreendimentos.

No restante deste capítulo, a pretensão é apresentar quais são esses fundamentos e demonstrar sua direta correlação com aqueles que se transformaram nos principais fundamentos da navegação em alto-mar.

1. O primeiro fundamento é que todo e qualquer empreendimento constitui um subsistema de um sistema maior, formado por um conjunto de forças que apresentam oportunidades e/ou ameaças.

São as variáveis vinculadas ao Político, Econômico e Institucional; ao Social e Cultural; à Ciência e Tecnologia; ao Mercado e à Competição; e, crescentemente, ao Ambiental.

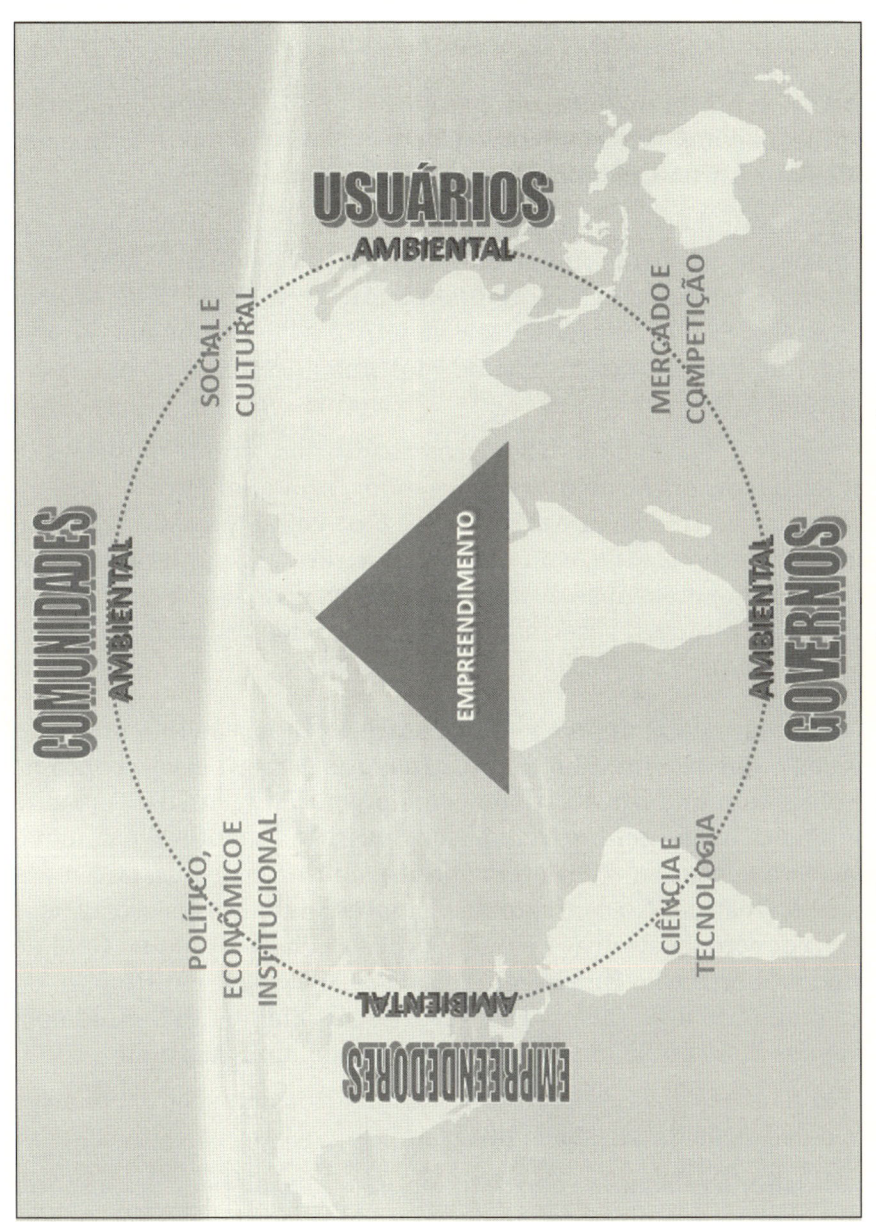

Figura 55: Os empreendimentos e suas variáveis.

Nesse contexto, estão também aqueles que a gestão contemporânea passou a caracterizar como os *stakeholders* (ou atores relevantes, em contraposição aos Acionistas, considerados assim no passado), cujas necessidades, expectativas e posicionamentos tendem a gerar impactos mais ou menos significativos sobre os Empreendimentos: Empreendedores (ou Acionistas ou Donos), Usuários (ou Beneficiários ou Clientes), Comunidades, Fornecedores, Governos...

Num mundo em alta e acelerada mudança e transformação, essas variáveis impõem como necessidade crítica a prática contínua de um pensar na linha do NOVAS REALIDADES → NOSSAS REALIDADES → NOSSAS RESPOSTAS, que constitui a base principal para se atender ao desafio darwiniano de contínua adequação ao externo e ao futuro.

Nessas novas realidades/nossas realidades, nunca pareceu tão realística a definição de que Empreender, seja qual for o Empreendimento, se parece cada vez mais com o **navegar por mares nunca dantes navegados**, sem se ter o poder de dominar as águas e os ventos. O que pressupõe e exige uma capacidade de contínua flexibilidade estratégica, associada a uma contínua vigilância e percepção ambiental.

2. O segundo ponto em comum entre os Empreendimentos e as viagens é que sempre têm um destino, que embora seja o ponto de chegada, tem que ser abordado como o ponto de partida. Assim, o movimento inicial comum a todos os Empreendimentos é o vinculado ao estabelecimento do seu Propósito, ou Razão de Ser, ou Finalidade, ou Destino. No contexto dos Empreendimentos pessoais, isso tem a ver com a definição de qual é a Situação Desejada no final do período coberto pelo Empreendimento, caso ele seja um Projeto, ou num momento arbitrado para o futuro – normalmente definido em torno dos 5, 10 ou 25 anos –, caso se trate de um Programa.

No contexto dos Empreendimentos institucionais, isso tem a ver com a definição da Missão e da Visão:

Missão: Declaração sobre o valor a ser gerado pelo Empreendimento dentro do ambiente, ou seja, qual o compromisso que os responsáveis pelo Empreendimento assumem junto ao conjunto de *stakeholders*.

Visão: Declaração, respeitada a Missão definida, sobre qual é o Sonho de Excelência no que tange à geração de resultados (sentido amplo da palavra) pelo Empreendimento.

Embora situemos a Missão no contexto do Longo Prazo, isso constitui uma imprecisão técnica em relação à qual se fez uma concessão que não é totalmente sem sentido. Missão é por definição algo de natureza mais contínua e permanente, embora atualizável, não fazendo muito sentido definir um prazo para ela – a não ser na primeira vez em que é enunciada e se pretenda alcançar um patamar mínimo dentro de um período de tempo.

No caso de Empreendimentos que estejam na fase de concepção inicial, assim como daqueles cuja análise ambiental sinaliza fortemente na direção de um, como que, começar de novo, também é parte integrante desse movimento inicial a caracterização de qual é o **Negócio Básico** no qual o Empreendimento vai operar:

NEGÓCIO: Declaração de qual é o escopo de atuação do Empreendimento, caracterizando quem são os Usuários (ou Beneficiários, ou Clientes) que ele vai atender, quais são as Necessidades e Desejos que se compromete a satisfazer e quais as Soluções (produtos ou serviços e respectivas condições) que serão oferecidas para isso. Abrange também caracterizar a geografia para a operação.

No caso de Empreendimentos pessoais, a definição do negócio tem a ver com escolhas críticas, da mais alta relevância estratégica, como Profissão, Estilo de Vida e similares. No caso de Empreendimentos já em operação normal, a definição do negócio ou escopo de atuação tende a fazer parte da Estratégia. No caso específico da VISÃO, pode-se afirmar que ela traz em si a caracterização do Propósito ou Resultado Desejado de Longo Prazo.

Nas metodologias apresentadas neste livro, fala-se em um desdobramento disso para prazos menores, com a utilização de outros termos (no que se tem uma mesma natureza e diferentes graus):

- Longo Prazo: Visão.
- Médio Prazo: Objetivos Estratégicos.
- Curto Prazo: Metas.

Como magistralmente colocado por Joel Barker em *O Poder da Visão*,[41] assim como por filósofos (vide Nietzsche com seu "Quem tem uma razão para viver é capaz de suportar qualquer coisa") e poetas (vide Fernando Pessoa em "Um sonho que se sonha só é um sonho só"), a definição do Propósito ou Situação Desejada constitui a variável isolada mais importante em todo o processo de Gestão de Empreendimentos.

Uma inadequação ou equívoco neste momento do processo leva a uma situação similar àquela de se construir um castelo sobre areias, ou, utilizando dos conceitos de Peter Drucker, a se fazer da maneira certa a coisa que não é a certa.

Dentro do conceito humanista de excelência colocado no início deste capítulo, preconiza-se e se oferece mecanismos para que a definição do Propósito seja feita levando em conta, a um só tempo, as Potencialidades existentes nas Pessoas (aqui se foca Vocação e Ambição/Motivação) e nas Instituições (aqui se foca as *Core Competences* ou Competências Essenciais e Ambição/Motivação).

∽ ∾

Nesses pontos estão também as principais causas para a mortalidade das empresas na sua fase inicial:

- Algumas delas não deveriam sequer ter nascido,
    - ✓ porque não estava presente o espírito empreendedor; muitas Pessoas partem para criar negócios por razões negativas (querer não ter mais "chefia", "trabalhar menos"...) ou porque não estão conseguindo um novo emprego, após terem sido desligadas (causa muito comum após a década de 90);[42]

---

[41] O consultor norte-americano Joel Arthur Barker popularizou o conceito de mudanças de paradigma para as empresas, tendo lançado em 1990 o vídeo *The Power of Vision*, que se tornou sucesso de vendas em vários países.

[42] É clássica a situação de profissionais que após saírem de uma grande empresa, onde eram muito bem relacionados e sucedidos, vivenciarem o choque de saber que o que abria as portas daqueles que eles visualizavam como Clientes potenciais do negócio que pensavam montar era o seu sobrenome profissional, dado pelo nome da empresa com a qual colaborava. A tradicional pergunta das telefonistas e secretárias – "fulano, **de onde?**" – significou a hora da verdade e uma forte fonte de estresse e decepção para muitos homens ou mulheres de negócio iniciantes.

✓ porque o espírito empreendedor não estava acompanhado da necessária competência empresarial: Pessoas que são muito boas para produzir, mas não sabem comercializar (não sabem encontrar os Clientes, não sabem abordá-los...);[43]
✓ porque não existe o mínimo de qualificação na gestão básica de negócios, em especial os aspectos econômico-financeiros.

É certamente por tudo isso que em 1998 o Sebrae-MG tinha como preocupação disponibilizar um forte serviço de orientação "pré-natal" (e mesmo pré-concepção) para Pessoas interessadas em criar novos negócios. Segundo informações de então, o índice de mortalidade das novas empresas assim orientadas caiu fortemente.

A Síndrome do Sucesso

Foi o estudo das empresas que sobreviveram a essa primeira fase que nos levou a aprender sobre aspectos que se revelam da mais elevada importância para os Dirigentes e Gerentes.

Como colocado na figura a seguir, elas passam por uma sequência muito parecida: *sucesso* ➔ *crescimento* ➔ *complexidade*.

Essa complexidade provoca o segundo momento crítico na história das Empresas, com um índice de mortalidade também significativo. E o que mais impressiona e assusta nesse segundo momento é que quase sempre decorre do sucesso e do crescimento, numa situação que se poderia classificar de paradoxal. (Existe mesmo um dito de que, no caso de Empresas, "morre-se mais por indigestão do que por fome"). Nesse segundo momento, que tem a ver com as Empresas Médias em crescimento e com aquelas que cresceram mas não conseguiram equacionar adequadamente, é que ocorre aquilo que viemos a chamar de A SÍNDROME DO SUCESSO, fenômeno que nos últimos anos temos procurado compreender como base para antecipar/evitar ou para remediar quando já se tiver instalado.

---

[43] Também é clássica a situação de profissionais de elevada competência técnica que possuem um produto (bem ou serviço) ou solução de elevado valor para o mercado/Clientes potenciais, mas que possuem um forte bloqueio e constrangimento quanto às ações necessárias para buscar e conquistar Clientes (para alguns deles, fazer isso é como "se vender").

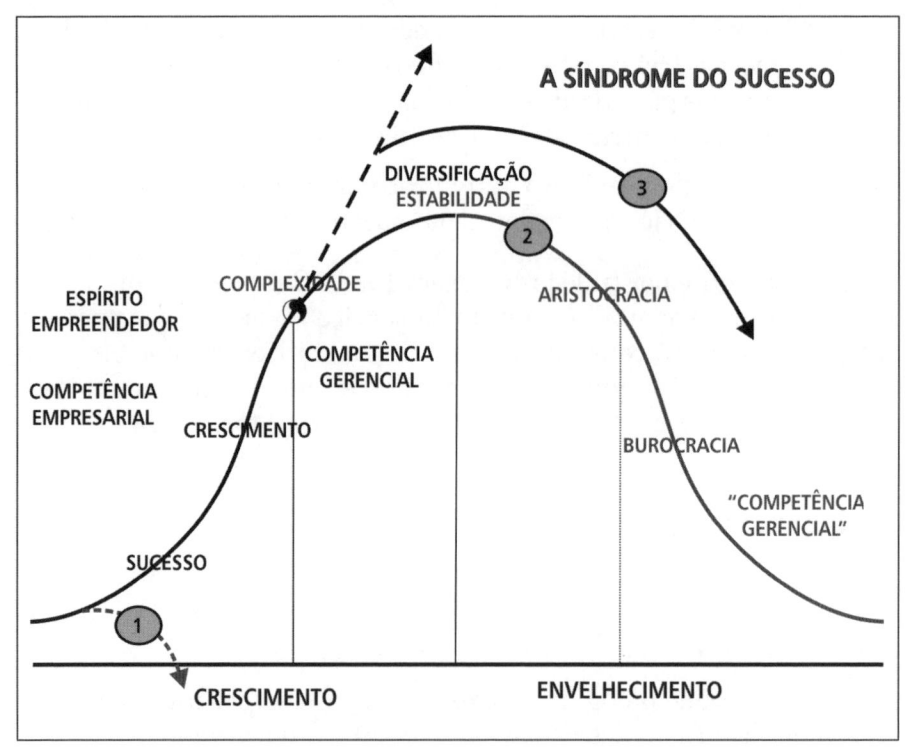

Figura 56: A Síndrome do Sucesso.

Podemos descrever assim a situação:

- Temos uma empresa que vem bem, porque liderada por empreendedor(a, es), com o foco no negócio e com competência empresarial.

- Isso gerou o sucesso, tendo em vista a capacidade de oferecer ao mercado as soluções de que ele precisa e, daí, a geração para os empreendedores dos resultados desejados.

- Esse sucesso levou ao crescimento, ou seja, mais Clientes e, daí, mais fornecedores, mais colaboradores, mais, mais, mais..., a ponto de se passar ao desafio de ter uma cadeia de valor e uma cadeia produtiva para liderar.

- Nesse momento, a complexidade pressupõe e exige que ocorram pelo menos duas evoluções:

1) que a Competência Empresarial seja complementada pela Competência Gerencial, ou seja, a capacidade de montar e gerenciar uma Organização (Pessoas, Processos e Situações), para dar sustentação ao Negócio;

2) que os Empreendedores evoluam para o próximo estágio de sua evolução, tornando-se Empresários, liderando não apenas um Negócio, mas também a Organização necessária para continuar a viabilizar o negócio e o crescimento.

- As empresas que conseguem equacionar essa situação continuam a ter sucesso e a crescer – e irão provavelmente fazer frente ao terceiro momento e desafio para a continuidade e a sobrevivência, no instante em que cresceram tanto que não cabem mais em um só negócio (vamos tratar disso mais à frente).

- Infelizmente, porém, significativa parcela das empresas que cresceram não consegue equacionar de forma sustentável, passando a ver prevalecer cada vez mais a ênfase na estabilidade, no não correr riscos, na organização, no fazer certo a coisa... De repente – no mais das vezes, não tanto – essa estabilidade começa a minar o espírito empreendedor, a conduzir o foco para o interno e, daí, a reduzir e mesmo eliminar a competência empresarial. Tinha-se um negócio que deu certo e cresceu, passando a requerer uma organização para dar sustentação e viabilizar a continuidade e o crescimento... mas agora o que se tem é uma organização descolada do negócio:
  ✓ crescentemente formada pela aristocracia (feudos, baronatos...), com ênfase cada vez mais burocratizada;
  ✓ com ênfase numa "competência gerencial" que não está a serviço do negócio e seus resultados empresariais, levando-se muitas vezes a se estar a fazer muito bem feita uma coisa que não deveria estar sendo feita.

Nos termos do Processo de Gestão e Desenvolvimento com que trabalhamos (apresentado no Capítulo 4), tem-se uma realidade na qual se pode estar bem em termos de Gestão da Qualidade, estando mal no que tange à Qualidade da Gestão.

∽ ∾

As análises que são feitas sobre o assunto – às vezes chamadas por nós de autópsias realizadas em cadáveres empresariais – têm deixado evidentes duas causas principais para essa *débâcle*, ou ascensão e queda de empresas.

A primeira delas está vinculada aos próprios empreendedores (ou ao empreendedor) que criaram a empresa e geraram seu sucesso e crescimento. O sucesso e o crescimento fizeram com que tivessem aumentado seu poder e, natural e humanamente, seu orgulho pelo que foi realizado. Em muitos casos, porém, esse orgulho derivou para a vaidade, gerando um resultado de alto risco para a Pessoa e para a Organização.

O poderoso-vaidoso tende a se tornar um agente de estabilidade e de não renovação, uma vez que passa a ter o foco mais no espelho do que na realidade, perdendo aquela característica fundamental, demonstrada por Darwin, para a sobrevivência das espécies: a adaptabilidade.

Uma das expressões mais famosas dessa síndrome é a clássica afirmação de "pai rico, filho nobre, neto pobre".

Embora nem sempre associada só aos fatos acima, no mais das vezes é consequência da situação descrita. Importante destacar que essa síndrome, que nas empresas familiares está quase sempre associada aos proprietários, nas grandes empresas é observada nos executivos profissionais, que muitas vezes são o principal agente para a estabilidade.

Essa é talvez a principal razão por que em sociologia se sabe que a classe média alta tende a ser, em qualquer organização, a mais conservadora, resistindo a mudanças que venham a transformar o ambiente no qual seus integrantes se deram bem e cresceram, porque adaptados.

A segunda e mais comum *causa mortis* tem a ver com o tipo de solução mobilizada para fazer frente à complexidade, que aporta soluções que tendem a se tornar problemas, com a continuidade do sucesso e do crescimento.

Para demonstrar isso, vamos buscar um pouco da história da evolução dos Modelos de Organização no século XX.

A evolução dos modelos de organização

Nos conceitos e metodologias apresentados até aqui, argumentamos fortemente no que tange à importância de as organizações contarem com Projetos Estratégicos em que fique muito claro para todos os que com ela colaboram, interna e externamente, quais são suas definições no que diz respeito a Propósito e Políticas. Argumentamos também no sentido de que definir as Políticas de uma Organização é deixar claro quais são seus posicionamentos no que se refere a Estratégia, Estilo e Estrutura. Mais que isso, explicitamos nossos aprendizados e convicções quanto à existência de uma precedência entre essas definições que compõem as Políticas.

Em paralelo, e tendo isso como base, temos estado sempre a buscar compreender as soluções organizacionais que têm sido adotadas pelas Organizações, em especial as empresas, mas também as do 1º e, mais recentemente, do 3º setor. E temos sido não só reforçados quanto à correlação e precedência entre as variáveis acima, mas também obtido uma evidência muito clara de que elas têm evoluído em conjunto.

෴

Quando alguns anos atrás participávamos de uma equipe da Fundação Dom Cabral que realizava pesquisa em torno das organizações, tivemos a oportunidade de conhecer os resultados de um estudo feito pelo Professor Georges Blanc, do HEC de Paris[44] e da FDC, quanto à evolução das soluções organizacionais durante o século XX.

O Professor Blanc demonstrou que durante esse período as soluções organizacionais tinham evoluído em função de dois vetores básicos:

1º) Uma crescente AUTONOMIZAÇÃO das operações, tendo em vista o crescimento e o espalhamento geográfico das Organizações.

---
[44] A École des Hautes Études Commerciales de Paris foi criada em 1881. No *ranking* do *Financial Times*, a HEC Paris aparece pela quarta vez como a melhor escola de negócios da Europa.

2º) Uma crescente FOCALIZAÇÃO EM NEGÓCIOS, tendo em vista o crescimento e o espalhamento geográfico e a diferenciação nos Mercados e, sobretudo, o crescimento da competição.

Isso pode ser explicitado numa figura como a seguinte:

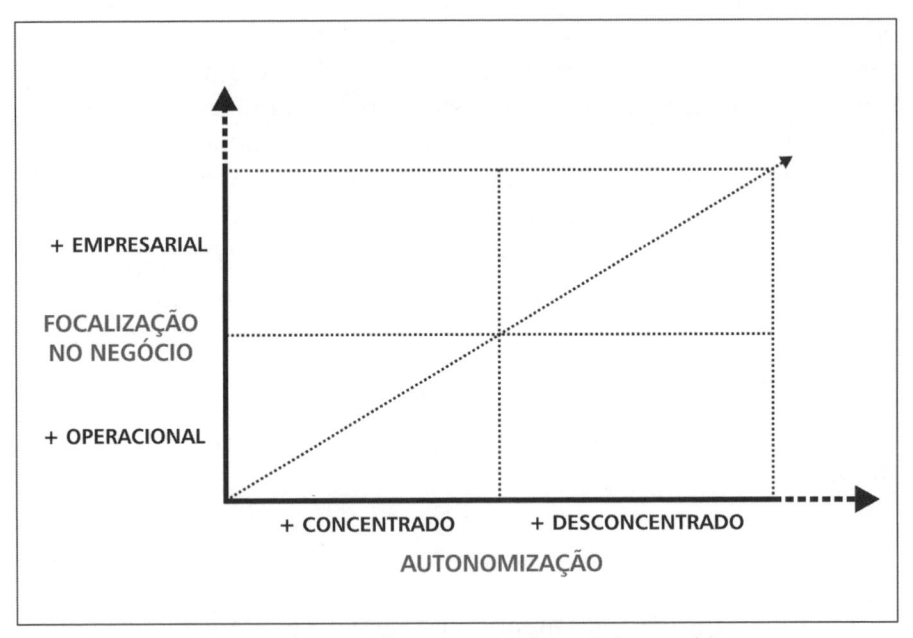

Figura 57: Autonomização e Focalização no Negócio.

Nesse contexto, ficou muito mais fácil compreender a evolução no passado, assim como mapear as realidades atuais e as tendências para o futuro.

≈≈

Uma primeira grande etapa das soluções organizacionais ou modelos de organização, como preferimos nomear, são os FUNCIONOGRAMAS (a dinâmica que está antes e atrás dos organogramas).

Seguindo o vetor da crescente autonomização das operações, enquanto se preserva na Direção Central ou Matriz os aspectos vinculados ao econômico-financeiro e ao mercadológico-comercial, foram criados os três Funcionogramas mais tradicionais:

- Modelo Funcional (MF), normalmente atribuído a recomendações de Henry Fayol,[45] e que se caracterizava por uma organização à base da divisão do trabalho e da departamentalização, seguindo o critério científico de dividir um todo complexo em duas partes:

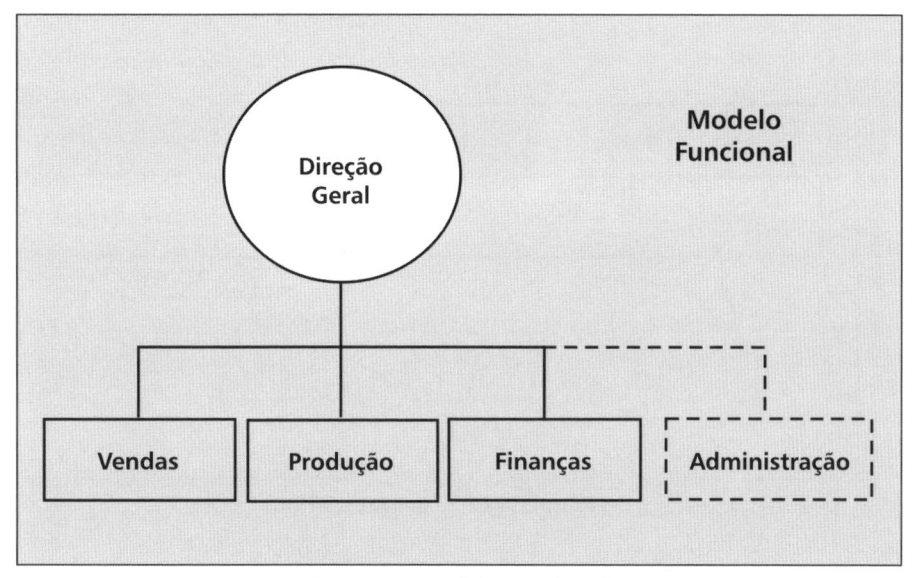

Figura 58: Modelo Funcional.

- Modelo Matricial (MM), evolução natural do modelo funcional, criado como resposta para o sucesso e o crescimento das Organizações. Na medida em que esse crescimento ocorreu, os Bancos passaram a ter agências, o Comércio, suas lojas, as Construtoras, suas obras, as Indústrias, suas novas plantas... Assim, além das Unidades Funcionais que ficavam na Central, ou Matriz, surgiram as Unidades Operacionais e a organização matricial. O matricial também surgiu como respostas para organizações especializadas, como as de Engenharia, com seus Projetos.

---

[45] O engenheiro Henry Fayol, nascido em Constantinopla em 1841 e falecido em Paris em 1925, ficou conhecido como o fundador da Teoria Clássica de Administração que expôs em seu livro *Administration Industrielle et Generale*, publicado em Paris em 1926 e, no Brasil, em 1950, pela Editora Atlas, São Paulo.

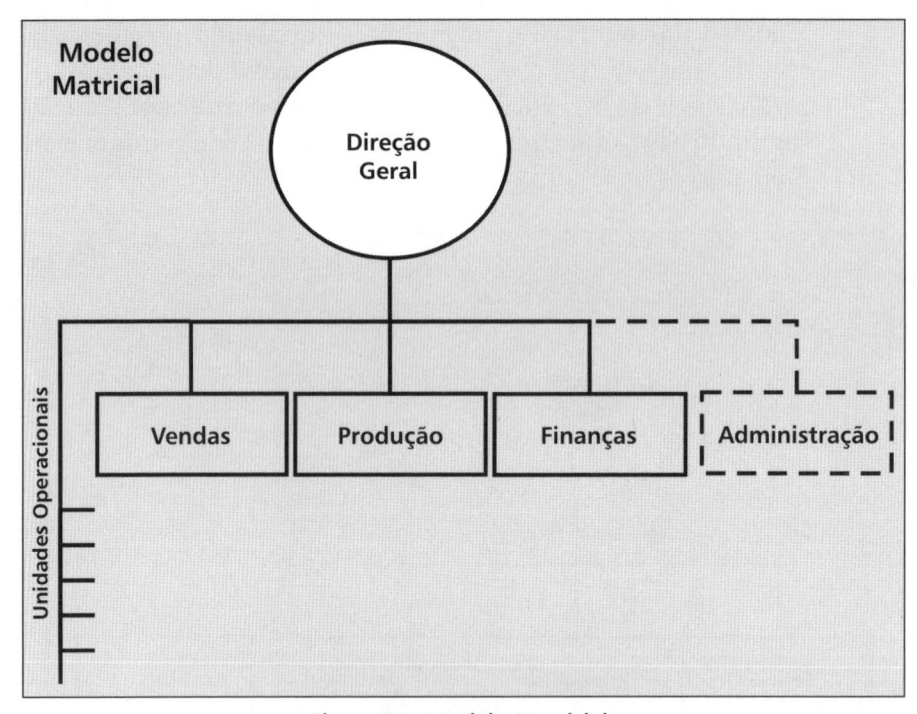

Figura 59: Modelo Matricial.

- Modelo Divisional (MD), também como decorrência do sucesso, do crescimento e, em especial, do espalhamento geográfico, ocorre outra evolução nos modelos, com as Unidades Operacionais crescendo na sua dimensão e, sobretudo, na mobilização de um conjunto maior e mais completo de atividades-meio (pessoal, contabilidade, materiais, tesouraria e caixa...) e as logísticas a montante e a jusante. Esse divisional, portanto, diferencia-se do matricial apenas no que tange à dimensão e à complexidade das Unidades Operacionais, não se confundindo com as divisões quase-empresas, como na General Motors, quando dirigida por Sloan (Figura 60).

No contexto do esquema desenvolvido pelo Professor Blanc, já podemos explicitar a evolução havida. Mesmo antes de se chegar à era da competição acirrada (década de 70 para os americanos e de 90 para os brasileiros), já surgiam fortes preocupações com as dificuldades de se gerenciar Organizações baseadas nesses modelos mais tradicionais, tendo em vista sua tendência de levar a um foco maior na

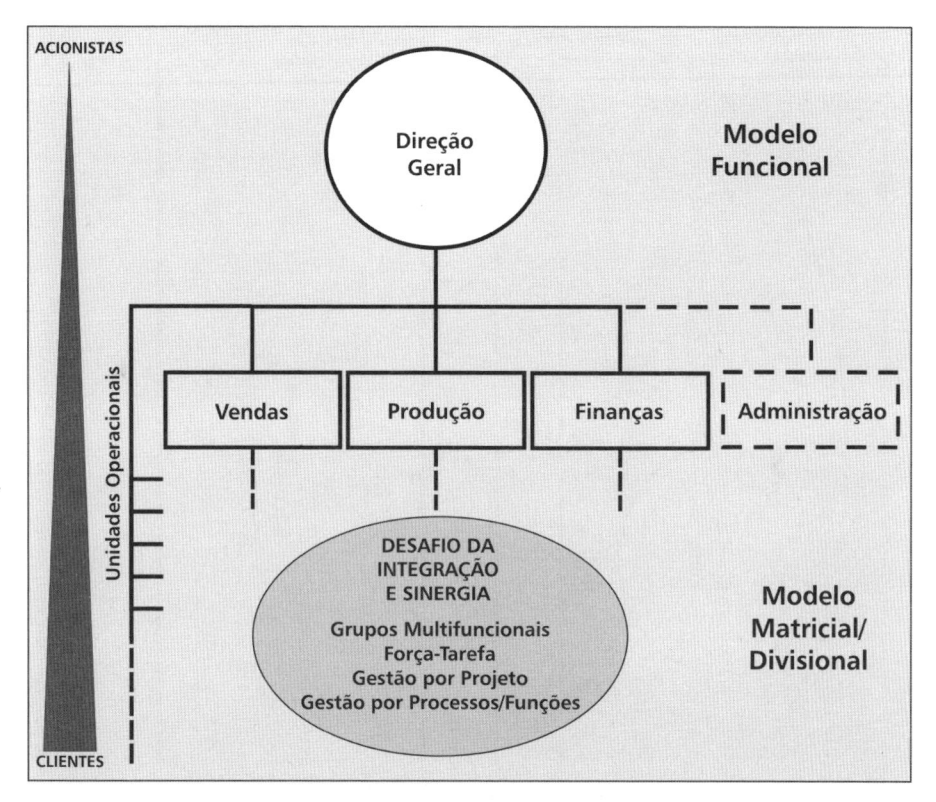

Figura 60: Modelo Matricial/Divisional.

organização do que no negócio, no interno do que no externo, na estabilidade do que no risco e no empreendedorismo, na eficiência do que na eficácia. Também as crescentes dificuldades de integração e sinergia e o distanciamento entre aqueles que lidam com os acionistas e aqueles que lidam com o mercado, devido à forte verticalização da estrutura.

Portanto, num primeiro momento, os(as) empreendedores(as) normalmente adotam uma organização à base de especialistas, nas formas do Modelo Funcional (assim chamado porque se organiza à base das funções da administração) e, na medida em que dá certo e ocorre o crescimento, evoluem para o Modelo Matricial (assim chamado porque a Organização agora é como uma Matriz de dupla entrada), com suas unidades funcionais centrais e suas unidades operacionais.

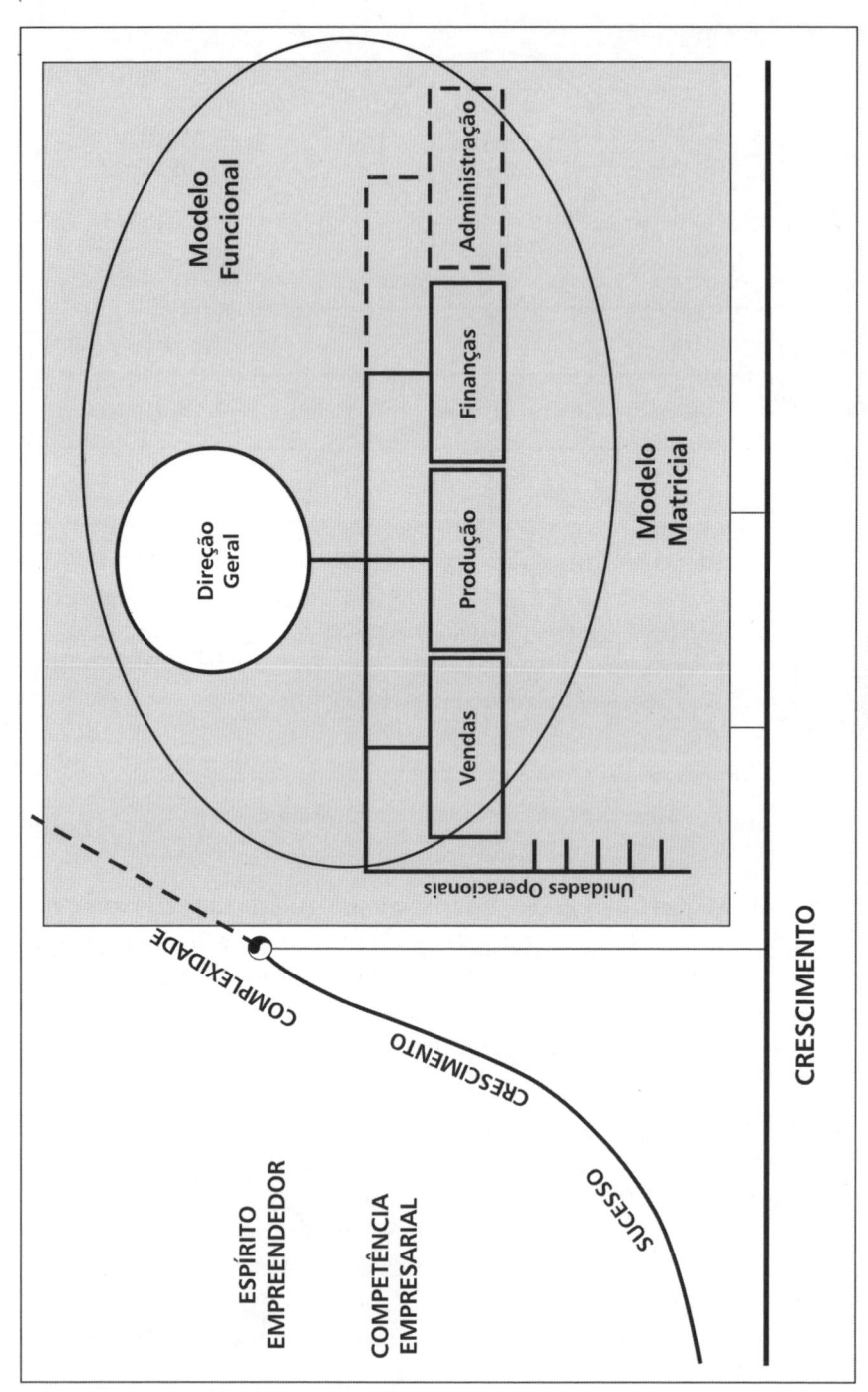

Figura 61: A evolução da empresa.

Capítulo 7: A Síndrome do Sucesso e os Riscos dos Empreendimentos

Essas duas soluções e uma terceira derivada do Matricial – que é a Divisional, na perspectiva da Divisão Operacional, não da Divisão Negócio ou "Quase-Empresa" – foram a escolha preferencial de "9 entre 10" empresas, sobretudo até a década de 70 nos Estados Unidos e de 90 no Brasil. Não por coincidência, foi nesses momentos que esses países começaram a fazer frente à competição num grau jamais vivenciado.

Mas mesmo antes de a competição se tornar o fato mais evidente, já se falava que nas Organizações baseadas eminentemente em especialistas tornava-se natural e quase que fatal a ocorrência do fenômeno da estabilidade, aristocracia, burocracia e morte das empresas, pela gradual perda do espírito empreendedor e da competência empresarial.

Uma das mais competentes elaborações sobre isso foi feita por E. F. Schumacher[46] em *O Negócio é Ser Pequeno*, quando falava sobre a necessidade de uma nova teoria de organização para as Organizações em Grande Escala, nas quais a situação acima é muito comum. (Podendo mesmo levar a fenômenos como a autofagia e o canibalismo, típicos das grandes coletividades animais.)

Talvez a mais emblemática descrição dessa situação de perda de energia vital seja a declaração que ouvimos de um empresário que afirmava que sua empresa estava "crescendo da mesma forma que os rabos dos cavalos, cada vez mais perto do chão e da lama".

Empresários que se percebem à frente de situações formadas por especialistas que, embora competentes, dedicados e trabalhadores, não entendem do negócio e não conseguem colocar sua competência e energia a serviço dos resultados globais. Muitas vezes, pelo contrário. Empresários que enfrentam conflitos internos entre áreas, como os clássicos "produção × vendas", "produção × manutenção", "vários × finanças" e semelhantes, que passam a consumir substancial parcela do seu tempo para dentro e para administrar problemas, retirando tempo do negócio, do externo e das oportunidades.

---

[46] Ernest Friedrich Schumacher, economista inglês falecido em 1977 aos 66 anos, escreveu, entre outros livros, *The Small is Beautiful* (publicado no Brasil em 1979 pela Zahar com o título de *O Negócio é Ser Pequeno*) que teve grande influência na década de 70. Foi um defensor da ideia do desenvolvimento sustentável em todos os sentidos para a humanidade.

Com o crescimento do tamanho das empresas e, sobretudo, a partir do extraordinário crescimento da competição, essas soluções passaram a ser motivo de reflexão, e começou forte movimento no sentido de se voltar a contar com o mais elevado grau possível de espírito empreendedor e de competência empresarial. Surgiu então o Modelo Empresarial, com as SBUs (*Strategic Business Unities*), ou Unidades de Negócio Virtuais, as Unidades Empresariais, ou Quase-Empresas e seus respectivos *Intrapreneurs*, e mesmo as mais contemporâneas formas das Organizações em Rede e das Organizações Virtuais.

Alguém já disse que, talvez, a melhor forma de se conhecer nos humanos o que é a força vital (alma ou que nome que se dê) é visitar um necrotério ou velório e olhar para um cadáver: a força vital é aquilo que não está lá. É a diferença entre aquele cadáver e a Pessoa que lá estava quando viva. Aprendemos a pensar assim sobre as Empresas: sua força vital está no Espírito Empreendedor e na Competência Empresarial. Quem quiser saber, no concreto, o que isso significa, basta visitar uma dessas burocracias contemporâneas, de órgãos públicos (no mau sentido), mas também de empresas grandes, sobre as quais se costuma afirmar: "Não sei se é a mais privada das empresas públicas daqui, ou se é a mais pública das empresas privadas".

O terceiro momento crítico para a continuidade das empresas é quando elas cresceram tanto que não mais couberam dentro de um único negócio e decidiram partir para a diversificação. Enquanto no campo financeiro e de administração de investimentos financeiros o diversificar é uma recomendação muito forte, no mundo dos negócios recomenda-se uma extrema cautela nesse movimento, tendo em vista o risco que isso pode gerar de se entrar naquilo que não se conhece e, portanto, não se tem a base fundamental, que é a competência empresarial.

❧ ☙

Na busca da compreensão do fenômeno, realizamos uma série de "autópsias" visando compreender a *causa mortis* de dezenas de Empresas médias e grandes que morreram ou tiveram que ser vendidas após uma história de sucessos – algumas delas tendo mesmo atingido a liderança em seu setor.

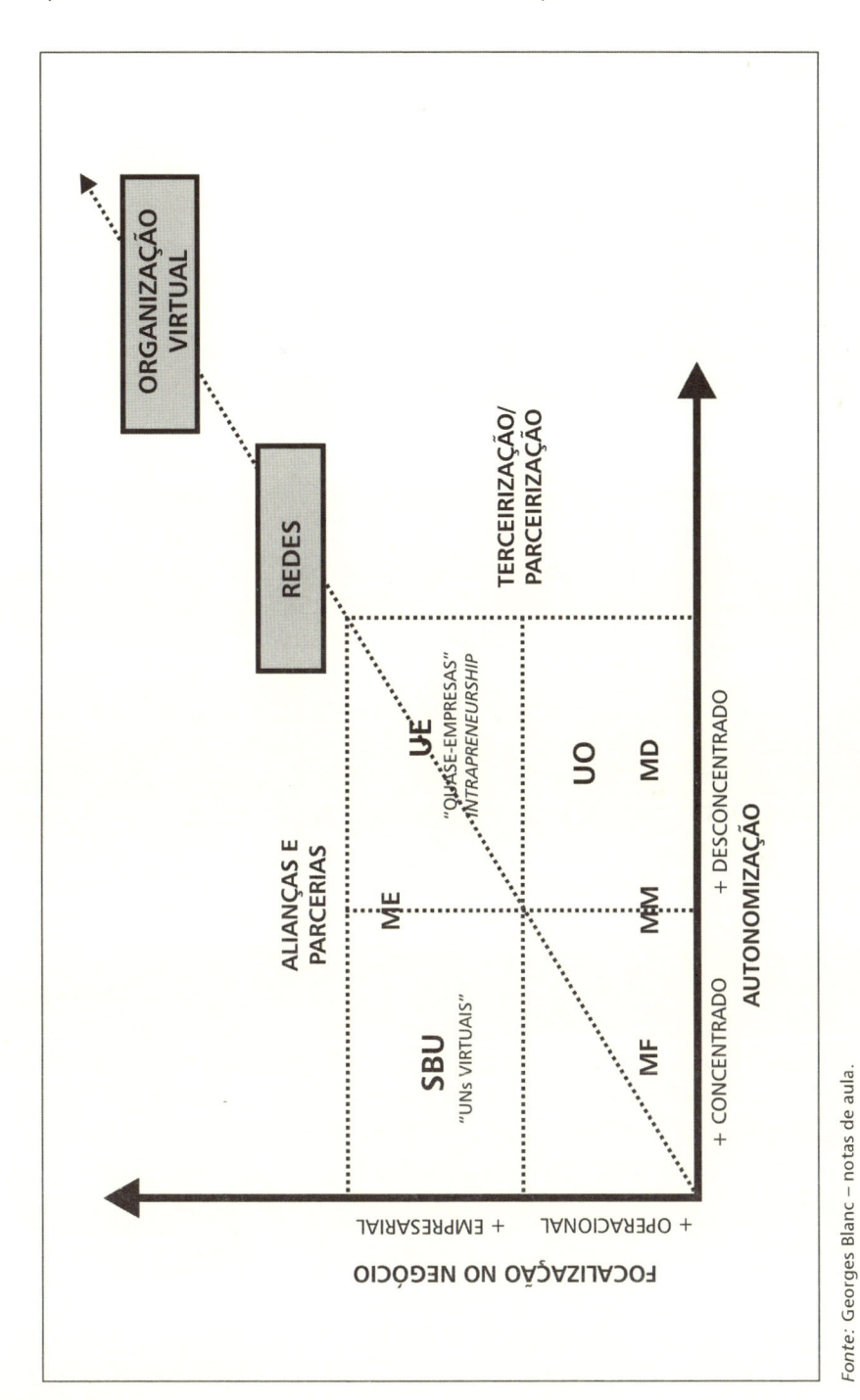

Capítulo 7: A Síndrome do Sucesso e os Riscos dos Empreendimentos

Figura 62: Modelo Empresarial.

Fonte: Georges Blanc – notas de aula.

O resultado das "autópsias" contém informações que impõem reflexões, atitudes e ações, visando evitar que essa doença se instale – ou para eliminá-la, se já estiver no organismo. Como na medicina, o estudo da doença é uma das melhores maneiras para preveni-las ou para eliminá-las.

Na origem de todos os empreendimentos, existe alguém com vontade de realizar alguma coisa significativa e com a coragem de assumir os riscos e/ou sacrifícios que essa coisa exige. Esse espírito empreendedor é condição necessária, mas não suficiente, para o sucesso inicial do empreendimento. Para isso, impõe-se a posse da Competência Empresarial, ou seja, da capacidade de, olhando para o lado externo do empreendimento, identificar clientes potenciais, ou seja, alguém com necessidades insatisfeitas e com recursos e disposição para satisfazê-las. Nesse contexto, quase sempre, a inovação é algo que está na interface do espírito empreendedor com a competência empresarial.

Estando presentes essas duas ou três condições básicas, é elevadíssima a probabilidade de sucesso e o crescimento. Como vimos, o resultado natural do sucesso e o crescimento é o surgimento da complexidade, uma vez que o empreendimento passa a contar com mais usuários/consumidores, mais fornecedores, mais... mais... mais... Nesse momento, já não é suficiente a Competência Empresarial, que tem a ver com o Negócio e, substancialmente, com o externo. Passa a ser necessária a Competência Gerencial, que tem a ver com a Organização e, substancialmente, com o interno, abrangendo aspectos como gerenciamento de pessoas, de processos e de situações. Contudo, as soluções tradicionais para equacionar a complexidade e mobilizar a competência gerencial têm estado baseadas na construção de organizações especializadas.

Sabe-se hoje que essas organizações especializadas tendem a focar a eficiência, a entropia, a fragmentação e a minimização dos riscos, com a ênfase mais na estabilidade. Funcionam bem nas "épocas de paz" no negócio/mercado e até um certo tamanho a partir do qual elas tendem a se tornar técnico-burocracias, nas quais a única diferença é o grau em que vão sendo eliminados o espírito empreendedor e a competência empresarial. As consequências são também bem conhecidas: da fragmentação vêm os feudos e a aristocracia, assim como a burocracia nos seus graus mais elevados, em que se consegue até injetar qualidade e se fazer muito bem coisas que não deveriam estar sendo feitas. No dizer de Drucker, é a situação em que são feitas da maneira certa as coisas erradas. As "autópsias" deixam claro que existem outras causas para as mortes organizacionais, com destaque para aquelas vinculadas aos próprios empreendedores originais e seus sucessores na propriedade. Destas, duas são mais conhecidas:

1. A soberba que decorre do sucesso e crescimento e do poder que disso deriva. Ao se tornar alguém poderoso, existe um grande risco de pensar que se tem a fórmula e que não é mais preciso inovar, garimpar, reciclar, preparar sucessores... E quanto mais competitivo o ambiente, maior o risco e mais veloz a queda.
2. Outra causa, bem conhecida no Brasil e no mundo, não precisa de maiores explicações: "Pai rico, filho nobre, neto pobre".

Essa síndrome do sucesso tem sido abordada por vários estudos internacionais, descrevendo situações similares e evidenciando os riscos do crescimento que não seja acompanhado de evoluções adaptativas adequadas. Em seu livro *O Negócio é Ser Pequeno*, E. F. Schumacher dedica um capítulo para abordar a questão da burocratização e desumanização das organizações em grande escala.

Nesse artigo, ele oferece nova maneira para equacionar a complexidade, na linha de um crescimento natural e orgânico, em que se repete o processo que gerou o sucesso original e o crescimento, em lugar da divisão do trabalho que leva à fragmentação.

∽ ∾

Há alguns anos, a direção da Fundação Dom Cabral foi provocada por um conjunto de empresários no sentido de desenvolver soluções adequadas para essa situação, prevenindo ou remediando seus efeitos e, com isso, gerando elevada contribuição para o sistema empresarial brasileiro, no qual o número de médias Empresas supera em muito o de grandes. O desafio era no sentido de adequar à realidade dessas Empresas o formidável portfólio de soluções que a Fundação já tinha desenvolvido em parceria com Empresas de grande porte, nacionais e internacionais, que operam no Brasil – inclusive com base no *know how* das parceiras internacionais da FDC (Insead, na Europa, e Kellogg/Northwestern University, nos Estados Unidos), como se observa nas duas figuras a seguir.

PAEX

PARCEIROS PARA A EXCELÊNCIA

Construtel   Biobras   BDMG   ADD Makler

Const. Sant'Anna
Hosp. Mater Dei
Itatiaia Móveis
Leme Eng.
Madeirense
MRV Eng.
Nansen
Rádio & TV Alterosa
SEBRAE/MG
Suggar
Drobel Farmácias
Expresso Mercúrio
Kepler Weber   Mercur   Rotermund   Selenium   Seven Boys

Altenburg
Baumgarten
Dudalina
FURB
Kyly
Telemont
Prodemge
Premo Eng.
Manoel Bernardes
L&F Publicidade
Hosp. Socor
Construtora Ápia
CAB – Consultores Associados Brasileiros

Uma parceria entre Empresas, cujo objetivo é intercambiar, desenvolver e adaptar tecnologias de gestão empresarial e competência profissional, visando alavancar a competitividade e os resultados das Empresas.

FDC
FUNDAÇÃO DOM CABRAL
DESENVOLVIMENTO DE EXECUTIVOS E EMPRESAS

Figura 63: Parceiros para a Excelência.

Capítulo 7: A Síndrome do Sucesso e os Riscos dos Empreendimentos

CTE

CENTRO DE TECNOLOGIA EMPRESARIAL

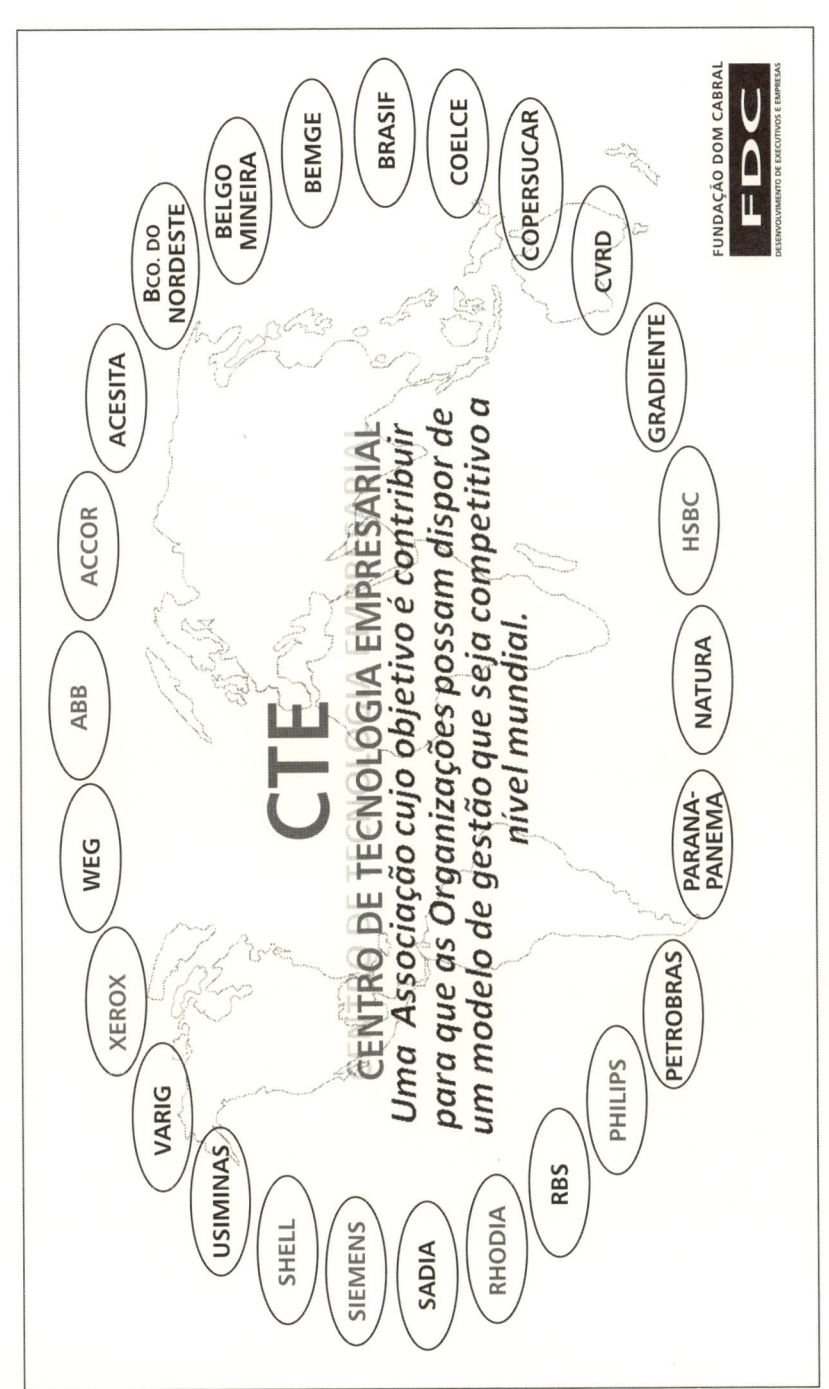

Uma Associação cujo objetivo é contribuir para que as Organizações possam dispor de um modelo de gestão que seja competitivo a nível mundial.

Empresas associadas: Bco. do Nordeste, Belgo Mineira, BEMGE, BRASIF, COELCE, COPERSUCAR, CVRD, GRADIENTE, HSBC, NATURA, PARANAPANEMA, PETROBRAS, PHILIPS, RBS, RHODIA, SADIA, SIEMENS, SHELL, USIMINAS, VARIG, XEROX, WEG, ABB, ACCOR, ACESITA.

FUNDAÇÃO DOM CABRAL — FDC — DESENVOLVIMENTO DE EXECUTIVOS E EMPRESAS

Figura 64: Centro de Tecnologia Empresarial.

Entre as soluções desenvolvidas e que têm demonstrado excepcionais resultados, está o PAEX (Parceiros para a Excelência), processo que agrega e congrega Empresas de Médio Porte, não concorrentes entre si, em grupos nos quais se trabalham de forma extremamente objetiva e prática soluções de gestão e de capacitação de Pessoas, num processo reconhecido como criativo e pioneiro e cujos resultados têm levado à sua ampliação para todo o Brasil e, agora, com o apoio do BID e de outros mecanismos internacionais, para a América Latina. A base de tudo é o resgate do empreendedorismo e do empresariamento como forma de pensar e agir, gerando organizações nas quais se dispõe de profissionais que pensam e agem como se donos, atuando junto a proprietários que pensam e agem como profissionais, utilizando os mecanismos mais modernos e comprovados para a gestão, com ênfase nos resultados e no aumento do valor das Empresas,

- garantindo SOLUÇÕES adequadas para aqueles que são o foco das suas operações (usuários, beneficiários, consumidores... clientes, na linguagem corrente);
- garantindo os RESULTADOS para aqueles que com a empresa contribuíram, fornecendo capitais, conhecimentos e insumos.

Para que o Empreendimento atinja o Sucesso (alcançar os resultados desejados) e a Excelência (gerar resultados que o transformem em referência), impõe-se que seus Dirigentes realizem suas três responsabilidades fundamentais, nesta ordem:

1. Definir qual é o Propósito (Resultados Desejados) do Empreendimento e quais as Políticas (Estratégia, Estilo e Estrutura).
2. Mobilizar o necessário em termos de Pessoas/Competências e Processos/Tecnologias para implementar essas Políticas e garantir a contínua adequação ao externo e ao futuro.
3. Promover uma dinâmica de gerenciamento continuamente focalizada nos resultados desejados.

Os Empreendimentos e os fundamentos para sua gestão

Todas as Pessoas estão, durante toda sua vida e por todo o tempo, a lidar com Empreendimentos. A própria vida é um Empreen-

Capítulo 7: A Síndrome do Sucesso e os Riscos dos Empreendimentos **155**

dimento, formado por inumeráveis outros, como a profissão, a carreira, os negócios, a família... Alguns desses Empreendimentos são individuais; outros, coletivos. Alguns são Projetos, ou seja, têm um prazo definido para conclusão; outros são Programas, nos quais o prazo de duração não é visualizável, ou simplesmente não existe.

No texto a seguir, a palavra Empreendimento(s) será utilizada para significar todo e qualquer tipo de Empreendimento; quando os Empreendimentos forem coletivos, eles serão chamados de Instituição(ões) ou Institucional(is), seja qual for sua forma: uma Organização Não-Governamental (ONG), um Órgão Público, uma Empresa... Em todo e qualquer Empreendimento, existem papéis a serem exercidos pelas Pessoas. Em alguns Empreendimentos, as Pessoas possuem uma vinculação direta e neles operam como autoras, coautoras, ou simplesmente como atores ou atrizes. Em outros, sua vinculação é indireta, influenciando ou sendo influenciados em maior ou menor grau, consciente ou inconscientemente.

A figura a seguir, que focaliza mais os Empreendimentos de vinculação direta, procura exemplificar, ordenar e clarear essa situação, comum a todos os seres humanos.

OS VÁRIOS TIPOS DE EMPREENDIMENTO NA VIDA DAS PESSOAS

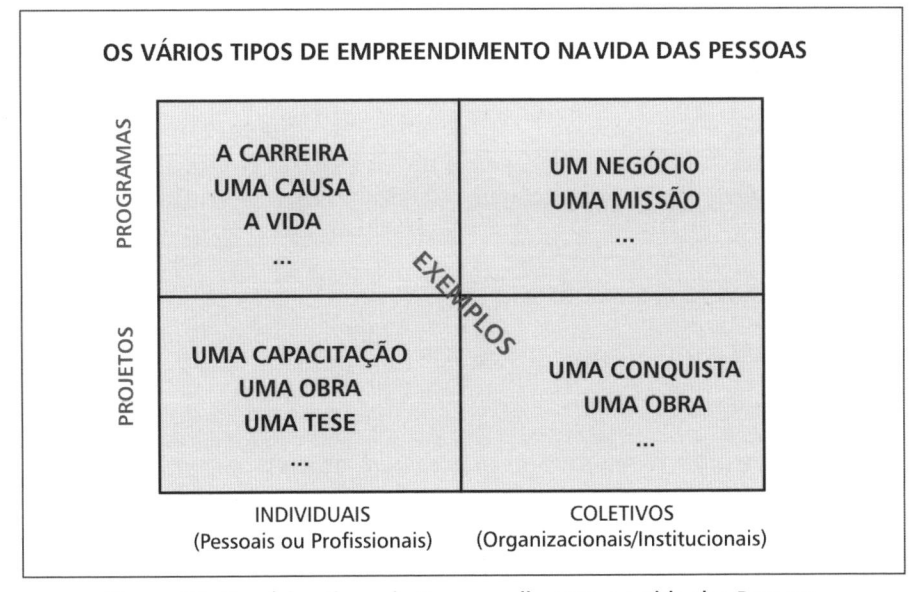

	INDIVIDUAIS (Pessoais ou Profissionais)	COLETIVOS (Organizacionais/Institucionais)
PROGRAMAS	A CARREIRA / UMA CAUSA / A VIDA / ...	UM NEGÓCIO / UMA MISSÃO / ...
PROJETOS	UMA CAPACITAÇÃO / UMA OBRA / UMA TESE / ...	UMA CONQUISTA / UMA OBRA / ...

(EXEMPLOS)

Figura 65: Os vários tipos de Empreendimento na vida das Pessoas.

O Empreendimento se utiliza de dois eixos que são universais: Individuais e Coletivos e Projetos e Programas. Neste último aspecto, assume a classificação proposta pelo Instituto de Gerenciamento de Projetos (PMI, na sigla inglesa de Project Management Institute), aceita em quase todo o mundo: projetos são empreendimentos que têm um prazo definido para serem concluídos; os programas têm um prazo indefinido ou são permanentes.

Seguramente, entre as competências necessárias para o sucesso e a excelência, em qualquer das dimensões da vida, está a de compreender os empreendimentos e, em especial, saber lidar com eles. E conquistar ou colaborar com o alcance do sucesso e, idealmente, da excelência dos (e nos) empreendimentos, pressupõe e exige que as Pessoas e Instituições tenham o nível mais elevado possível de competências em conceber, mobilizar e gerenciar/liderar empreendimentos.

No contexto desta obra, o foco estará naqueles Empreendimentos em que uma Pessoa esteja atuando mais como autora ou coautora, com destaque para três deles:

1. Uma Profissão e respectiva Carreira.
2. Um Negócio.
3. A Vida.

Embora neste capítulo se busque colocar os fundamentos que são comuns a todos os tipos de Empreendimento, mesmo nele e no restante do livro a ênfase estará mais na Gestão de Negócios (de qualquer natureza, inclusive públicos e não-governamentais).

Sobre as bases do sucesso

BASE 1 – O ESPÍRITO EMPREENDEDOR

"Saco vazio não fica em pé!"

Essa frase, muito utilizada por nossas mães para nos convencer a comer quando éramos pequenos, é também um dito popular que destila e consolida os aprendizados da humanidade a respeito da importância do espírito empreendedor para a existência dos empreendimentos de qualquer natureza.

Sob nomes como ambição, inquietação, fogo, fé... toda boa descrição de pessoas que fazem as coisas acontecerem fala da presença de uma energia que as move, sem a qual pouco ou nada valem as competências e os recursos que estejam disponíveis e com a qual a humanidade tem testemunhado pessoas e organizações moverem montanhas e mundos, mesmo quando ainda não dispõem de competências e recursos. Na busca de compreender mais e melhor essa energia, temos estado a observar e estudar todo um conjunto de pessoas, organizações e empreendimentos, assim como a analisar estudos similares feitos por outros pesquisadores (como Joel Barker em *O Poder da Visão*).

Como aprendizado, localizamos de forma consistente a presença de quatro variáveis, simbolizadas pelas palavras Sonhar, Ousar, Perseverar e Inovar como aquilo que constitui o que importa e faz a diferença das pessoas empreendedoras. A figura a seguir é a forma visual que utilizamos quando estamos a transmitir esse nosso aprendizado em nossas palestras e cursos sobre Empreendedorismo e Gestão de Empreendimentos.

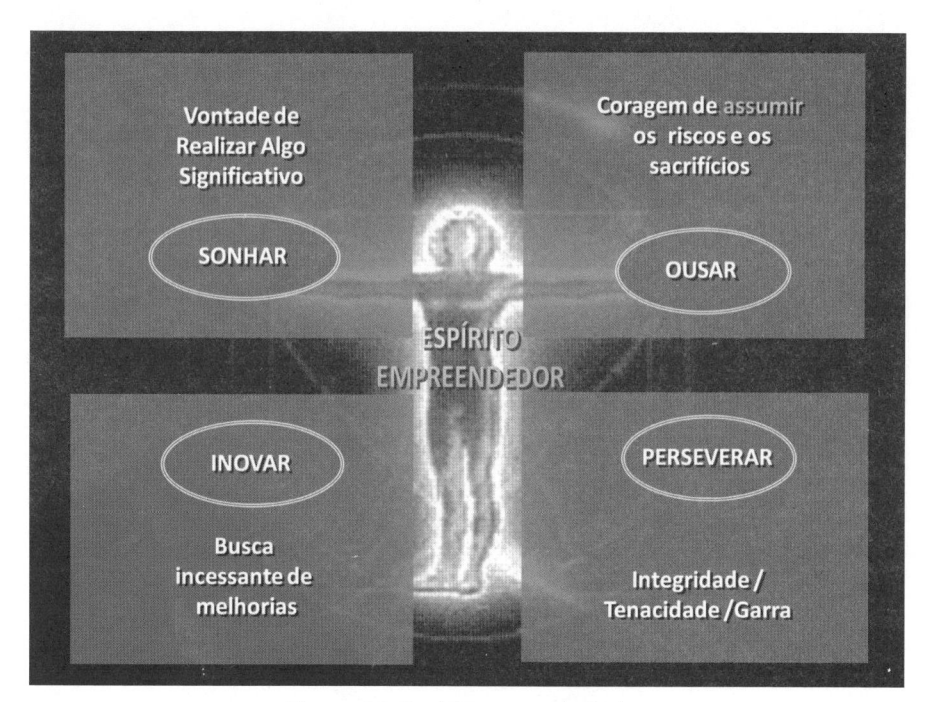

Figura 66: Espírito empreendedor.

Aprendemos que essas quatro características constituem condições *sine qua non* para todo e qualquer tipo de empreendimento humano – e não apenas no mundo dos negócios, pelo que ampliamos o conceito de Empreendedor para além de apenas um sinônimo de Empresário ou de Pessoa que está exclusiva e majoritariamente na busca do novo. É algo que tem a ver com os humanos em qualquer uma de suas realidades.

Empreendedores são pessoas e instituições que estão em busca de realizar um Propósito ou Situação Desejada –, caracterizado como Visão de longo prazo e/ou Meta de curto prazo –, e que se mobilizam integralmente para essa conquista. Contudo, aprende-se logo que ser uma pessoa empreendedora é apenas a primeira condição para o sucesso nos empreendimentos. Necessária, mas não suficiente, como revela o incrível número de empreendimentos, sobretudo no mundo dos negócios, que morrem ao nascer ou nos primeiros anos, demonstrado de forma cabal pelas estatísticas nacionais (como as geradas pelo Sebrae) e internacionais.

BASE 2 – COMPETÊNCIA NO NEGÓCIO

"Quem não tem competência, que não se estabeleça."

Além da energia presente no espírito empreendedor, o sucesso pressupõe e exige a presença de uma competência naquilo que se pretende empreender, seja o que for (mesmo que não tenha a ver com o "mundo dos negócios"). Essa combinação de Espírito Empreendedor e de Competência Empresarial leva normalmente ao Sucesso, a não ser que esteja num grau menor do que o de outras pessoas com interesse no mesmo negócio e não existam oportunidades para todos. E com o sucesso acoplado com o empreendedorismo, começa a viagem simbolizada do CRESCIMENTO, pois, como no dito atribuído a Getúlio Dornelles Vargas, "as pessoas empreendedoras não aguentam ver passar um cavalo encilhado... Elas montam". E vem aquilo que se conhece como a fase mais excitante de um empreendimento: ciclos sucessivos com novos clientes e crescentes vendas, faturamento, receitas... Mas o crescimento tende também a trazer pelo menos dois outros fatos: a complexidade e, quase sempre, a crescente competição. Esta traz consigo a exigência de crescentes graus de competência empresarial. A complexidade passa a exigir uma 3ª e nova base para o sucesso e sua continuidade.

BASE 3 – COMPETÊNCIA GERENCIAL

"Navegar é (algo) preciso."

Impõe-se agora não só entender do negócio e saber lidar com ele num grau de competência superior: é necessário que a Pessoa Empreendedora entenda cada vez mais e melhor a organização do trabalho humano, em especial o lidar com Pessoas, Processos e Situações.

Compreender e equacionar isso significa elevar a competência empresarial ao seu nível mais alto, em que existe a percepção de que já não mais basta que ela esteja concentrada em apenas uma ou em poucas pessoas, precisando se tornar uma competência organizacional.

Ao equacionar e resolver as realidades e os desafios gerados pelo sucesso, o homem (ou a mulher) de negócio evolui mais um passo: agora é uma pessoa que merece ser efetivamente reconhecida e chamada de EMPRESÁRIO(A): uma pessoa que continua a possuir Espírito Empreendedor e Competência Empresarial e que acumula agora uma Competência Gerencial que lhe permite sustentar e mesmo fazer crescer o sucesso.

A continuidade do sucesso e do crescimento tende a levar a pessoa empreendedora a um novo ponto crítico caracterizado pelo desafio de decidir entre continuar cada vez maior dentro de um mesmo núcleo básico, aumentando seu poder, mas ao mesmo tempo o risco da concentração ou diversificar. Uma ação comum é a busca da diversificação, relacionada ou não, levando o empreendimento a um estágio de Grupo composto por Unidades de Negócio, reais (empresas ou quase-empresas) ou virtuais (Unidades Estratégicas de Negócio).

Na análise de situações em que houve a continuidade do sucesso, o mais comum é a ocorrência de nova evolução da pessoa empreendedora, que dá mais um passo na sua "carreira", passando a se constituir num INVESTIDOR EMPRESARIAL, ou seja, um investidor que possui empresas.

Também é comum a ocorrência de outro passo, que pode se dar nesse momento ou mais tarde, que é a decisão de comercializar esse negócio específico, mobilizando outro(s) ou passando a ser exclusivamente INVESTIDOR(A).

Figura 67: Os passos do sucesso.

O Empresariamento como jeito de ser e agir

A presença dessas três características ou competências num Empreendimento, na ordem em que foram aqui apresentadas, descreve um jeito de ser e agir, ou Estilo, que vimos descrevendo, desde a década de 80, como Empresariamento – em contraposição a um estilo que chamamos de Gerenciamento, mais focado na organização do que no negócio e que descreveremos um pouco melhor no próximo item, ao tratar das causas do insucesso.

Numa forma que foi mais bem descrita no Capítulo 6, o Empresariamento significa o entendimento de que um empreendimento empresarial deve ser focado e abordado como um sistema aberto que abrange uma cadeia produtiva e busca, por meio de soluções e retornos, gerar valor para todo um conjunto de *stakeholders*.

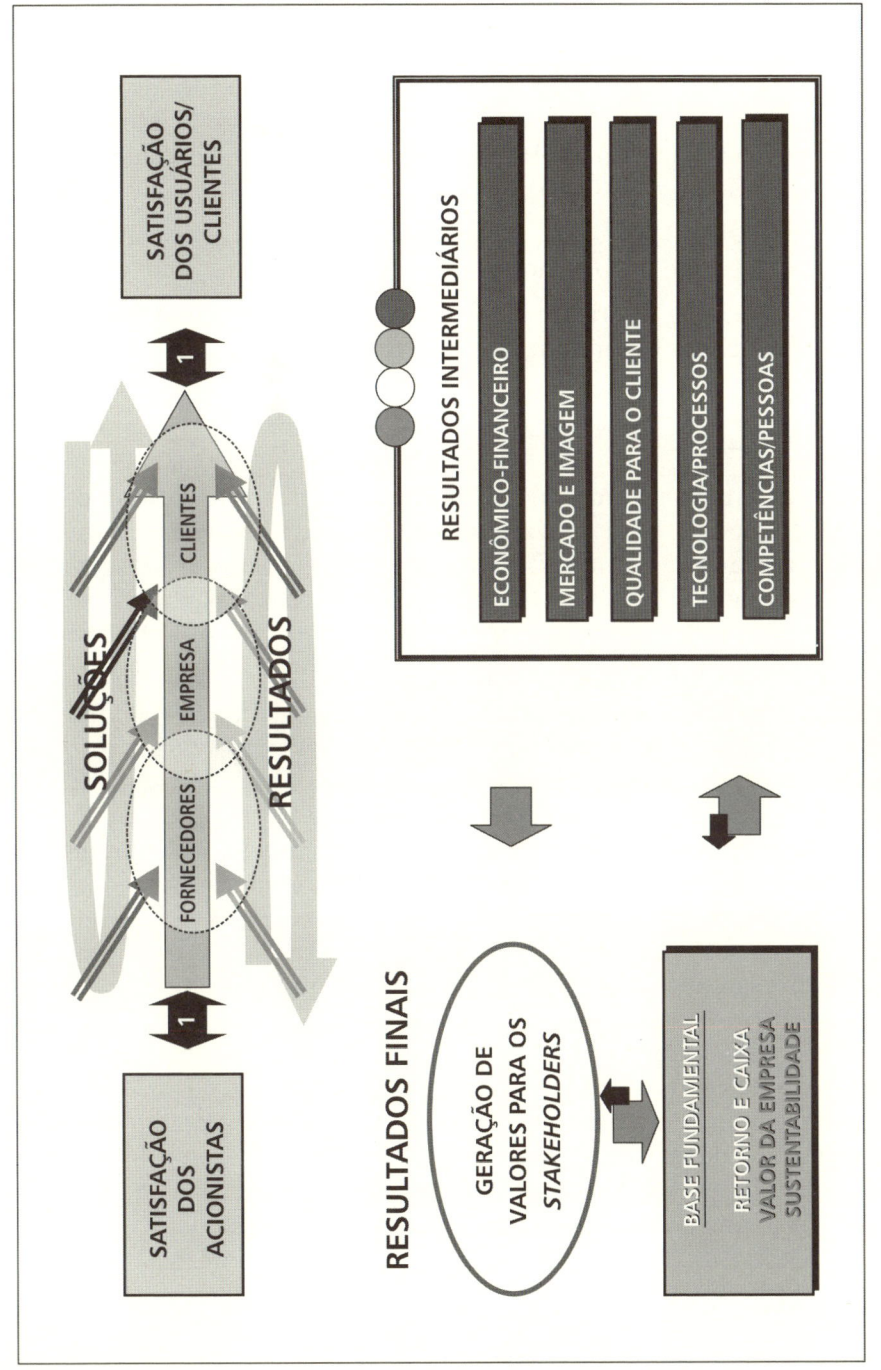

Capítulo 7: A Síndrome do Sucesso e os Riscos dos Empreendimentos

Figura 68: Focos do empreendimento empresarial.

Nesse contexto, impressiona o zelo dos líderes que praticam o Empresariamento, em não permitir que o sucesso e o crescimento levem à fragmentação do Empreendimento em unidades. Sempre com o foco em Resultados Empresariais, como especificados anteriormente, eles praticam aquilo que Peter Drucker tão bem descreveu e que se caracteriza como os axiomas básicos:

- Primeiro o negócio, depois a operação. Fazer a coisa certa. (Qualidade da Gestão).
- Aí, tocar a operação como um negócio. Fazer certo a coisa. (Gestão da Qualidade).

Sobre as causas do insucesso

Sempre impressionam e assustam as informações a respeito do elevadíssimo índice de mortalidade infantil de Empresas, quando se chega a afirmar que entre 70 e 90% das que são criadas anualmente não conseguem sobreviver aos primeiros meses e anos de existência. E por razões que não são apenas as de natureza fiscal-tributária.

Publicação do Sebrae, de outubro de 1999, sobre os resultados da pesquisa "Fatores condicionantes e taxa de mortalidade de empresas", revela: "Conforme a Unidade da Federação, essa taxa variou de cerca de 30% a 61%, no primeiro ano de existência da empresa, de 40% a 68%, no segundo ano, e de 55% até 73%, no terceiro período do empreendimento." Um estudo do BNDES afirma que 40% das Empresas criadas em 1996 não mais existiam em 2000. Arie de Geus escreve, em *A Empresa Viva*, que a idade média de empresas nos Estados Unidos e na Europa não passa de 25 anos. Outras fontes indicam: 90% das empresas não existem mais ao final do quinto ano de criação; e 90% das sobreviventes não existirão ao final de outros cinco anos. São números muito chocantes para não serem analisados e por demais sérios, para não se trabalhar intensamente no sentido de sua diminuição, tendo em vista a incrível dilapidação moral/emocional e material das riquezas de uma nação. Passamos a nos interessar pelo assunto na década de 80, quando participávamos da preparação do livro *Sobreviver, Crescer e Perpetuar*, de Norberto Odebrecht.[47]

---

[47] O livro foi lançado em 1983 para sistematizar a chamada Tecnologia Empresarial Odebrecht. A edição foi ampliada em 1984 e revista em 1987, 2002, 2006 e 2007, encontrando-se na 9ª edição. São três volumes, em três idiomas: Português, Inglês e Espanhol.

Índices de mortalidade de empresas sinalizaram para nós que deveríamos ampliar a maneira como buscávamos aprender com as Organizações, até então focalizada no sucesso e suas causas. Pareceu-nos então que seria muito rico passarmos a estudar também o insucesso e suas causas, adotando uma perspectiva como a da medicina, que estuda a doença e a morte, com o objetivo de aprender sobre a saúde e para gerar remédios e, no ideal, vacinas.

Estamos hoje convencidos do acerto desse nosso posicionamento, que nos levou a identificar outros estudiosos do assunto, no Brasil, como o Sebrae, e no mundo, como Ichak Adizes, tendo em vista os enormes aprendizados que conseguimos adquirir e o valor que sabemos que isso tem gerado para Dirigentes e Gerentes, em especial para os Dirigentes Principais, proprietários ou não das Empresas.

Temos nos dedicado a isso, buscando compreender suas causas e, mais importante, gerar informações que possam contribuir para evitar sua repetição – pelo menos no grau em que se dá, e/ou como remediar nos casos em que isso já constitui uma tendência significativa dentro de um Empreendimento. Das muitas conclusões a que chegamos, duas devem ser colocadas logo no início deste capítulo:

1. São três os momentos principais em que, no dizer de um Empresário, é mais provável "a queda do raio que nos parte": na mobilização de um novo Empreendimento; no momento em que após o sucesso inicial – mas não só – vêm os desafios decorrentes do crescimento; e quando do processo de diversificação. (Aqui vamos nos concentrar mais em analisar o momento em que os Empreendimentos fazem frente aos desafios decorrentes do crescimento.)

2. O sucesso inicial ou durante um tempo significativo não traz em si qualquer garantia de continuidade. Ao contrário. A tal ponto que passamos a nos referir a uma Síndrome do Sucesso, muito semelhante ao que levou Judith M. Bardwick a nomear seu livro, *Perigo na Zona de Conforto*.[48]

Como nos disse um Empresário:

---

[48] O livro foi lançado no Brasil pela editora Pioneira, em 1996. A autora defende a eliminação do hábito do *Entitlement*, uma atitude pela qual a pessoa acha que não precisa fazer jus àquilo que recebe, pois isso lhe é devido; ela recebe o que quer por ser quem é, não pelo que realiza. Bardwick propõe uma mudança radical, da psicologia do *Entitlement* para aquela do ganho.

"(...) a partir do momento em que se alcança a liderança, só existe um caminho fácil: o que leva para baixo".

Este segundo aspecto tem nos levado a focalizar crescentemente nosso estudo em um corte específico, que é a morte de Empreendimentos que tinham tudo para sobreviver e perpetuar:

1. Afinal, o que aconteceu com aqueles Empreendimentos que foram capa da revista Exame como a melhor empresa do ano e que não mais existem ou, para existir, tiveram, a contragosto de seus líderes, de serem vendidos?
2. O que leva à morte de um Empreendimento que se tornou centenário?

De maneira geral, aprendemos que a questão da mortalidade possui outros dois momentos críticos principais na história das empresas, além do já citado em relação aos primeiros anos de existência.

1. Após o sucesso e o crescimento.
2. Quando da diversificação.

O primeiro grande aprendizado, ao focalizar a mortalidade, foi aprender a respeito da vida (das empresas), pelo compreender suas origens e sobre o que importa e faz diferença para o surgimento e o sucesso inicial delas:

- A primeira e básica causa do surgimento das empresas é a existência de uma ou mais Pessoas com Espírito Empreendedor, sobretudo suas características iniciais:
    - ✓ vontade de realizar alguma coisa significativa;
    - ✓ coragem de assumir os riscos e/ou sacrifícios que essa coisa pressupõe e exige;
    - ✓ capacidade de inovar, abrindo espaços;
    - ✓ tenacidade.

Como diz a sabedoria popular, "saco vazio não fica em pé".

- A segunda causa, necessária e complementar, é a Competência Empresarial, ou seja, capacidade de entender e tocar o negócio que é o foco do empreendimento. Isso tem a ver, sobretudo, com a dimensão externa e de mercado, ou seja, Clientes, Concorrentes, Canais, Fornecedores, além do básico quanto às funções fundamentais da gestão de negócios (nesta ordem: finanças, vendas e produção – esta, se for o caso). Como diz a sabedoria popular, "quem não tem competência, que não se estabeleça".

Tendo essas duas bases em um grau adequado – pelo menos um pouco a mais do que os competidores potenciais – vem o sucesso e daí os resultados.

O desafio da sobrevivência

"Minha Empresa está crescendo como o rabo de um cavalo!"

Dita por um dos Empresários que integram a comunidade PAEX, essa patética afirmação é uma excelente descrição da realidade que ele vivenciava quando nos procurou em busca de equacionar e solucionar o desafio de sobrevivência que via à sua frente. Ao se referir a uma situação similar que vivia, função não só da complexidade gerada pelo crescimento, mas também pela forte exigência em termos de competitividade decorrente das novas realidades do sistema empresarial, um outro Empresário descrevia seu desafio recorrendo a uma analogia com a situação da mãe de família "que não teria preparado os filhos para interagir com o mundo e cujo marido havia morrido; ela agora tinha que se dedicar ao externo, mas não conseguia se liberar da forte dependência dos filhos". Essas situações são emblemáticas daquele momento em que, após o sucesso – inicial ou não – vêm os desafios gerados pelo crescimento. Infelizmente, a maioria dos Empreendimentos não consegue o equacionamento e a solução que foram apresentados anteriormente, neste capítulo. Pelo contrário, o que mais se constata é que na maioria deles começa a ocorrer, nesse momento, um processo de degeneração que, se não for estancado, leva inexoravelmente à morte do Empreendimento ou à sua transferência para outro(s) Proprietário(s).

Temos dito que nesse momento não é preciso que se faça nada para que isso ocorra. Basta fazer nada, "não mexendo em time que está ganhando", para que a degeneração ocorra, manifestando-se sequencialmente através da crescente estabilidade e do foco cada vez mais no interno, nos processos e no evitar riscos. Após sufocar e minimizar ou eliminar a energia do Espírito Empreendedor, isso leva a uma entropia, que sufoca e elimina a Competência Empresarial.

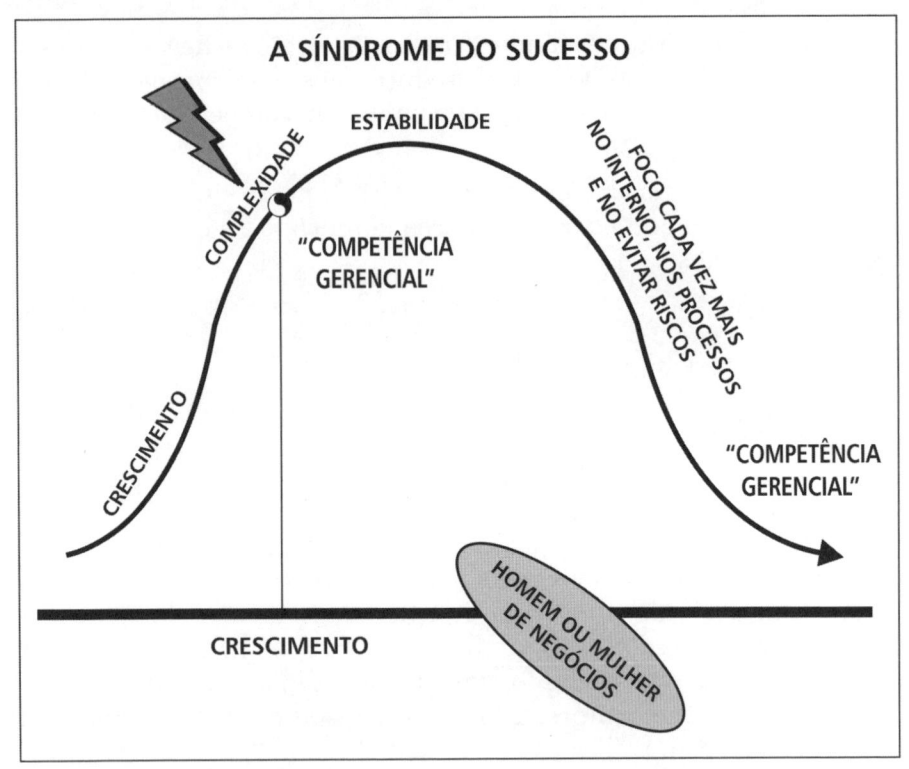

Figura 69: Síndrome do Sucesso e Competência Gerencial.

A análise direta de situações nas quais esse quadro esteve presente, assim como o estudo de análises e elaborações nacionais e internacionais, nos levaram a identificar duas causas para esse processo de degeneração e morte que, embora não possam ser colocadas como únicas, são claramente as duas principais e constituem a SÍNDROME DO SUCESSO: a fragmentação do Empreendimento e a soberba de seus líderes.

A fragmentação dos Empreendimentos Empresariais

"A lição sabemos de cor... Só nos resta aprender."

Desde os estudos seminais de Max Weber, é conhecida a tendência quase inexorável de os Empreendimentos perderem a noção de finalidade e de razão de ser na medida em que crescem e se tornam complexos e passam a fazer frente ao falso dilema entre empreender e ordenar. Provavelmente acobertada por uma realidade empresarial em que havia pouca ou nenhuma competição – caso das empresas americanas até a década 70 e das empresas brasileiras até a década de 90 –, claramente prevaleceu a opção pelo ordenamento, que levou à divisão do trabalho e à crescente ênfase no fazer certo a coisa.

De uma realidade inicial mais empreendedora, na qual as Pessoas só não podiam fazer aquilo que estava proibido, os Empreendimentos empresariais se tornaram crescentemente uma realidade hierárquico-burocrática, em que a regra passou a ser que as Pessoas só podiam fazer aquilo que estava permitido.

A trágica realidade de Pessoas inteligentes, dedicadas e com muito *know how*, mas com pouco ou nenhum *know why*, que dominam cada vez mais parcelas cada vez menores do Empreendimento e entendem/enxergam cada vez menos o todo, constitui a corriqueira crônica de uma morte anunciada nesses Empreendimentos que não duraram.

A soberba dos líderes de um Empreendimento de sucesso

Numa analogia que pode não agradar a alguns, costumamos dizer que o fenômeno da fragmentação constitui um pecado venial e os Empreendimentos que o vivenciam ainda possuem grandes possibilidades de serem salvos. Mas a soberba dos líderes tem-se caracterizado como um pecado capital, conduzindo ao inferno, astral e real. Até porque uma das causas da fragmentação está nessa soberba, na medida em que uma das consequências da mesma é o não permitir o crescimento de outras lideranças e gerar imobilismo típico das zonas de conforto.

São inúmeros os exemplos internacionais e nacionais de situações em que é extremamente difícil entender como puderam ocorrer equívocos estratégicos e gerenciais como os provocados pela soberba dos poderosos que se tornaram vaidosos e passaram a se considerar incólumes a eventuais ameaças externas ou internas, ou que dizem (sem dizer, é claro...) que não precisam aprender e renovar continuamente.

Do Empresariamento ao Gerenciamento: uma possível descrição da degeneração e morte de um Empreendimento que chegou ao sucesso

Uma análise dos Empreendimentos que foram descontinuados ou comercializados, feita tendo como referência o jeito de pensar e agir que identificamos nas histórias de sucesso, deixa evidentes os equívocos que foram cometidos, numa sequência desastrosa, pelos seus líderes.

Ainda na linha de "a lição sabemos de cor...", percebemos que são equívocos sobre os quais admirados e vitoriosos homens e mulheres de negócio e profissionais do campo de desenvolvimento denunciaram e alertaram exaustivamente.

- No internacional, basta uma análise das ideias expostas por expoentes como Sloan, Chandler, Drucker.
- No nacional, as conclusões geradas pelos presidentes das empresas associadas à FDC no Centro de Tecnologia Empresarial – CTE, como as registradas no Caderno CTE nº 2 – Rumos da Tecnologia de Gestão: Reflexões e Prognósticos.

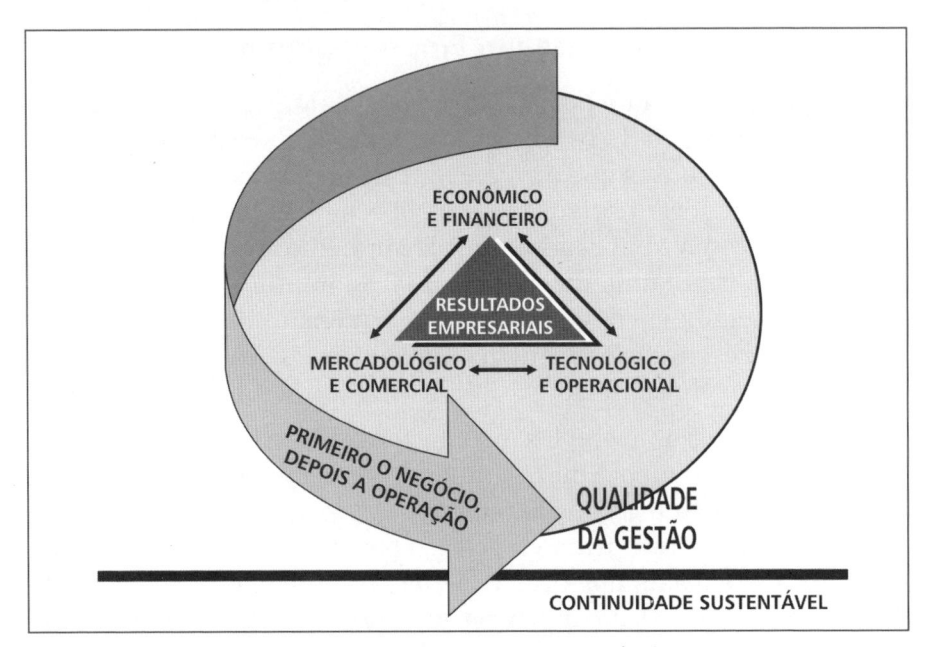

Figura 70: Continuidade sustentável.

Evidência nº 1:
Foco crescente e prioritário no retorno de curto prazo

Quando ainda está presente o axioma nº 1 de Peter Drucker (Primeiro o negócio, depois a operação), começa a ocorrer uma tendência a se colocar o foco mais no resultado econômico e financeiro de curto e médio prazos.

Por razões vinculadas aos Proprietários (muitas decorrentes da vaidade que seguiu o sucesso e o poder e mesmo à vontade de "viver melhor"), às Famílias Empresárias (sobretudo nas 2ª e 3ª gerações, na linha do "pai rico, filho nobre, neto pobre)" e a outras associadas a atitudes e posturas de Executivos e Investidores não compromissados com o futuro do Empreendimento, mas sim com o retorno de curto prazo, tem início uma conspiração consciente ou inconsciente contra o futuro, na medida em que os investimentos de base para o futuro começam a deixar de ser priorizados.

Já são inumeráveis os casos nacionais e internacionais que comprovam isso, inclusive aqueles que se tornaram escandalosos porque seus personagens foram mais dolosos do que culposos nesse processo de destruição.

Evidência nº 2:
Ênfase crescente no crescimento pelo crescimento

Também por razões associadas à soberba e a interesses de indivíduos ou grupos nas oportunidades geradas por um Empreendimento em crescimento, várias lideranças cometeram o equívoco de promover crescimento não lastreado em bases econômico-financeiras ou mercadológicas saudáveis.

A consequência disso sempre aparece no âmbito econômico-financeiro, seja mediante um desequilíbrio na equação do negócio, função de imobilização de capitais e endividamentos, seja pela queda significativa na qualidade dos resultados. Maiores e piores eles se tornam.

Tem-se um crescimento, mais descrito como inchamento, que reforça um velho e clássico dito, de origem por nós desconhecida, de que "em negócios, morre-se mais por indigestão do que por fome."

Evidência nº 3: A Estrutura comanda a Estratégia

Após a forte adernada que o barco do Empreendimento deu a partir da priorização dos resultados em Mercado e Imagem (pior ainda se associada ao foco no econômico-financeiro de curto prazo), vem o equívoco final, tristemente registrado no título acima, descrito nos estudos de Alfred Chandler.

Neste quase epílogo, são os resultados técnico-operacionais que constituem a prioridade, provavelmente ancorados numa equivocada abordagem da genuína qualidade total. Como na famosa orquestra do Titanic, os maestros e músicos estão mais preocupados em fazer certo a coisa, do que com o fazer a coisa certa. Talvez daí venha a perplexa provocação atribuída a Deming,[49] que teria perguntado a um profissional como esses: "Por que você está tão séria e fortemente preocupado em aperfeiçoar a vela, quando os competidores já estão a oferecer lâmpadas?"

---

[49] O físico e matemático norte-americano William Edward Deming, morto em 1993, aos 93 anos, foi uma espécie de guru do controle de qualidade.

Capítulo 8
GESTÃO EM TEMPOS DE ELEVADAS TRANSFORMAÇÕES E COMPETIÇÃO

O crescimento exponencial da competição e os também crescentes desafios em termos de competitividade e rentabilidade, para não dizer da própria sobrevivência, vieram provocar uma luz nova sobre esta discussão.

As reflexões que os Dirigentes Principais passaram a elaborar sobre sucessos e insucessos dentro das novas realidades, em especial face aos aprendizados associados à Síndrome do Sucesso e do Crescimento, começaram a gerar uma convergência dos Dirigentes em relação a alguns aspectos críticos da gestão de negócios e organizações.

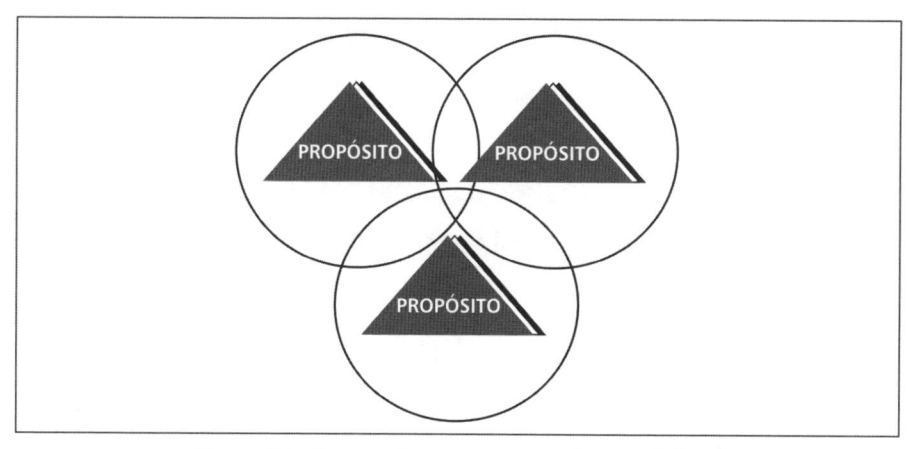

Figura 71: Convergência em torno de propósitos.

A partir da década de 90, começa a crescer uma forte convergência dos Dirigentes Principais em relação a alguns pontos críticos, como:

- organizações conectadas com o Externo e o Futuro;
- foco em clientes e resultados;
- qualidade, produtividade, agilidade e flexibilidade como decisivos;
- utilização da Tecnologia da Informação.

Ao conjunto dos pontos críticos, nós chamamos de Empresariamento (ou Empreendedorismo no caso das Organizações Não-empresariais), um Estilo de Gestão e Organização que busca promover **Uma Organização Totalmente Voltada para Clientes e Resultados**. Buscando focalizar o que importa e faz diferença, deixando espaço para que cada Organização defina sua forma de praticá-lo, o Empresariamento está assentado num conjunto de crenças/valores, mas também de focos/metodologias.

Na sua versão atual, o Empresariamento abrange quatro crenças/valores e quatro práticas/metodologias, levando-nos a falar de um Estilo 4 × 4, que se adapta a qualquer terreno, desde que aqueles que estão na direção possuam o cuidado e a competência em promover sua adequada customização.

Quadro 3: Crenças e valores

1. Foco nos clientes dos resultados.
2. Foco na geração de valor, presente e futuro.
3. Foco no negócio, como catalisador de um sistema integrado.
4. Foco na qualidade empresarial ou total, baseada sobretudo na qualidade da gestão.

Quadro 4: As práticas do empresariamento

1. Empreendedores(as)/Homens e Mulheres de Negócios.
2. Organização nas formas da confederação de negócios.
3. Contratos de resultados ou de gestão, com participação nos resultados.
4. Gestão estratégica, com focos nos curto, médio e longo prazos.

Foco nos clientes dos resultados

Esta é a primeira e fundamental crença do Empreendedorismo/ Empresariamento: o Propósito ou razão de ser de qualquer Organização é a geração de resultados que promovam a satisfação de seus Clientes. O Empresariamento começa sua diferenciação já neste primeiro ponto, pois foca os Clientes dos Resultados e não apenas os Clientes dos Produtos (Bens e/ou Serviços), como nas abordagens tradicionais. No Empresariamento, os Usuários/Consumidores são um importante Cliente dos Resultados, mas não o único. Talvez não sejam nem o mais importante, embora sejam os que vêm em primeiro lugar na dinâmica.

Nesse contexto, existem dois eixos básicos para focalizar e abordar os Clientes dos Resultados:

1. O primeiro e fundamental tem a ver com a satisfação dos USUÁRIOS/CONSUMIDORES e dos ACIONISTAS.
2. O segundo e complementar tem a ver com a satisfação dos demais públicos da Organização, com destaque para aqueles classificados pela Organização como Público Relevante. No Empreendedorismo/Empresariamento, os Públicos Relevantes básicos são os COLABORADORES (Internos e Externos) e a SOCIEDADE.

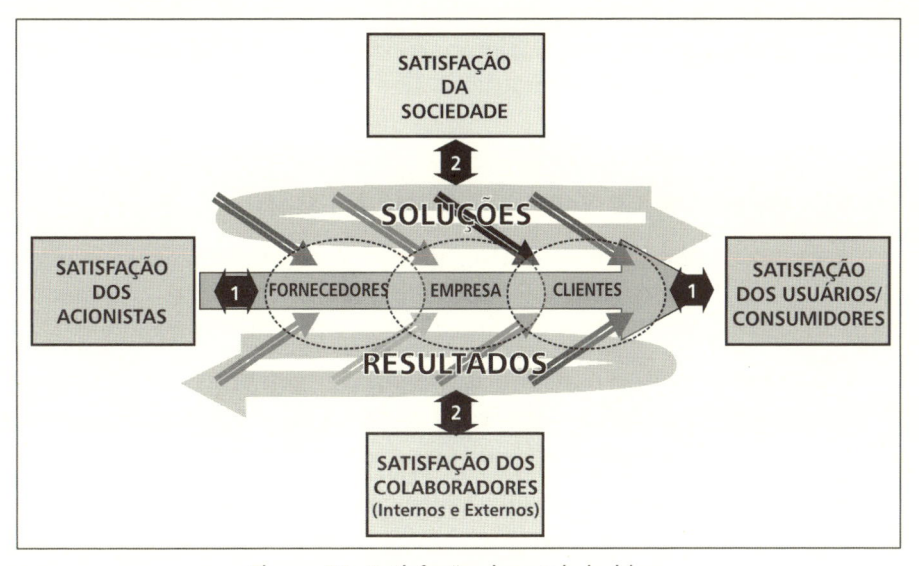

Figura 72: Satisfação dos *stakeholders*.

Cada Organização deve deixar claro qual é seu Estilo (ou Crenças e Valores) nesse contexto, caracterizando quem é Cliente dos seus Resultados e quem é Público Relevante; identificando também quais são suas Necessidades-Fim (ver Capítulo 10), quais delas têm a ver com a Organização e, daí, quais são as Necessidades-Meio que cabe à Organização prover.

Um dos principais Valores do Empresariamento, apresentado de maneira mais detalhada no Capítulo 11, na seção sobre Responsabilidade Social e Resultados Empresariais, é de que os recursos necessários para ampliar a satisfação de Colaboradores (Internos e Externos), da Sociedade e de outros Públicos que a Organização venha a classificar como Relevantes devem sair dos resultados econômico-financeiros, não devendo ser lançados como custos.

A primeira e principal responsabilidade social de uma Empresa é ser bem-sucedida como Empresa, gerando valor para Clientes e Sociedade através de suas soluções e pela remuneração adequada aos fornecedores dos recursos necessários para seu funcionamento (capital, competências, recursos materiais, serviços, impostos, multiplicação econômica).

Buscar ampliar essa contribuição social pela atenção a outros Públicos, sem uma adequada equação econômico-financeira na forma acima, tende a se tornar algo não sustentável e colocar em risco a sobrevivência e a continuidade da Organização.

Foco na geração de valor, presente e futuro

A razão de ser (ou Propósito) de qualquer Organização está no que ela gera de valor para aqueles que ela definiu como Clientes de seus Resultados e Público Relevante, buscando sua satisfação.

Para isso, impõe-se pensar e agir dentro de um processo sistêmico, integrando a Organização dentro da Cadeia Produtiva e promovendo a geração de Soluções e Resultados.

Do prisma dos resultados, o Empresariamento coloca o foco numa família de resultados, integrados e balanceados, que pode ser visualizada na figura a seguir.

Capítulo 8: Gestão em Tempos de Elevadas Transformações e Competição

```
┌─────────────────────────────────────────────────────────┐
│                    RESULTADOS FINAIS                    │
│   ┌──────────────┐      ┌──────────────────┐           │
│   │   RETORNO    │      │  CRESCIMENTO DO  │           │
│   │      E       │      │  RETORNO E CAIXA │           │
│   │    CAIXA     │      │     FUTUROS      │           │
│   └──────────────┘      └──────────────────┘           │
│                                                         │
│        ECONÔMICO-FINANCEIRO                             │
│        MERCADO E IMAGEM                                 │
│        QUALIDADE PARA O CLIENTE                         │
│        TECNOLOGIA/PROCESSOS                             │
│        COMPETÊNCIAS/PESSOAS                             │
│                                                         │
│              RESULTADOS INTERMEDIÁRIOS                  │
└─────────────────────────────────────────────────────────┘
```
(COLHEITA DO PERÍODO / PLANTIO PARA O FUTURO)

Figura 73: Resultados integrados e balanceados.

Percebe-se que a questão das Soluções para os Usuários, Consumidores e Beneficiários não está eliminada do enfoque de Resultados Empresariais, uma vez que gerar Soluções Adequadas é a razão de ser do campo de resultados Qualidade para o Cliente. Os Resultados Finais colocados no quadro são os relativos às Organizações Empresariais, uma vez que, nas Organizações Governamentais, Retorno e Caixa são normalmente substituídos por Desenvolvimento Social e Econômico. Nas Organizações Não-governamentais, é necessário caracterizar caso a caso o que é Resultado Final.

Também os Resultados Intermediários são os relativos às Organizações Empresariais. Em alguns casos de Organizações Governamentais em que atuamos, os Resultados Intermediários foram classificados nesta sequência:

1. Qualidade para os Usuários/Beneficiários.
2. Imagem/Mercado.
3. Tecnologia/Processos.
4. Competências/Pessoas.
5. Econômico-Financeiro.

A convicção que embasa esse conjunto de resultados é o seu balanceamento, segundo duas perspectivas:

1. Resultados Finais do presente (retorno e caixa) e do futuro (crescimento do retorno e caixa futuros).
2. Resultados Finais e Resultados Intermediários.

Resultados Finais

Sem chegar aos Resultados Finais, a Organização fica na situação do "morrer na praia, ou antes", não conseguindo agregar valor para nenhum de seus Clientes de Resultados e Públicos Relevantes.

Mesmo os Usuários/Consumidores, Clientes dos Resultados Operacionais, deixarão de ser satisfeitos nos médio e longo prazos com a não existência dos Resultados Finais, uma vez que não haveria recursos para se investir na melhoria da Qualidade para o Cliente e ou porque os demais *stakeholders* não veriam validade em dar continuidade ao negócio. A geração de valor tem sua principal medição no Retorno e no Caixa, em seus aspectos quantitativos e qualitativos, presentes e futuros. Pode-se afirmar que a medida final da competência e do sucesso de uma Organização Empresarial está no grau de sua rentabilidade no tempo.

No Empresariamento, o valor é focalizado em duas dimensões:

1. Valor Agregado no Presente, para o Presente, naquilo que tem sido chamado de EVA *(Economic Value Added)*, ou seja, o valor acrescido, no final do período, ao Patrimônio Líquido existente no início.
2. Valor Agregado no Presente, para o Futuro, naquilo que tem sido chamado de MVA *(Market Value Added)*, ou seja, o valor acrescido ao valor de venda da Empresa que a Empresa tinha no início do período.

A convicção é de que – em condições normais do mercado e do negócio –, o Valor para o Futuro é mais importante do que o Valor para o Presente, sobretudo para os Acionistas. Quanto a isso, a Síndrome do Sucesso nos revela muitos casos de insucessos que decorreram da gestão focalizada excessivamente nos resultados do curto prazo, muitas vezes acoplada a um programa míope de participação nos lucros, buscando gerar valor no presente para o presente, num processo que se revelou, ao final, como uma operação de "sacar contra o futuro" ou uma "política de terra arrasada". Ou seja, a convicção é de que a Gestão de Resultados deve estar focalizada em dois aspectos:

1. Gerar os resultados finais do presente.
2. Gerar no presente as bases para os resultados finais do futuro.

Resultados Intermediários

Sendo os Resultados Finais o produto da ação empreendedora, devemos considerar os resultados intermediários como o processo que leva aos finais. Importante destacar que não se fala aqui de ações e atividades, mas sim de resultados, tendo por base o conceito de que resultado é o que resulta da ação ou atividade. Um exemplo simples disso se relaciona ao treinamento: a execução do treinamento não é um resultado, mas sim uma ação ou atividade; resultado é o que resulta dessa ação ou atividade, ou seja, alguém capacitado em alguma coisa. Ou seja, quando se quer falar de resultado, deve-se estar a pensar em *outputs* e não em *inputs* ou processamentos: deve-se tentar descrever algo que será ou foi gerado, se possível deixando evidentes aspectos como prazo e responsável.

A sequência dos resultados intermediários colocada na Figura 74 não é acidental. Pelo contrário, indica a convicção quanto à sequência que devemos observar não só para gerar os resultados finais, mas para se ter resultados sustentáveis.

ECONÔMICO-FINANCEIRO

O primeiro campo intermediário no qual resultados devem ser definidos é o Econômico-Financeiro, que trata de aspectos como Receita ou Faturamento, Recebimento ou Caixa Gerado, Ciclo Financeiro, Inadimplência, Endividamento etc. É preciso que se identifiquem quais são as conquistas que devem ser realizadas até o final do período (ou dentro dele, se for o caso), para se chegar aos resultados finais. Os sistemas e processos necessários para gerar essas conquistas devem ser colocados no campo de Tecnologia-Processos.

MERCADO E IMAGEM

O próximo passo é identificar quais são as conquistas que devem ser realizadas no campo de Mercado e Imagem, como base para se atingir os resultados Econômico-Financeiros e os Finais. Nesse contexto, o foco está normalmente em aspectos como Penetração, Fidelização, Melhorias na Carteira de Clientes...

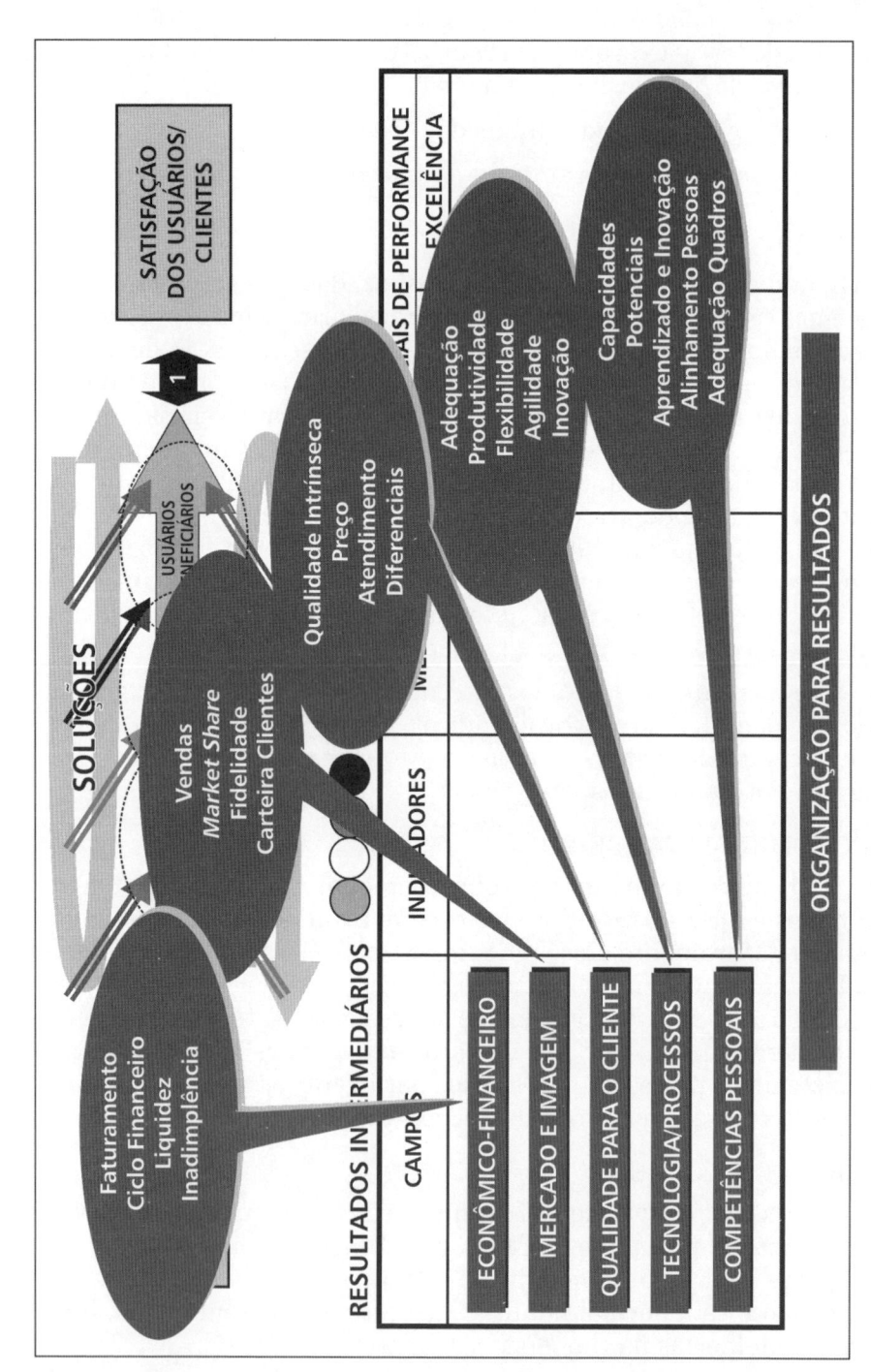

Figura 74: Resultados Intermediários.

Os sistemas e processos necessários para gerar essas conquistas devem ser colocados no campo de Tecnologia-Processos.

QUALIDADE PARA OS CLIENTES

Dadas as bases estabelecidas até este ponto, sobretudo no que tange às conquistas em Mercado e Imagem, impõe-se identificar quais são os resultados a serem gerados para os Usuários/Consumidores. Nossa convicção é que aqui está a essência da verdadeira Qualidade Total: colocar o foco no Cliente e identificar qual é o valor pelo qual ele está disposto a pagar, transformando isso em conquista a realizar. As Organizações que querem estar orientadas para os Usuários/Beneficiários/Consumidores devem evidenciar isso neste campo de resultados, estabelecendo qual é o valor que elas vão gerar para eles em termos de Qualidade Intrínseca, Preço ou Tarifa, atendimento e diferenciais. O processo a seguir gera as bases para as metas de resultados neste campo, assim como para as relativas a Tecnologia/Processos que irão embasar as de Qualidade para o Cliente.

TECNOLOGIA/PROCESSOS

Os demais resultados intermediários no campo de Tecnologia/Processos devem ser definidos com dois focos:

1. Sistemas/Processos necessários para os resultados dos outros campos, inclusive o de Competências/Pessoas. Nos demais campos, não devem ser colocadas metas de sistemas e processos, mas sim os ganhos que se pretende nos aspectos específicos do campo (ver item a seguir: Indicadores de Resultados nos vários campos).

2. Bases para melhoria da performance da Organização na sua dimensão Operacional: Produtividade, Agilidade, Eficiência, Flexibilidade, Giro, Ciclos...

COMPETÊNCIAS/PESSOAS

A definição dos resultados intermediários finaliza com a identificação do que é necessário mobilizar em termos de Competências e Pessoas, como base para realizar os resultados definidos nos quatro campos de resultados anteriores. Os sistemas e processos necessários para gerar essas conquistas devem ser colocados no campo de Tecnologia-Processos.

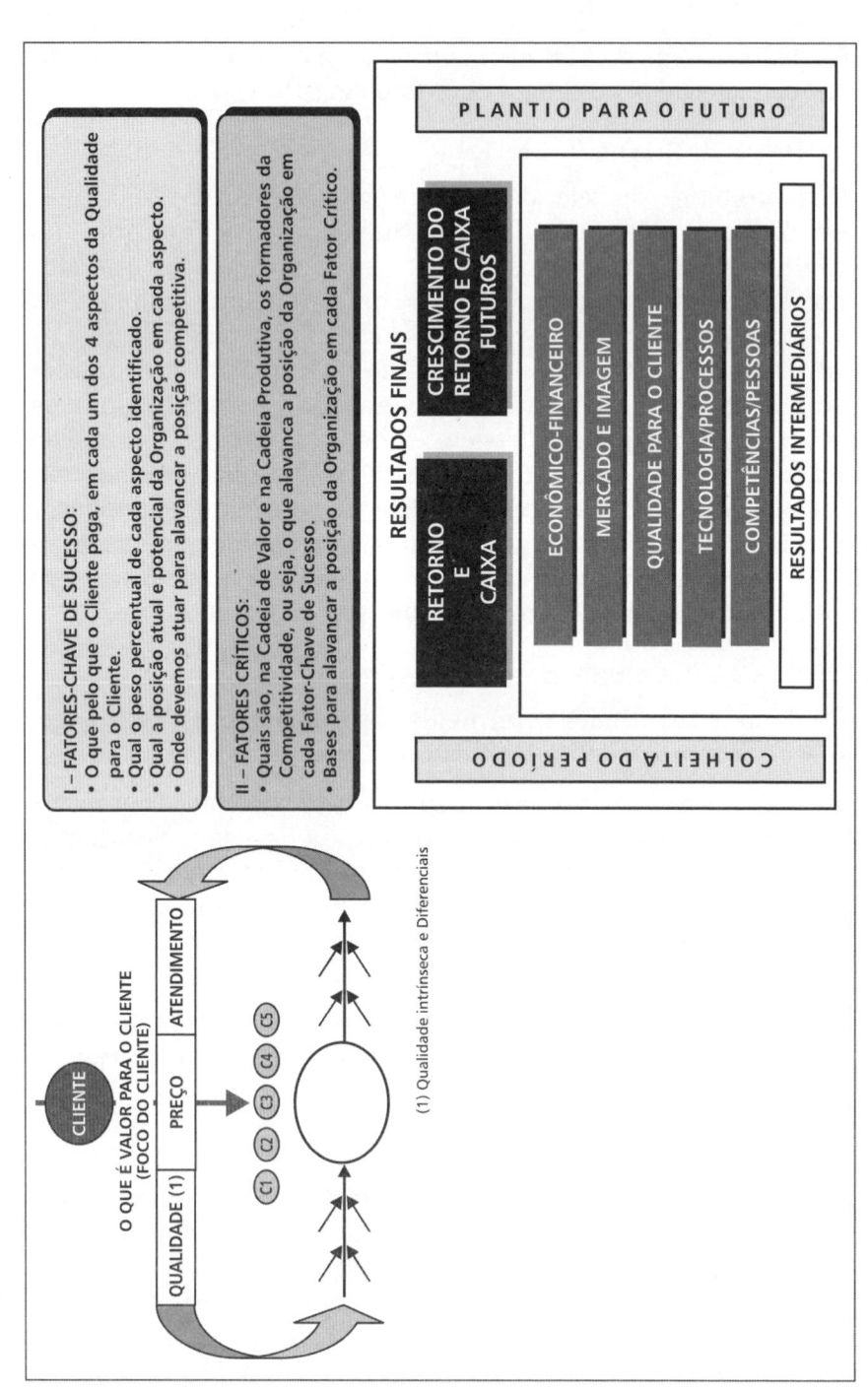

Figura 75: Bases para as metas de resultados.

Indicadores de resultados nos vários campos

O Programa 7 da FDC – Organização para Resultados (Capítulo 6) – apresenta um detalhamento daquilo que deve ser focalizado em cada campo de resultados, como base para o estabelecimento de metas. Estão especificados tanto os Indicadores, quanto os respectivos Medidores [ou seja, como medir cada um dos Indicadores; exemplo: Rentabilidade = (Lucro/Patrimônio Líquido × 100%)].

Foco no Negócio como catalisador de um sistema integrado

Um dos principais desafios da gestão é garantir que a Organização opere como sistema integrado, em que as Funções ou Processos básicos (Econômico-Financeiro, Mercadológico-Comercial e Técnico-Operacional) estejam continuamente a serviço do(s) Negócio(s) e seus Resultados Finais (Retorno, Caixa e Crescimento). Tendo isso em mente, o Empresariamento assume como pressupostos ou axiomas os seguintes valores:

1. PRIMEIRO O NEGÓCIO, DEPOIS A OPERAÇÃO

Nenhuma solução deve ser desenvolvida na dimensão Técnico-Operacional sem se ter antes uma razoável perspectiva de que existe Mercado para essa solução. E nenhum Mercado deve ser atendido sem se ter antes uma razoável perspectiva de que a Organização obterá resultados com a colocação da solução.

2. AÍ, TOCAR A OPERAÇÃO COMO UM NEGÓCIO

Uma vez garantido, com riscos aceitáveis, que existe uma coisa certa que vale a pena realizar, impõe-se fazer certo a coisa. Isso significa garantir, no Técnico-Operacional, os níveis adequados de Qualidade e Produtividade, como base para se ter Competitividade Sustentável no Mercadológico-Comercial e, daí, Retorno, Caixa e Crescimento no Econômico-Financeiro. Na medida em que a Organização cresce e/ou se diversifica e se torna um desafio muito grande à preservação da integração e da sinergia dessas Funções ou Processos básicos, o Empresariamento propugna no sentido de se buscar evoluções na forma de operar, buscando-se soluções como as das Unidades de Negócio (reais ou "quase-empresas" e virtuais ou *strategic business unities*).

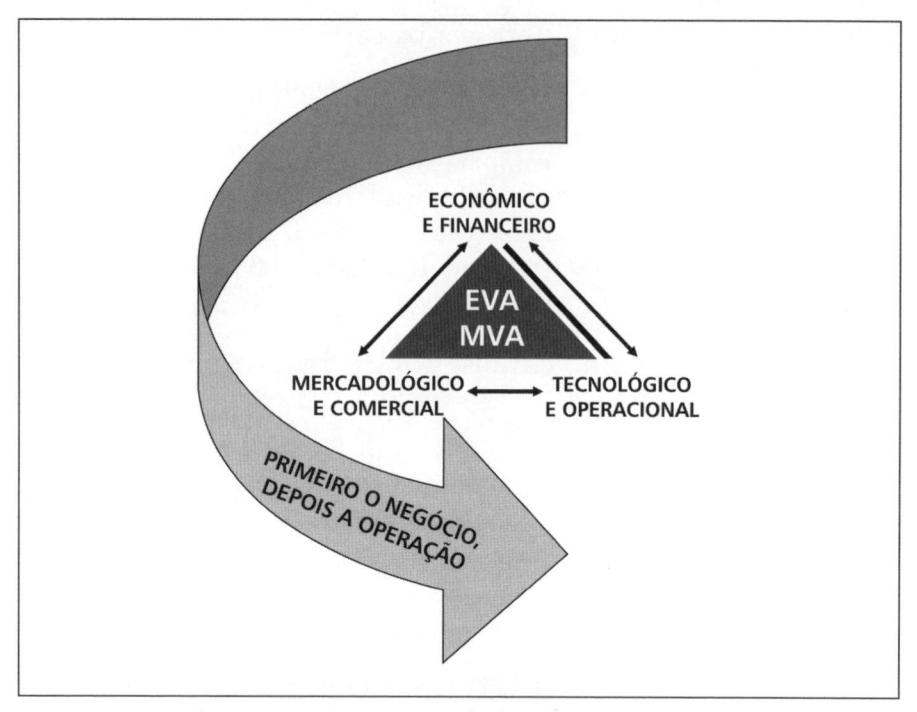

Figura 76: Primeiro o Negócio, depois a Operação.

Foco na Qualidade Empresarial ou Total, baseada sobretudo na Qualidade da Gestão

Finalmente, o Empresariamento assume e reforça o colocado no Capítulo 3, a respeito de como gerir e desenvolver uma organização, na perspectiva da fórmula ali apresentada.

QE = QG + GQ

QUALIDADE EMPRESARIAL — QUALIDADE DA GESTÃO — GESTÃO DA QUALIDADE

FAZER CERTO A COISA CERTA — FAZER A COISA CERTA — FAZER CERTO A COISA

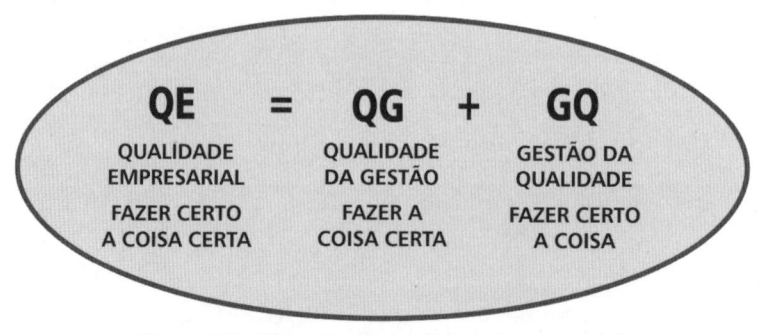

Figura 77: Fórmula da Qualidade Empresarial.

Nesse contexto, a Qualidade da Gestão tem a ver com o primeiro axioma ou pressuposto (Primeiro o Negócio, depois a Operação), enquanto a Gestão da Qualidade visa materializar o segundo e necessário, por complementar (Aí, tocar a Operação como um Negócio).

Empreendedores(as)/Homens e Mulheres de Negócio

Ter nisso a primeira prática do Empresariamento é antes de tudo uma questão lógica, uma vez que não se pode pensar em Empresariar/Empreender sem contar com Pessoas compatíveis com isso. O Empresariamento faz distinção entre dois tipos de Empreendedores(as) e entende que as Organizações que buscam a excelência precisam dos dois tipos, reforçando a convicção de que "o grau de excelência de qualquer Organização é uma função do grau de excelência das Pessoas e Equipes que com ela colaboram":

- Aqueles que devem ser capazes de liderar Negócios com Clientes Externos, na condução de uma Unidade de Negócios, real ou virtual.

- Todos os demais, que devem ser capazes de liderar a parcela da Organização que está sob sua responsabilidade (desde um posto de trabalho ou cargo individual, até aqueles que são dirigentes de importantes áreas – diretorias, departamentos).

Como bem evidencia o Capítulo 7, que aborda a questão da Síndrome do Sucesso e dos riscos do crescimento, se existe algo numa Organização que pode ser comparado com a energia vital (ou alma) dos seres humanos, é o Espírito Empreendedor. Já foi dito – e nós concordamos com entusiasmo – que se alguém quiser saber concretamente o que é a energia vital de um ser humano, basta visitar um velório e olhar para um cadáver: a energia vital é o que distingue o cadáver da Pessoa que existia antes de morrer. Para nós, essa é uma das alternativas para se saber o que é o Espírito Empreendedor: basta visitar uma Organização burocratizada num grau excessivo, no qual o que importa é o processo e não o resultado, a tarefa e não as Pessoas, o fazer certo a coisa e não fazer a coisa certa... e se saberá o que não é o Espírito Empreendedor.

Têm um Espírito genuinamente Empreendedor aquelas Pessoas ou Organizações caracterizadas por possuir, num grau significativo, conforme registramos no Capítulo 6, as seguintes características:

- vontade de realizar algo significativo (sonhar);
- coragem de assumir os riscos e/ou os sacrifícios que toda conquista significativa pressupõe e exige (ousar);
- busca incessante de melhorias, inovando sempre (inovar);
- Tenacidade/Integridade, persistindo sempre, apesar das dificuldades (sustentar).

Os exemplos de pessoas genuinamente empreendedoras podem ser encontrados em todas as áreas de atuação humana – Ayrton Senna, Amyr Klink, Che Guevara, Albert Sabin, Madre Teresa, São Francisco de Assis e tantas outras – , nas Organizações públicas e privadas. É evidente, como está demonstrado no Capítulo 7, que o sucesso e a excelência têm no Espírito Empreendedor uma condição necessária, mas não suficiente. De nada adiantará sua posse, se não houver competência naquilo que tem a ver com a conquista a ser realizada (automobilismo, navegação...). Como diz a sabedoria popular: "saco vazio não fica em pé", mas "quem não tem competência que não se estabeleça".

Já se viu que uma das principais características do Empresariamento está no foco em resultados – pode-se falar em obsessão por resultados. Mas em resultados que signifiquem a satisfação daqueles para quem a Organização existe. Esse conceito é válido para toda a Organização, mas também para cada uma de suas partes, por menor que seja. Isto é, tudo que se faça na Organização deve ser focado e tocado como se fosse um negócio, com Clientes (internos e ou externos) a satisfazer.

Isso coloca a necessidade de se contar com Pessoas que, além de Empreendedoras, pensem e ajam como homens e mulheres de negócio, capazes de:

- compreender o negócio da Organização como um todo e se colocar a serviço do sucesso e da excelência desse negócio, como a prioridade principal de sua área de atuação;
- gerenciar sua área de atuação como se fosse um negócio dentro do negócio, "como se fosse um terceiro contratado em regime de dedicação total, cuja continuidade depende do valor agregado", nisso praticando rigorosamente esta crença: "primeiro o negócio, depois a operação; aí, tocar a operação como um negócio".

Pessoas Empreendedoras são um novo/velho profissional, uma vez que suas busca e valorização têm existido desde os primórdios das Organizações modernas, que devem a ele sua existência e continuidade. Alguns exemplos disso, conforme relatado no Capítulo 6, estão em manifestações que temos obtido de inúmeros dirigentes principais de sucesso, que sonham com uma Organização na qual todos aqueles que com ela colaboram, seja qual for seu papel, pensam e agem como se fosse o dirigente principal que ali estivesse.

Organização como Confederação de Negócios

Como evidenciado no Capítulo 1, as Organizações têm sido pressionadas pelas novas realidades de crescentes transformações e competição a buscar soluções que lhes permitam responder aos desafios de gerar resultados e valor e, ao mesmo tempo, garantir a contínua adequação ao externo e ao futuro. Nisso, tem havido uma evolução na direção de soluções mais focalizadas no negócio, com forte valorização do Espírito Empreendedor e da Competência no Negócio, que devem ser colocados como eixo central e motriz de toda a dinâmica da Organização. A evolução para o Modelo Empresarial (ME), com suas:

- SBUs (*Strategic Business Unities*, Unidades Estratégicas de Negócios), ou seja, Unidades de Negócio Virtuais, normalmente combinadas com as estruturas mais clássicas (MF ou Modelo Funcional, MM ou Modelo Matricial e MD ou Modelo Divisional, com suas UOs ou Unidades Operacionais).
- UEs (Unidades Empresariais), ou seja, Unidades de Negócio de Fato, cujos dirigentes são responsáveis por todas as dinâmicas do respectivo negócio, dentro da delegação definida.
- Rede e Organizações Virtuais, como formas mais avançadas, do presente e do futuro.

Cada Organização precisa definir qual é o grau em que essa evolução deve ocorrer, face suas definições quanto a Estilo e Estratégia. Contudo, o Empresariamento advoga que existe um ponto mínimo adequado – que é a adoção das SBUs como eixo central e motriz da sua dinâmica de funcionamento –, sobretudo quando as Organizações enfrentam ambiente de elevadas transformações e de alta competição por Clientes e/ou por recursos.

Nesse contexto, a operação como confederação de negócios implica um Funcionograma que pode ser assim representado:

CONFEDERAÇÃO DE NEGÓCIOS

- DIREÇÃO GERAL
- UNIDADES DE DESENVOLVIMENTO E SUPORTE (2)
- UNIDADES DE NEGÓCIO (1)

(1) REAIS OU VIRTUAIS
(2) EMPRESAS INTERNAS DE SOLUÇÕES E SERVIÇO

Figura 78: Funcionograma de uma Confederação de Negócios.

Além de garantir as bases para se construir uma Organização Totalmente Voltada para Clientes e Resultados, esse Funcionograma tem a virtude de gerar o espaço e o motivo para Pessoas que sejam genuinamente Empreendedoras e que pensam e agem como Homens e Mulheres de Negócio.

Uma das principais causas do insucesso na mobilização de Organizações Empreendedoras está no desequilíbrio entre as soluções voltadas para Pessoas e as voltadas para Processo:

- Mobilizar Pessoas Empreendedoras e não gerar espaço e fatores reforçadores da ação empreendedora. Nisso, o Funcionograma ou Modelo de Organização tem um papel-chave.

- Montar uma Organização à base de Unidades de Negócio, virtuais ou reais, e pretender que elas sejam geridas por Pessoas que não têm o perfil dos(as) Empreendedores(as)/Homens e Mulheres de Negócio.

Na mobilização do FUNCIONOGRAMA do Empresariamento/Empreendedorismo, impõe-se "completar a obra" com a caracterização do RESPONSOGRAMA, também conhecido como Matriz de Responsabilidades, deixando bem claro:
- que assuntos das Unidades de Negócio terão sua Decisão como Responsabilidade da Direção Geral;
- desses, quais os que terão também sua Execução realizada pelo Dirigente Geral ou por algum dos Responsáveis por Unidade de Desenvolvimento e Suporte (Financeiro, Recursos Humanos, Jurídico etc.);
- que assuntos – além dos especificados como resposta aos itens acima – devem ter sua Execução também fora da Unidade, embora a Decisão seja da alçada dos Responsáveis pelas Unidades de Negócio.

Neste terceiro grupo estão os assuntos em que os Responsáveis pelas Unidades de Negócio visualizam ganho significativo para os resultados de suas Unidades, pela execução concentrada, em função de aspectos como notória e rara especialidade, ganhos de escala...

Na montagem de um Responsograma, o Estilo do Empresariamento adota como premissa a convicção de que, em princípio e por princípio, os assuntos relativos a uma Unidade devem ter sua Decisão e Execução na própria Unidade, a não ser que existam razões de segurança ou de ganhos significativos, definidas *a priori* no Responsograma. Isso significa a clara opção por um modelo de gestão e organização que preconiza a adoção da primeira entre as duas alternativas a seguir:

1ª) Uma Organização na qual as Pessoas responsáveis por algo só não têm a liberdade para decidir e executar aquilo que esteja previamente definido como não sendo de sua delegação ou alçada. Dentro disso, os limites são os do Propósito e Estilo definidos e dos Resultados compromissados.

2ª) Uma Organização na qual as Pessoas responsáveis por algo só podem decidir e executar aquilo que esteja previamente definido como sendo de sua delegação ou alçada.

Do prisma de Execução, é importante ter em mente:

- o fato de um assunto estar definido como sendo de responsabilidade da Unidade não implica que tenha que ser ela a executante física. Essa execução pode ser motivo de terceirizações internas ou externas, a critério do Responsável pela Unidade, observados o Estilo e eventuais Normas;
- o fato de um assunto estar definido como devendo ser realizado fora das Unidades não implica que tenha que ser realizado na Direção Geral ou respectivas Unidades de Desenvolvimento e Suporte. Pode ser mais adequada a execução por um *pool*, uma Unidade de Negócio servindo às outras, ou mesmo por um terceiro credenciado para atender a todas as Unidades.

Contratos de Resultados, ou de Gestão, com participação nos resultados

Na sua dinâmica operacional, o Empresariamento/Empreendedorismo tem neste ponto seu aspecto mais objetivo e visível. O contexto é o de Pessoas Empreendedoras que pensam e agem como Homens e Mulheres de Negócio, e que possuem uma forte e clara delegação de autoridade e responsabilidade, operando como uma confederação de negócios. A prática consiste em focalizar, definir, contratar e, sobretudo, gerenciar resultados. No focalizar resultados, as mentes devem estar orientadas pelos valores básicos do Empresariamento, sobretudo os dois primeiros (Foco nos Clientes dos Resultados; e Foco na Geração de Valor, Presente e Futuro).

No que tange aos responsáveis por Negócio (Geral e Unidades), deve-se adotar aquilo caracterizado como Resultados Finais e Resultados Intermediários, conforme o especificado páginas atrás e, sobretudo, as definições da Organização no que tange a Estilo.

Quanto aos responsáveis por Unidades de Desenvolvimento e Suporte (na Direção Geral e nas Unidades de Negócio), deve-se adotar três campos básicos para se focalizar os Resultados (tendo sempre por norte os Resultados Finais e Intermediários definidos quanto ao negócio ao qual estão vinculados):

- Performance (nos assuntos de responsabilidade da Unidade).
- Pessoas e Competências.
- Processos e Tecnologia.

Em Performance, devem ser feitas a identificação e a diferenciação de resultados de eficácia, ou seja, aqueles que têm a ver com a satisfação dos Clientes internos da Unidade, e de resultados de eficiência, ou seja, aqueles que têm a ver com a operação interna da Unidade.

Numa comparação com os resultados dos Negócios (Geral e Unidades de Negócio), em sua classificação de Resultados Finais e Resultados Intermediários, os campos de resultados das Unidades de Desenvolvimento e Suporte podem ser assim classificados:

- Resultados Finais:
    ✓ Performance – Eficácia.
- Resultados Intermediários:
    ✓ Performance – Eficiência.
    ✓ Pessoas e Competências.
    ✓ Processos e Tecnologia.

Para a prática de adequados Contratos de Resultados, ou de Gestão, recomenda-se a adoção de uma dinâmica como a apresentada no Programa Gerenciamento de Resultados (Capítulo 5), que tem como bases os esquemas a seguir, que cobrem alternativas de modelos de gestão e organização, considerando que:

- o esquema 1 é mais adequado para Organizações que já operam à base de Unidades de Negócio, reais ou virtuais;
- o esquema 2 é mais adequado para Organizações que operam à base dos modelos Funcional, Matricial ou Divisional. Essas Organizações podem ser Unidades de Negócio dentro de uma Confederação de Negócios.

GERENCIAMENTO DE RESULTADOS
CONFEDERAÇÃO DE NEGÓCIOS

DESAFIOS E CONQUISTAS DO PERÍODO

CONTRATOS DE RESULTADOS DAS UNIDADES DE NEGÓCIO
- Resultados Compromissados
- Bases para Alcançar os Resultados

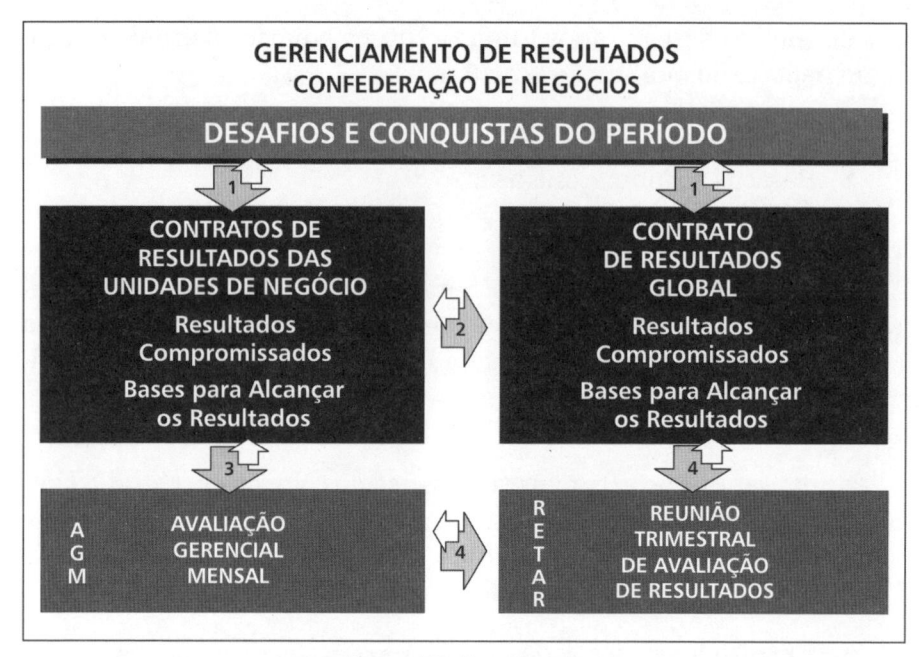

CONTRATO DE RESULTADOS GLOBAL
- Resultados Compromissados
- Bases para Alcançar os Resultados

AGM — AVALIAÇÃO GERENCIAL MENSAL

RETAR — REUNIÃO TRIMESTRAL DE AVALIAÇÃO DE RESULTADOS

Figura 79: Esquema 1.

GERENCIAMENTO DE RESULTADOS
ORGANIZAÇÕES INTEGRADAS

CONTRATOS DE RESULTADOS DAS UNIDADES DE NEGÓCIO
- Resultados Compromissados
- Bases para Alcançar os Resultados

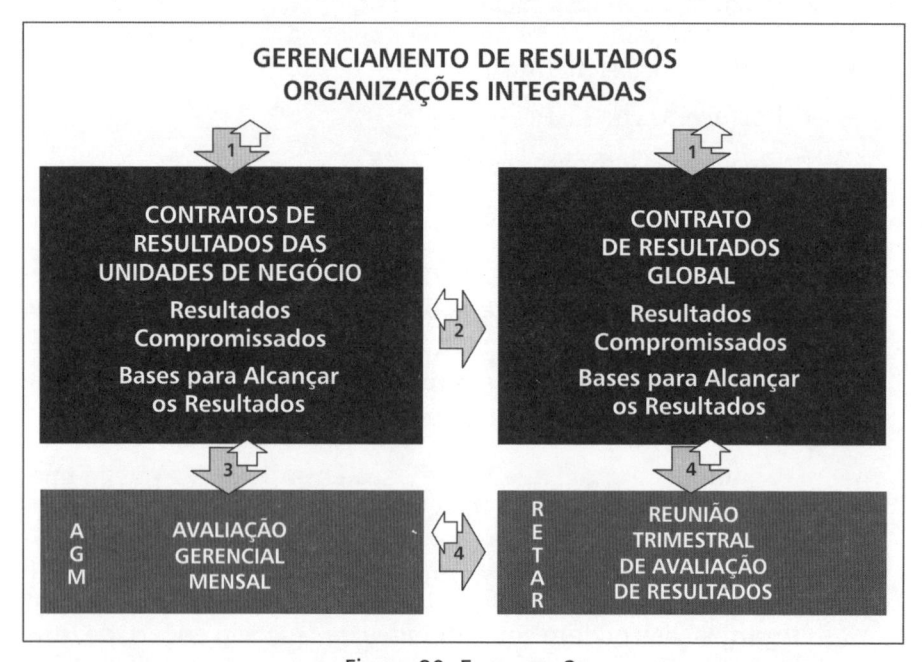

CONTRATO DE RESULTADOS GLOBAL
- Resultados Compromissados
- Bases para Alcançar os Resultados

AGM — AVALIAÇÃO GERENCIAL MENSAL

RETAR — REUNIÃO TRIMESTRAL DE AVALIAÇÃO DE RESULTADOS

Figura 80: Esquema 2.

Capítulo 8: Gestão em Tempos de Elevadas Transformações e Competição

Coerentemente com uma gestão à base de Contratos de Resultados, ou de Gestão, a remuneração no contexto do Empresariamento vai além do tradicional. No seu todo, ela busca soluções que permitam combinar de forma adequada os desafios de COMPETITIVIDADE/EMPREGABILIDADE/PAGABILIDADE. Nesse contexto, pagabilidade significa conciliar a remuneração com o fluxo de caixa. Isso conduz a uma abordagem que divide a remuneração em quatro componentes, dois constituindo custos fixos e dois variáveis:

REMUNERAÇÃO ESTRATÉGICA E COMPETITIVA	
FOCOS: COMPETITIVIDADE/EMPREGABILIDADE/PAGABILIDADE	
CUSTOS FIXOS	**CUSTOS VARIÁVEIS**
REMUNERAÇÃO FIXA (Salário)	REMUNERAÇÃO VARIÁVEL (PL, PR, PP, ...)
REMUNERAÇÃO INDIRETA (Benefícios)	REMUNERAÇÃO SITUACIONAL (Adicionais, Vantagens, ...)

ESTRATÉGIAS:
1. Variabilização dos custos
2. Empreendedorismo
3. Vinculação a Resultados

Figura 81: Remuneração Estratégica e Competitiva.

A lógica do Empresariamento é a refletida na base da figura acima, com a estratégia de remuneração baseada em três vetores:

- Variabilização dos custos, visando compatibilizar o fluxo dos custos e desembolsos com o de receitas e recebimentos.
- Empreendedorismo, numa abordagem coerente de Pessoas que assumem riscos em todos os aspectos.
- Vinculação da remuneração a resultados, conectando-a com os Contratos de Resultados, ou Gestão, e ao grau de sucesso.

Nos seus graus mais elevados, a remuneração no contexto do Empresariamento chega mesmo a variabilizar uma parcela da remuneração fixa. Um exemplo disso é o caso da negociação dos Acionistas com a Equipe Dirigente, em que se definiu:

- A Equipe teria garantidos mensalmente 80% da mediana do mercado qualificado, independentemente da rentabilidade.
- Quando o resultado econômico-financeiro, apurado por semestre, fosse bastante para pagar todos os custos, inclusive o do capital, a Equipe receberia os restantes 20% da mediana, multiplicados por seis.
- O valor do resultado econômico-financeiro superior a todos os custos, inclusive o do capital – ou seja, lucro de verdade –, sobre ele a Equipe receberia Remuneração Variável, na forma dos critérios predefinidos.

∞ ∞

O conteúdo apresentado a seguir, com adaptações, é resultado de um grupo de trabalho formado por Empresas que adotam o Empresariamento como modelo de gestão e organização. Deixa bem claro o espírito com que a remuneração é focada e abordada dentro desse Estilo.

Conclusões gerais

Foi confirmada a hipótese inicial de que tem ocorrido uma evolução e transformação nas Crenças, Conceitos e Práticas relativos à Remuneração de Profissionais, como decorrência das evoluções e transformações que têm ocorrido na Gestão de Negócios e Organizações.

Nesse novo contexto, a remuneração:

- tem sido cada vez mais conectada aos desafios da Competitividade e da Empregabilidade, na busca da melhor equação;
- tem sido crescentemente abordada na perspectiva da remuneração anual, sobretudo no contexto de Profissionais de nível Técnico, Superior e Executivos;
- tem sido abordada como um conjunto de soluções que abrange pelo menos quatro componentes:

1. Remuneração Fixa ou Salário.
2. Remuneração Indireta ou Benefícios.
3. Remuneração Variável ou Participação nos Lucros, nos Resultados, na Propriedade, Comissões...
4. Remuneração Situacional ou Adicionais vinculados a situações transitórias (como as tradicionais ajudas de custo) e extraordinárias (não previsíveis, negociáveis ou repetíveis).

As Remunerações Fixa e Indireta constituem custos fixos, enquanto a Variável e a Situacional são custos variáveis.

- Coerentemente com as novas práticas da gestão, também na remuneração existe um claro e forte movimento no sentido da VARIABILIZAÇÃO DOS CUSTOS, o que tem levado as Organizações a buscarem cada vez mais soluções e práticas nas formas das Remunerações Variável e Situacional.
- Também de forma coerente com as novas práticas da gestão, tem havido um forte e crescente movimento para uma correlação entre remuneração e resultados (sentido amplo e não apenas de resultado econômico e financeiro). Isso tem ido além da Remuneração Variável, buscando-se soluções que permitam correlacionar também as outras formas de remuneração com os resultados desejados e compromissados.
- Continua forte o pensamento de se buscar soluções que minimizem o "custo Brasil" sobre a remuneração, buscando-se alternativas que permitam transferir parcelas da Fixa para as outras formas de remuneração (além da variável).
- Na abordagem do binômio Remuneração Fixa-Remuneração Variável, algumas tendências e práticas estão marcantes:
  ✓ Postura mais conservadora quanto à Fixa (buscando não se desgarrar para cima no que tange à média ou mediano do mercado específico) e mais Agressiva quanto à Variável.
  ✓ Retirada da Fixa de tudo aquilo que possa não ser permanente. O mais emblemático disso está num novo enfoque para os tradicionais "aumentos por mérito", cada vez mais abordados nas formas da Remuneração Variável ou Situacional.

✓ Busca de soluções que permitam correlacionar a Remuneração Fixa com a Competência dos Profissionais e as Competências requeridas pelo Negócio.

Tem-se aqui uma visão (intenção estratégica de se construir uma realidade na qual a Fixa remunera a Competência que o Profissional disponibiliza para a Organização, enquanto a Variável remunera a transformação dessa Competência em Resultados). Tem crescido a busca de novas e melhores soluções no campo do Reconhecimento, indo com isso para além do conceito tradicional da Recompensa, meramente monetária, de forma a alcançar também as dimensões extremamente significativas do emocional e do simbólico. Assim, ter-se-ia a abordagem ampliada de Reconhecimento e Recompensa.

Remuneração Variável

A Remuneração Variável passa a constituir o eixo central e motriz do processo de remuneração. E tão mais, quanto maior seja o potencial da mesma em relação à Remuneração Anual, função das características do Setor/Negócio e do Estilo de Gestão da Organização. O quadro a seguir apresenta um consenso quanto à importância do Plano de Remuneração Variável de uma Organização dentro da Remuneração Total Anual percebida pelos Colaboradores.

Potencial Anual da RV	Impacto do Programa
Até 1 salário	Fraco
Até 3 salários	Regular
Até 6 salários	Bom
Até 12 salários	Muito bom

O ideal é que as Organizações planejem para, nos médio e longo prazos, promover uma evolução no crescimento do peso relativo da RV dentro da remuneração global anual, avançando na escala acima (dentro do permitido pelas características do negócio – setor –, através da transferência de ganhos de remuneração para a variável – adotando a postura conservadora quanto à fixa –, como colocado nos itens anteriores). Como já afirmado, a busca de um maior significado para a remuneração variável se deve não apenas a questões vinculadas à

Competitividade e Empregabilidade, mas também ao renascimento do Empreendorismo como Estilo de Gestão nas Organizações de todos os Setores (Público, Privado e Não-governamental). Profissionais e Organizações Empreendedores(as) têm a Remuneração Variável como foco e base principal para a remuneração.

Percebe-se no mercado dois tipos de postura e abordagem da Remuneração Variável:

1. Conservadora: mais centrada na chamada PLR – Participação nos Lucros e Resultados prevista na Constituição e nas, ainda, medidas provisórias; tem o foco mais nos custos.
2. Empreendedora: sem deixar de aproveitar as possibilidades geradas pela legislação, busca maximizar a utilização da RV, com foco mais nos resultados do que nos custos.

O Grupo colocou o foco mais na abordagem empreendedora, dentro da qual recomenda que sejam observados atentamente os seguintes aspectos, quando se estiver definindo e mobilizando um Programa de Remuneração Variável:

- Ter como principal foco e objetivo a alavancagem dos Resultados e, como consequência, a elevação da remuneração total anual dos Colaboradores.
- Garantir a conexão da RV com Resultados Compromissados e Realizados.
- Trabalhar com Resultados que sejam visíveis e tangíveis, com percepção dos Colaboradores quanto ao impacto e à responsabilidade que têm para seu alcance.
- Respeitar os diferentes ciclos das várias categorias, seja na definição de metas, seja na sua apuração. No que tange a pagamento (ou POSSE da RV), adotar como ciclo ideal o semestral, mas garantir a apuração e comunicação do DIREITO o mais próximo possível do fato gerador (admitem-se ciclos menores do que o semestral, no caso de Projetos, Comissões de Vendas etc.).
- Reconhecer de forma diferenciada quem contribui de forma diferenciada, inclusive a partir da assunção de desafios e riscos, na busca da excelência.
- A verba a distribuir deve derivar do SOBRE-LUCRO, ou seja, o lucro após pagos todos os custos, inclusive o custo de capital

(hoje chamado de EVA); o percentual a utilizar deve ser estabelecido pela Organização, em função de suas Crenças e Valores e das características do Negócio/Setor. Recomenda-se destacar 20% dessa verba para utilização pela Direção da Empresa, a seu critério, na perspectiva da Remuneração Situacional (item Situações Extraordinárias). Os restantes 80% devem ser gerenciados segundo os critérios apresentados neste item 4.

- Na definição da cota-parte de cada Colaborador, deve-se buscar a melhor combinação possível entre Simplicidade, Objetividade e Justiça. As experiências demonstram que é mais adequado planejar e executar uma solução que seja inicialmente mais simples e compreensível, avançando gradualmente na direção de uma maior justiça, com soluções necessariamente mais complexas. A recomendação é adotar no mínimo a solução baseada em número de salários decorrente da distribuição da verba global pela massa de salários nominais e vincular a sua conquista à realização dos resultados compromissados, variando proporcionalmente com o realizado.

- Buscar o adequado equilíbrio no reconhecimento dos resultados Individuais, de Equipes e Globais; sempre vincular uma parcela percentual da RV ao Resultado Global. A recomendação é de se adotar o peso de 60% para as metas globais (Organização ou Unidade de Negócio); no caso dos Dirigentes das Unidades de Negócio, o percentual do Global deve ser no mínimo de 20% (caso de Unidades com o mínimo de sinergia com as demais Unidades e com os Serviços Centrais).

- Na apuração dos Resultados Globais e Específicos e seu reflexo no direito à RV, a recomendação é adotar o critério mais próximo possível do Empresariamento:
  - ✓ Garantir às Equipes o direito à parcela da RV vinculada ao Resultado Específico, mesmo se o Global não for alcançado (a posse deverá ocorrer quando for possível à Organização).
  - ✓ Contudo, se o Global for alcançado e a Equipe não tiver realizado o Específico, não terá direito a nada.

- Resultados realizados abaixo de 70% do compromissado significam a perda de direito à RV; entende-se que performances abaixo desse ponto já estão cobertas pelo salário (se as metas definidas tiverem sido estabelecidas com desafio e risco).

- Garantir uma correlação adequada (no mínimo na forma da progressão aritmética) entre o crescimento dos resultados e o crescimento da RV, sem limites. Recomenda-se, porém, que resultados acima de 120% ou abaixo de 80% sejam motivo de análise complementar, para se avaliar a efetiva responsabilidade; (isso significa adotar um processo mais automático para os resultados que se situarem dentro da faixa de mais ou menos 20% do compromissado).

- Do prisma de concepção e implementação, entendem-se como críticos os seguintes aspectos:
  - ✓ Garantir o nível mais elevado possível de transparência/comunicação/escuta, inclusive através da adequada participação dos Colaboradores, na linha da coautoria.
  - ✓ É vital que se disponha de adequadas soluções no campo de "cargos e salários" de remuneração fixa, para evitar que a solução em RV já comece deteriorada e com injustiças.

Remuneração Situacional

Além de equacionar situações especiais nas quais é cabível e recomendável a remuneração, esta forma da remuneração tem por objetivo evitar os efeitos negativos de uma resposta através das outras formas de remuneração, deteriorando-as.

Sua característica mais óbvia, já contida no seu título, é estar vinculada a algo que é temporário ou transitório e relacionada a situações específicas (que podem até se repetir, mas são tratadas caso a caso).

Ela cobre as seguintes situações:

1ª) As tradicionais ajudas que as Organizações adotam em situações específicas, como transferências, missões especiais, acumulação transitória de papéis, despesas extraordinárias, periculosidade, "penosidade" (perda transitória de qualidade de vida) e outros.

2ª) Recompensa por resultados extraordinários não vinculados ao papel básico (os vinculados ao papel básico estarão cobertos pela Remuneração Variável).

3ª) Soluções para situações especiais, como as vinculadas a condições extraordinárias de contratação ou retenção ("luvas").

Gestão Estratégica, com focos nos curto, médio e longo prazos

A gestão estratégica é o coração da Qualidade da Gestão e, daí, o fator isolado mais importante para o sucesso e a excelência, uma vez que é nela que se materializam todos os valores e fatores contidos em todos os conceitos e metodologias do Empresariamento. Seu foco está também no gerar valor para os clientes dos resultados e na contínua adequação ao externo e ao futuro.

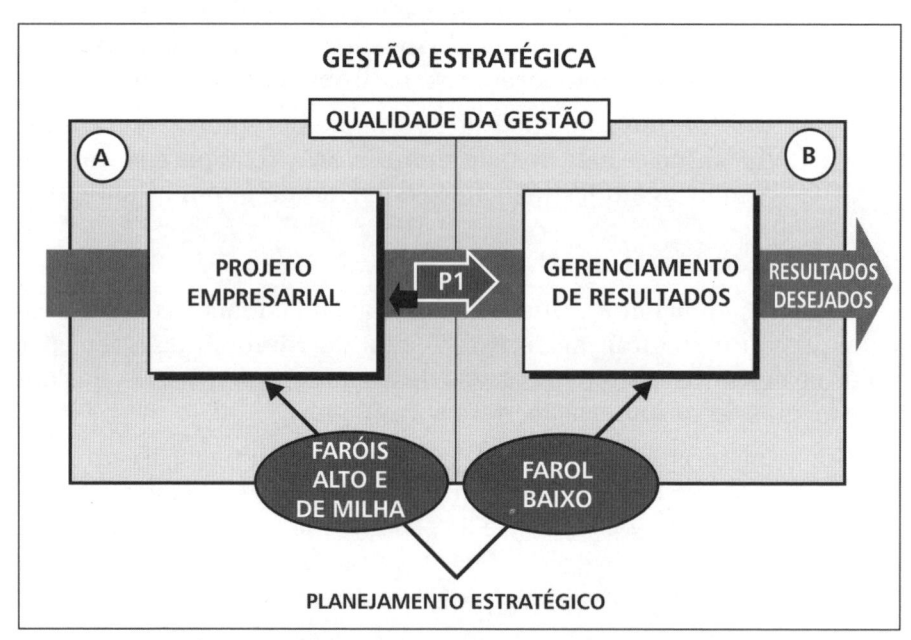

Figura 82: Gestão Estratégica na perspectiva do tempo.

Seu eixo central e motriz está na caracterização da situação desejada em três perspectivas de tempo:
- Presente, numa perspectiva anual, como farol baixo do veículo.
- Futuro de curto e médio prazos, numa perspectiva de 3 a 5 anos (ou mais, conforme o ciclo do negócio) ou do final do man-

dato, nas Organizações em que cada Direção é eleita ou designada por um período específico; na comparação com os faróis, é o farol alto.

- Futuro de médio e longo prazos, numa perspectiva atemporal (ou de o mais cedo possível – ASAP); é o farol de milha ou mais.

Nesse contexto, planejamento estratégico não é sinônimo de planejamento de longo prazo e sim de qualquer plano que esteja baseado em análises internas e externas, no probabilístico e no contingencial.

Do prisma do curto prazo, ou farol baixo, o mecanismo para a Gestão Estratégica é o Gerenciamento de Resultados, com destaque para o seu movimento 1, de definição de quais são as CONQUISTAS E DESAFIOS PARA O PERÍODO a ser planejado, embasando e orientando os contratos de resultados ou de gestão.

Nesse contexto, o processo deve ser iniciado com uma análise estratégica que aborde os seguintes aspectos:

- Resultados do período N – 1 e projeção inicial do período N.
- Resultados Desejados de médio e longo prazos (Objetivos Estratégicos e Visão).
- Análises Estratégicas, Interna e Externa, com o foco em competitividade, rentabilidade e crescimento.
- Análise Estratégica dos Negócios/Segmentos atuais.
- Expectativa atual dos Acionistas, para o presente e o futuro.

O esquema a seguir (Figura 83) evidencia a dinâmica desse processo inicial do Gerenciamento de Resultados.

Do prisma dos médio e longo prazos, ou faróis alto e de milha, o principal mecanismo para a Gestão Estratégica é o Projeto Estratégico ou Empresarial, focado em definir Propósito, Estratégia, Estilo, Estrutura, Objetivos Estratégicos e as Ações Estratégicas relativas a essas definições institucionais básicas (Figura 84).

Os resultados do Projeto Estratégico

São quatro os principais resultados que o Projeto Estratégico gera para as Organizações que fazem sua implementação nas formas que se preconiza em termos de conteúdo e processo:

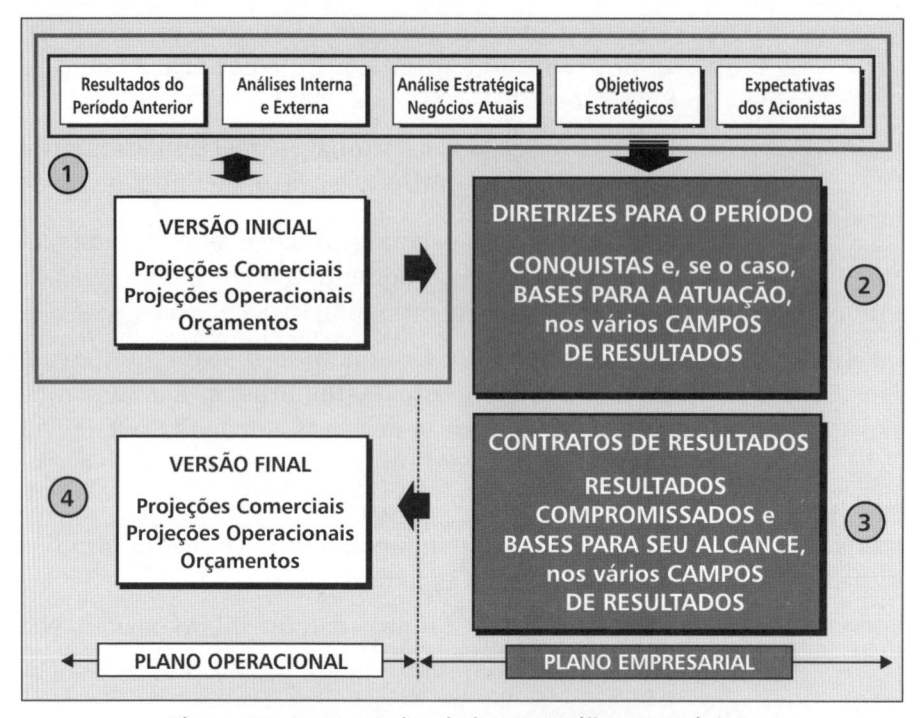

Figura 83: Aspectos abordados na Análise Estratégica.

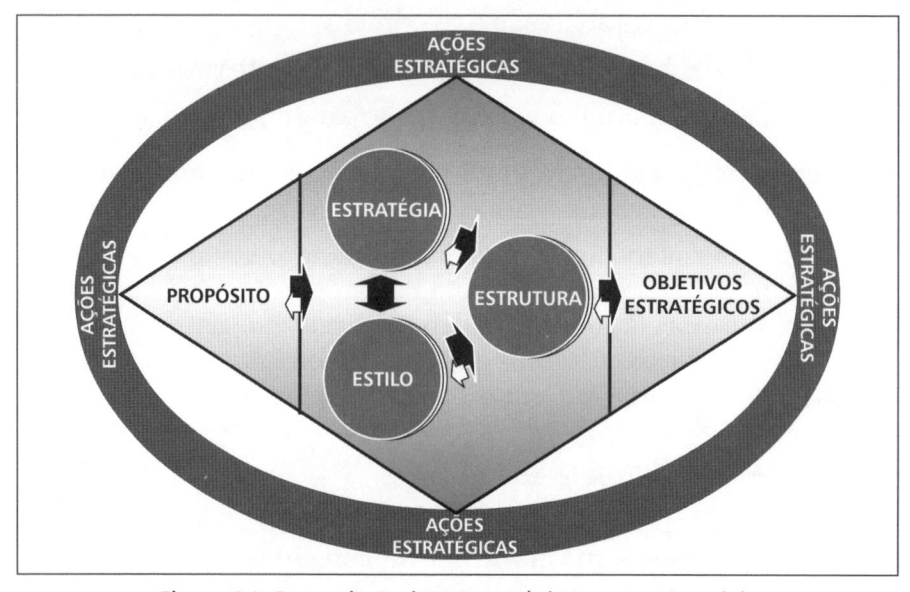

Figura 84: Focos do Projeto Estratégico ou Empresarial.

Resultado 1. Disponibilidade das Definições Institucionais Básicas que operarão como norte para todas as Pessoas e Processos, garantindo a contínua orientação para Resultados Desejados.

Resultado 2. Adequada POSTURA DO TOPO no que tange ao conjunto das Definições, condição essencial para que elas sejam transformadas em propriedade coletiva e daí se transformem nas ações geradoras dos Resultados Desejados.

Resultado 3. Mobilização ou alavancagem da competência da Organização em planejar e gerenciar um processo de pensamento, planejamento e gerenciamento estratégicos, por meio da capacitação de Consultores Internos ou multiplicadores.

Resultado 4. Criação das bases para que pensamento, planejamento e gerenciamento estratégicos constituam um processo contínuo, gerando organização para o desenvolvimento estratégico, na linha de *learning organization*.

O primeiro resultado tem a ver com o conteúdo das definições geradas pelo Projeto Estratégico. Os demais decorrem sobretudo do estilo adotado na condução do processo de definições.

Capítulo 9
DEFININDO A ESTRATÉGIA COMPETITIVA

Introdução

No Capítulo 3 explicitamos por que os Dirigentes Principais têm como papéis principais a definição de qual é a direção a ser seguida pela Instituição e, aí, o de dirigir no sentido da direção definida. Para isso, cabe a eles deixar claro qual é o Propósito da Instituição e quais as Políticas que devem ser adotadas na atuação para alcançá-lo.

Na analogia de que o Propósito representa o porto de chegada, as Políticas constituem a Carta para a Navegação, devendo deixar claros quais são a Estratégia Competitiva, o Estilo de Gestão e Organização e a Estrutura de Organização. Como vimos, tendo em vista promover uma contínua adequação ao externo e ao futuro, as definições relativas à Estratégia são de natureza mais situacional – embora algumas sejam mais duradouras. E visando promover o contínuo alinhamento das Pessoas e das Equipes, as definições relativas a Estilo são de natureza mais permanente, apesar de algumas serem mais atualizáveis, face a novos aprendizados. E embora constitua uma definição institucional básica, a caracterização da Estrutura tem importância complementar nesse processo, identificando qual dos modelos de organização ou funcionogramas é o mais adequado para a mais bem-sucedida implementação e prática da Estratégia e do Estilo. Antes de definir uma Estrutura, é necessário definir a Estratégia e o Estilo.

No Capítulo 3, também conceituamos a Estratégia. Aqui, estaremos abordando os conceitos e as metodologias para a definição da Estratégia Competitiva. Sabemos que definir a Estratégia significa definir onde serão investidos os recursos visando à maximização dos resultados da Instituição, escolhendo entre as alternativas visualizadas. Isso se faz através de quatro movimentos sucessivos, conforme a figura a seguir.

DEFININDO A ESTRATÉGIA COMPETITIVA

PROPÓSITO | ESTILO | ESCOPO BÁSICO

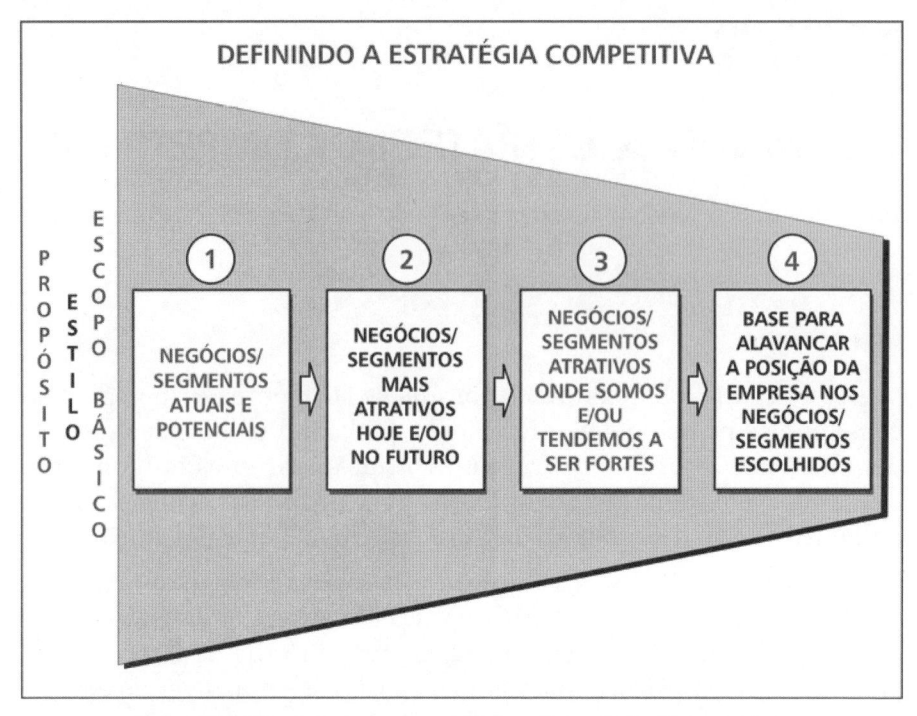

1. NEGÓCIOS/SEGMENTOS ATUAIS E POTENCIAIS
2. NEGÓCIOS/SEGMENTOS MAIS ATRATIVOS HOJE E/OU NO FUTURO
3. NEGÓCIOS/SEGMENTOS ATRATIVOS ONDE SOMOS E/OU TENDEMOS A SER FORTES
4. BASE PARA ALAVANCAR A POSIÇÃO DA EMPRESA NOS NEGÓCIOS/SEGMENTOS ESCOLHIDOS

Figura 85: Movimentos para definir a Estratégia Competitiva.

Esses quatro movimentos permitem equacionar os dois pontos básicos para a definição da Estratégia Competitiva:

1. Escopo de Atuação (1, 2 e 3).
2. Bases para a Atuação (3 e 4).

Os Fundamentos da Abordagem Utilizada

Identificando Negócios/Segmentos

Um Negócio e/ou um Segmento dentro de um Negócio tem a ver com um composto MERCADO ⇔ PRODUTO (sentido amplo, abrangendo Bens e/ou Serviços), cuja caracterização abrange as variáveis descritas na figura a seguir.

Um Mercado é caracterizado por um composto CLIENTES ⇔ NECESSIDADES, enquanto um Produto é caracterizado por um composto NECESSIDADES ⇔ TECNOLOGIA.

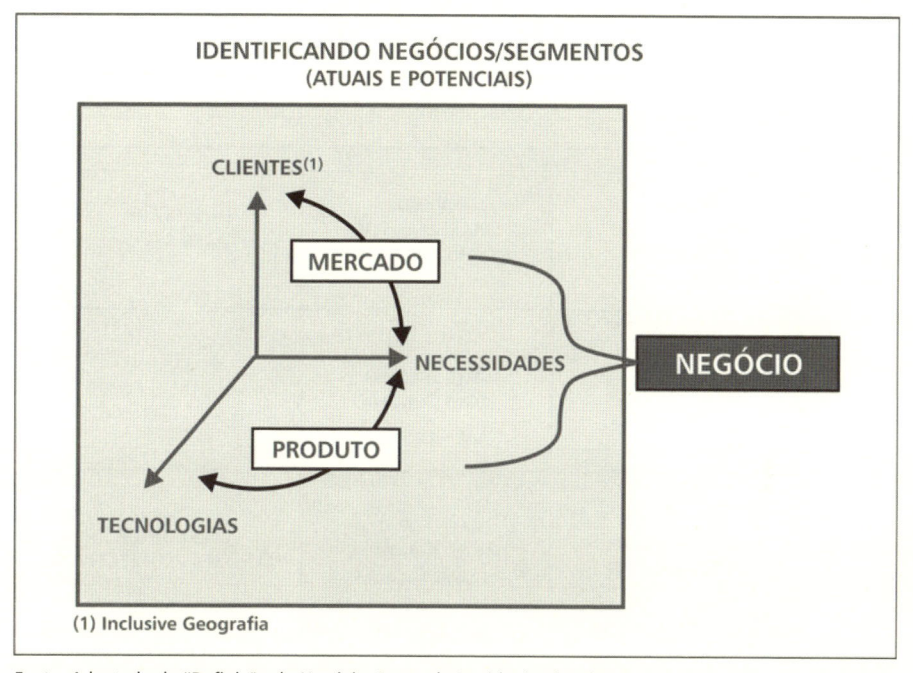

Fonte: Adaptado de "Definição do Negócio: Ponto de Partida do Planejamento Estratégico". Derek, F. Abell.

Figura 86: Identificando Negócios/Segmentos.

Dentro da metodologia do Projeto Estratégico, classificamos as Necessidades em dois níveis complementares:

- NECESSIDADES-FIM, que são as Necessidades dos Clientes, ou seja, aquilo para o que eles vão precisar de uma contribuição da "nossa" Instituição. Ou seja, é o para que eles precisaram do Produto (bem ou serviço).
- NECESSIDADES-MEIO, que são aquilo que os Clientes vão utilizar para satisfazer suas Necessidades-Fim. No esquema acima, são os PRODUTOS (ou soluções) disponibilizados pela "nossa" Instituição ou por outras no mercado.

Analisando Negócio e/ou Segmentos

Na perspectiva de que definir uma Estratégia é fazer escolhas entre alternativas visualizadas, é necessária uma metodologia para essa escolha, que se realiza nos movimentos 2 e 3 da metodologia que utilizamos.

Para isso, utilizamos a Matriz GE, ou Matriz de Atratividade e Competitividade:

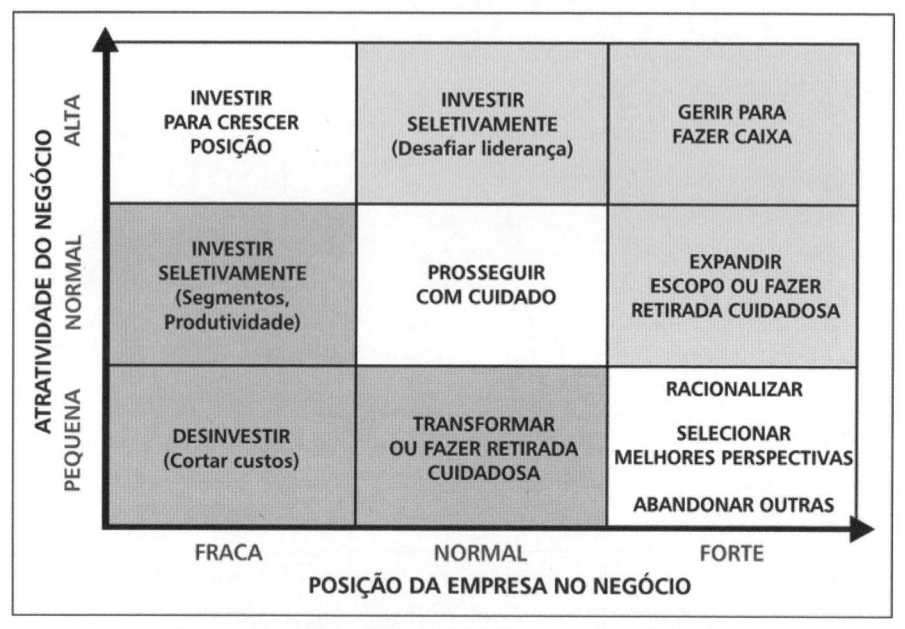

	FRACA	NORMAL	FORTE
ALTA	INVESTIR PARA CRESCER POSIÇÃO	INVESTIR SELETIVAMENTE (Desafiar liderança)	GERIR PARA FAZER CAIXA
NORMAL	INVESTIR SELETIVAMENTE (Segmentos, Produtividade)	PROSSEGUIR COM CUIDADO	EXPANDIR ESCOPO OU FAZER RETIRADA CUIDADOSA
PEQUENA	DESINVESTIR (Cortar custos)	TRANSFORMAR OU FAZER RETIRADA CUIDADOSA	RACIONALIZAR SELECIONAR MELHORES PERSPECTIVAS ABANDONAR OUTRAS

ATRATIVIDADE DO NEGÓCIO / POSIÇÃO DA EMPRESA NO NEGÓCIO

Figura 87: Matriz de Atratividade e Competitividade.

Contudo, fazemos uso da Matriz em dois movimentos sucessivos, uma vez que entendemos que o desafio e a responsabilidade dos Dirigentes têm a ver com:

1º) identificar Negócios atuais e potenciais que sejam atrativos, nas perspectivas do presente e/ou do futuro;

2º) tornar a Instituição competitiva naquilo que é atrativo.

Fazer a análise das duas variáveis ao mesmo tempo, sobretudo quando existe um foco ou pressão para o curto prazo, pode levar a se desistir de negócios atrativos no presente ou no futuro, mas nos quais ainda não se é competitivo.

Temos visto situações em que, para não assumir riscos ou não afetar a remuneração variável e a imagem de curto prazo, deixam-se de lado oportunidades que serão extremamente importantes para os resultados no futuro. Para reforçar a abordagem adequada das alternativas visualizadas, nos valemos também, como mecanismo auxiliar para conscientização dos analistas e nos momentos de definição, da matriz BCG[50] para análise de Negócios e Portfólio, na sua versão original, como a seguir (em que as setas indicam geração de caixa – as da esquerda – e necessidades de aporte financeiro – as da direita).

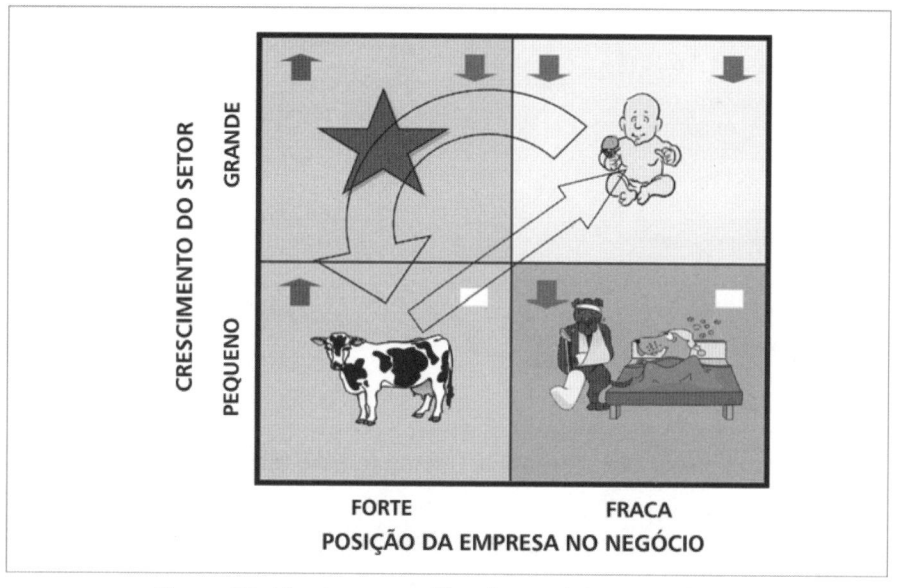

Figura 88: Matriz para análise de Negócios e Portfólio.

Apesar das várias limitações do modelo original (reconhecidas pelo mercado e pelo próprio BCG), continua válido o raciocínio de que uma Instituição precisa zelar pelo balanceamento de sua carteira de negócios, segmentos e produtos, garantindo o adequado em termos de "crianças-problema" (os negócios do futuro), "estrelas" (os negócios do presente) e "vacas leiteiras" (os negócios do passado e do presente).

Neste movimento inicial e básico, cabe aos estrategistas identificar todas as alternativas possíveis para a atuação da Organização, considerando aquilo que foi definido pela Direção no que tange a Propósito, Estilo e Escopo Básico de Atuação.

---

[50] Essa matriz foi desenvolvida por Bruce Henderson para o Boston Consulting Group em 1970. É uma análise gráfica de portfólio de produtos ou de unidades de negócio, baseada no conceito de ciclo de vida do produto.

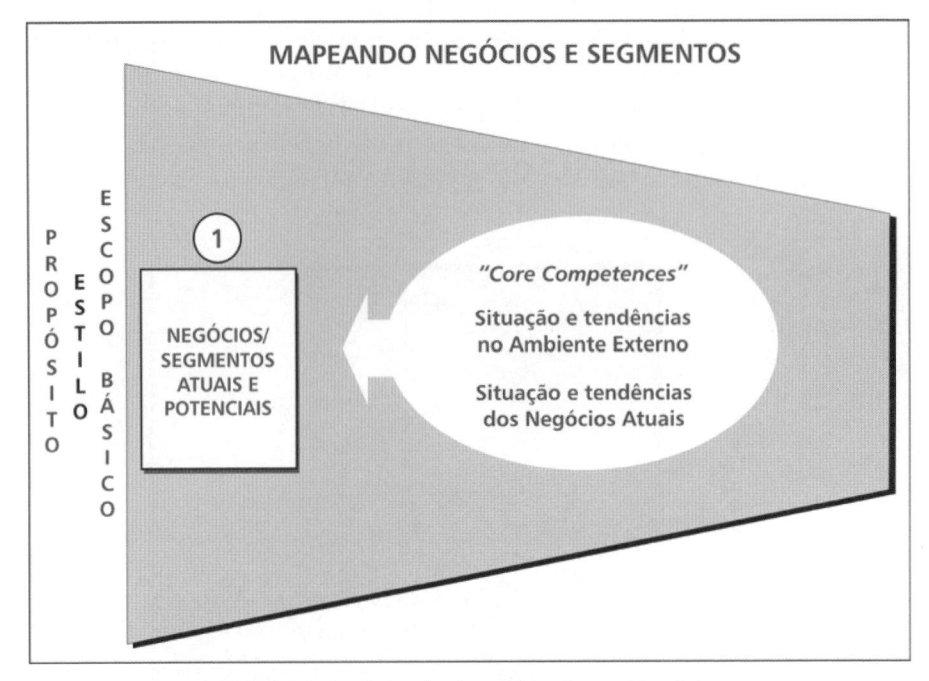

Figura 89: Posição da Organização no Negócio.

Nessa identificação, é preferível errar por excesso do que por falta, uma vez que a principal falha que um estrategista pode cometer é não visualizar uma oportunidade ("um cavalo que passa arreado") e, depois, ver outras Organizações lançando soluções e tendo sucesso a partir da mesma ("sofrendo ataques de competidores que avançam montados no cavalo que não enxergamos ou deixamos passar").

É nessa fase do processo que começam a adquirir força as três questões básicas propostas por Peter Drucker:

1ª) Qual é o nosso negócio?

2ª) Qual tende a ser o nosso negócio?

3ª) Qual deveria ser o nosso negócio?

O desafio maior neste primeiro movimento está em mapear os Negócios/Segmentos Potenciais, que podem decorrer de três fontes:

1. Coisas que são oferecidas por outras Organizações e não pela nossa.

Capítulo 9: Definindo a Estratégia Competitiva

2. Desejos dos Clientes que ainda não são atendidos por qualquer Organização.

3. Necessidades dos Clientes que ainda não são Desejos e, portanto, não são atendidas por qualquer Organização.

Para isso, fica evidente quão importante é que os estrategistas possuam visão e competência empresarial, aqui exigidas num grau muito elevado, pela necessidade de se dominar as realidades do mercado dentro do escopo básico definido:

- Conhecimento do Cliente.
- Conhecimento dos Concorrentes.
- Conhecimento de tendências das variáveis básicas do mercado.

Nesse contexto, alguns mecanismos são úteis para ordenar e embasar o pensamento dos estrategistas:

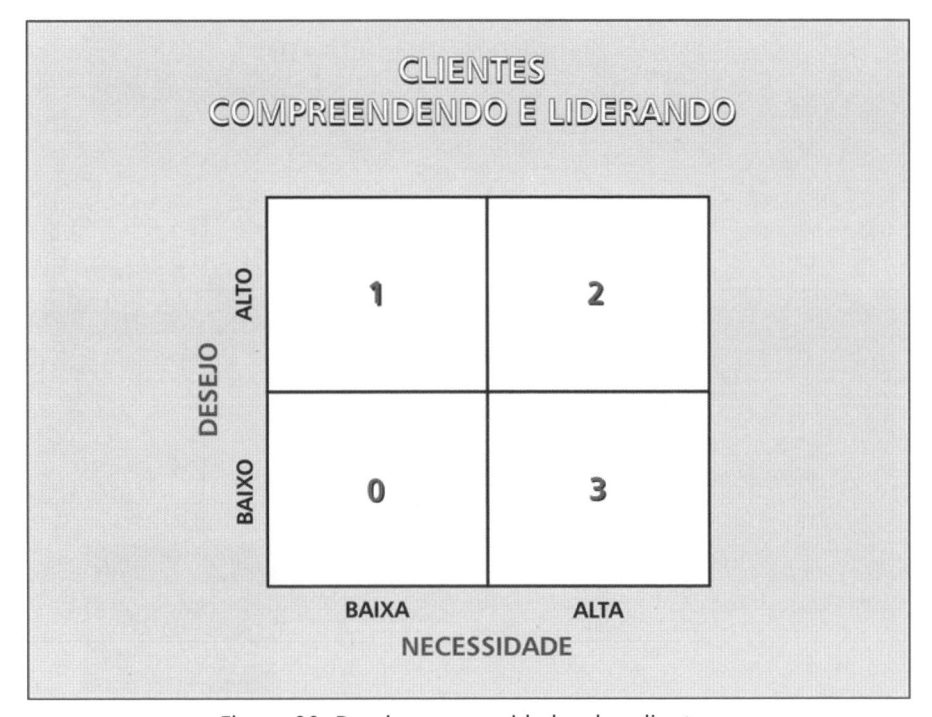

Figura 90: Desejos e necessidades dos clientes.

Impõe-se conhecer e compreender os Clientes atuais e potenciais, num nível tão elevado (estágio 3) que nos permita perceber Necessidades que ainda não são Desejos. Isso significa que se atingiu o nível mais elevado de focalização nos Clientes, quando a Organização chegou ao estágio de adquirir o FOCO DO CLIENTE.

Quanto mais tecnificado e especializado seja o negócio da Organização, mais crítico é adquirir o foco dos Clientes, uma vez que esses muitas vezes não sabem especificar quais são suas Necessidades-Meio, mesmo quando estão conscientes de suas Necessidades-Fim.

No caso das Organizações verdadeiramente líderes, elas atingem o estágio 3 num nível tão elevado que percebem e antecipam Necessidades-Fim ainda não conscientizadas pelos Clientes.

Isso está evidenciado no esquema a seguir.

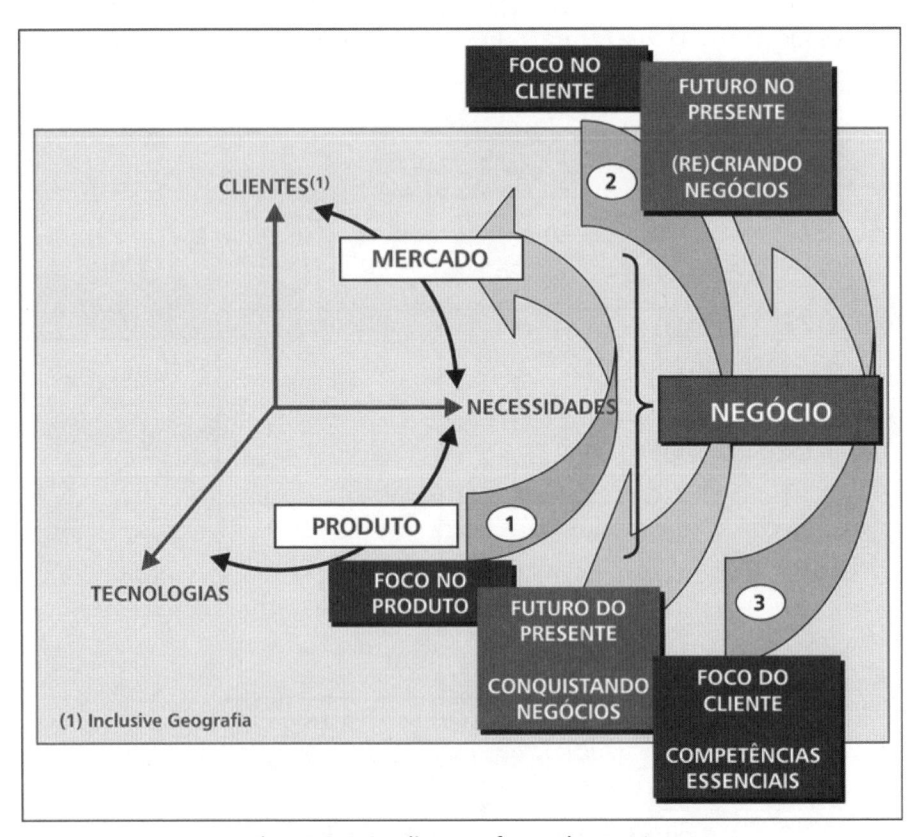

Figura 91: Os diversos focos da gestão.

Esse esquema mostra a dinâmica que se entende adequada e necessária para o mapeamento das oportunidades de negócio, indo além do tradicional e perigoso estágio 1 do desenvolvimento de negócios, típico de uma época em que não havia competição e se colocava o foco mais no produto, e daí se partia para um esforço de vendas:

- No seu estágio 2, colocado como ponto de partida mínimo para um competente e contemporâneo desenvolvimento de negócios, em situações não-monopolísticas (e mesmo nelas, para não estimular o surgimento de "novos entrantes"), aplica-se a orientação para o mercado e, daí, para a busca das soluções adequadas ao atendimento das Necessidades dos Clientes. É a tradicional orientação para mercado/Clientes que tem sido fortemente estimulada nos últimos 25 anos, com o surgimento do Marketing. O foco aqui está no Conquistar os Negócios já existentes no mercado, atuais e potenciais (presente e futuro do presente).

- No seu estágio 3, evoluindo para a Excelência, o desenvolvimento de negócios vai além, segundo duas perspectivas:

1. Das COMPETÊNCIAS ESSENCIAIS

Nesta perspectiva, o foco está naquilo que a Organização possui de competências que lhe dão vantagem competitiva sustentável e que estão subutilizadas, do prisma de geração de negócios e resultados. Essas competências abrangem aspectos econômico-financeiros, mercadológicos e operacionais que atendam as três características a seguir:

1ª) São capacidades que a Organização adquiriu no tempo, não sendo facilmente copiáveis por outras Organizações.

2ª) Ela possui essas capacidades em um grau sensivelmente maior do que o possuído por outras Organizações que possam se interessar pelos Clientes visualizados.

3ª) Elas possuem valor para os Clientes visualizados, num nível tal que os motive a pagar, pela utilização delas, um valor superior ao que custaria à Organização gerar e entregar a solução. Um exemplo real disso é o caso da Empresa que por muitos anos desenvolveu uma competência interna em logística e distribuição, para maximizar os resultados de suas unidades comerciais (lojas). Após muitos anos, essa competência se transformou numa competência essencial como anteriormente descrito, levando a Organização a operar de forma muito bem-sucedida no negócio de prestação de serviços em logística e distribuição (inclusive para alguns de seus mais importantes fornecedores). Uma descrição conceitual disso, citada no artigo[51] de Hamel e Prahalad sobre *core competences*, é esta afirmação da Cannon: "Os produtos que hoje produzimos e distribuímos são apenas a manifestação atual e transitória de nossas verdadeiras competências essenciais, que estão relacionadas com ótica fina; daí nascem nossas soluções, na forma de produtos e serviços".

2. Do FUTURO NO PRESENTE

Nesta perspectiva, a Organização busca alcançar o estágio mais avançado de domínio do negócio em que opera, indo além de focalizar NECESSIDADES ⇔ TECNOLOGIA, para entrar na dimensão da relação CIÊNCIA ⇔ TECNOLOGIA. Nesse contexto, estão as Organizações verdadeiramente líderes, que buscam compreender para onde avançam as ciências (exatas e comportamentais) associadas ao seu escopo de atuação atual ou possível e daí constroem:

- alternativas de futuro que vão além do futuro do presente, fazendo análises e assumindo riscos no que tange à probabilidade de se tornarem realidade;
- mapeamento de Necessidades-Fim (assim como possíveis Necessidades-Meio ou soluções a elas associáveis) que tenderão a surgir nesses futuros possíveis;
- análise do potencial de negócios associados a essas Necessidades-Fim e Meios;
- e, se os potenciais forem positivos e relevantes, essas Organizações avançam no desenvolvimento do negócio, criando ou recriando negócios.

---

[51] O artigo de Coimbatore Krishnarao Prahalad e Gary Hamel foi publicado pela *Harvard Business Review*, na edição de maio/junho de 1990, sob o título "The core competence of the corporation".

Capítulo 9: Definindo a Estratégia Competitiva

Um claro exemplo dessa abordagem é a Nokia e, com ela, grande parte das Organizações que operam na telefonia móvel, assim como as do campo da Informática. Outras Organizações que se destacam nesse contexto são a Sony Corporation e a 3M.

Essas perspectivas e abordagens formam novo contexto na gestão de negócios e organizações, colocando o pensamento mais avançado de que as Organizações são mais do que um portfólio de negócios, constituindo também – para muitos, sobretudo – um portfólio de competências.

Tendo por base os pressupostos colocados, a definição de quais são os Negócios/Segmentos começa com a elaboração de um quadro com duas colunas: Competências e Negócios/Segmentos potenciais.

São dois os conjuntos de perguntas que contribuem para o preenchimento da coluna competência:

Quadro 5: Questões sobre as competências

Core Competences	Outras Competências
QUAIS DE NOSSAS COMPETÊNCIAS ATENDEM AO CONJUNTO DAS TRÊS CONDIÇÕES:	QUAIS SÃO AS NOSSAS VANTAGENS COMPARATIVAS?
Adquirimos no tempo	QUAIS SÃO AS NOSSAS VOCAÇÕES?
Temos mais e melhor do que a competição	QUAIS SÃO AS NOSSAS AMBIÇÕES EM TERMOS DE ESCOPO DE ATUAÇÃO?
Tem valor para o mercado	

O passo seguinte é o mapeamento do ambiente externo, considerando o conjunto de forças que compõem o macroambiente e as cinco forças que delineiam a competição dentro de um setor (nas perspectivas de Michael Porter):

São, portanto, oito variáveis externas a serem analisadas:

- Três vinculadas ao Macroambiente: Economia, Político/Social (e cultural) e Tecnologia.

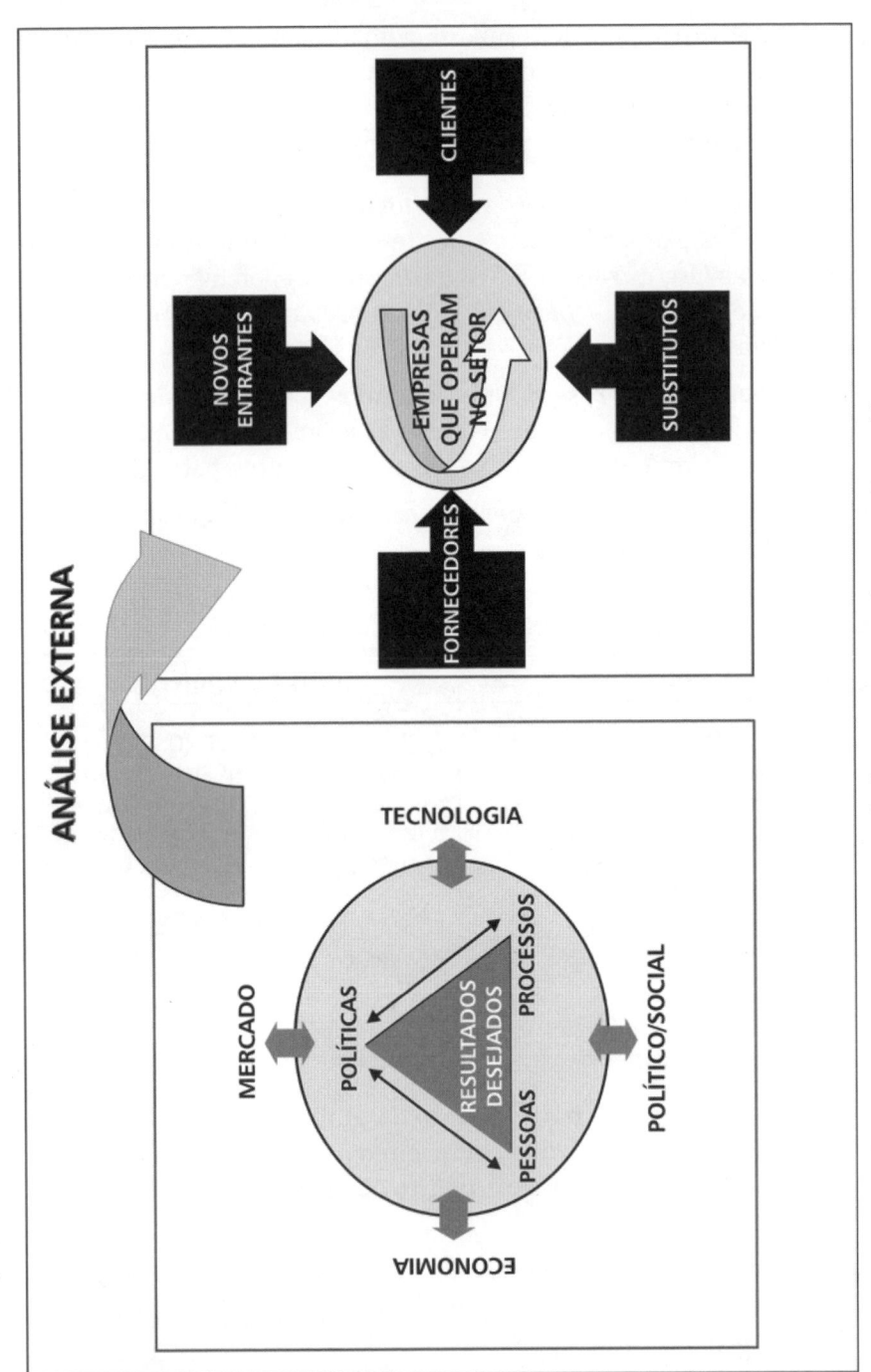

Figura 92: Conjunto de forças que compõem o macroambiente.

Capítulo 9: Definindo a Estratégia Competitiva

- Cinco vinculadas à competição no setor: Organizações que já operam no setor; novos entrantes; substitutos; fornecedores e clientes.

Cada uma dessas variáveis deve ser analisada na perspectiva de tempo definido para a análise estratégica (necessariamente cobrindo o tempo vinculado aos Objetivos Estratégicos).

Em cada uma delas devem ser visualizadas as tendências e, daí, caracterizadas as Oportunidades e as Ameaças, considerando seus efeitos positivos ou negativos em três aspectos:

1. Negócios.
2. Competitividade.
3. Rentabilidade, Caixa e Crescimento.

Cada Oportunidade ou Ameaça mapeada, o que significa que se acredita na possibilidade de sua ocorrência, deve ser então classificada no que tange ao GRAU DE PROBABILIDADE (coluna PRO) a ao GRAU DE IMPACTO (coluna IMP), favorável ou desfavorável para a Organização.

FATOR:		
OPORTUNIDADES	PRO	IMP
FOCOS: • Negócios (surgindo ou melhorando) • Competitividade • Retorno/Caixa/Valor		

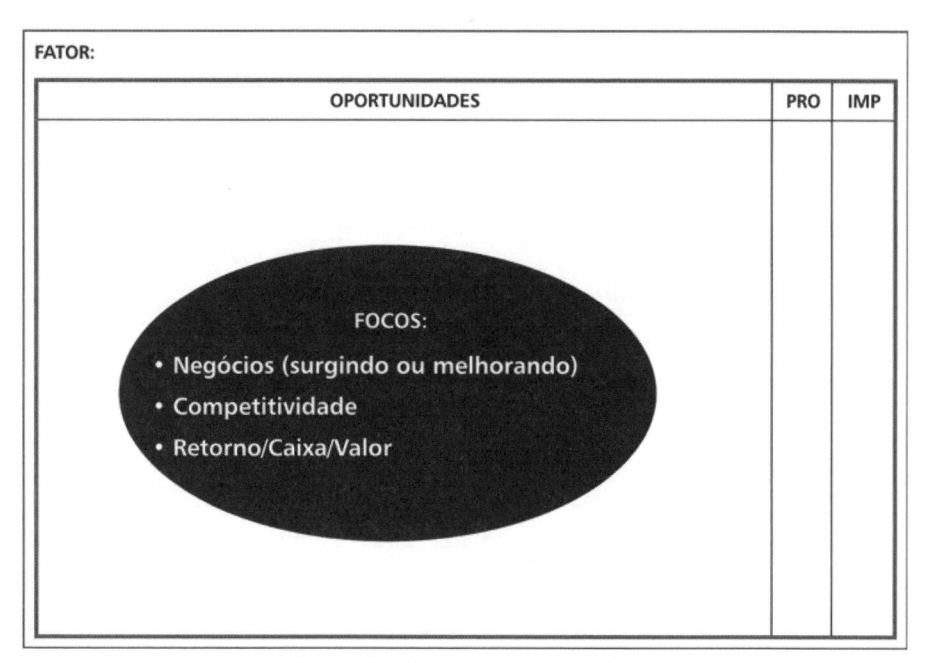

Figura 93: Fator: Oportunidades.

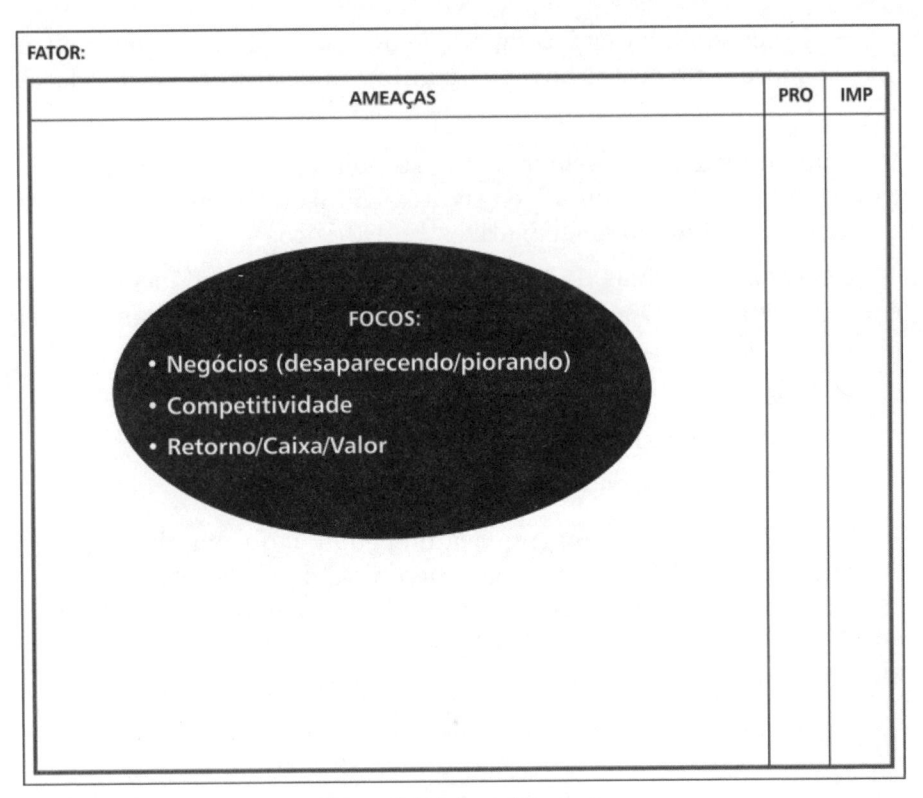

FATOR:			
AMEAÇAS		PRO	IMP
FOCOS: • Negócios (desaparecendo/piorando) • Competitividade • Retorno/Caixa/Valor			

Figura 94: Fator: Ameaças.

Essa classificação deve ser feita considerando uma escala como a seguinte:

Quadro 6: Escala para a classificação

1	Pouco provável	Impacto pequeno
2	Provável	Impacto significativo
3	Muito provável	Impacto grande
4	Quase certo	Impacto muito grande

A partir daí, faz-se a identificação do grau de favorabilidade da Oportunidade ou de desfavorabilidade da Ameaça, dentro da seguinte figura:

Capítulo 9: Definindo a Estratégia Competitiva

PROBABILIDADE DE OCORRÊNCIA

	1	2	3	4
4	4.1.	4.2.	4.3.	4.4.
3	3.1.	3.2.	3.3.	3.4.
2	2.1.	2.2.	2.3.	2.4.
1	1.1.	1.2.	1.3.	1.4.

GRAU DE IMPACTO

Figura 95: Quadro das probabilidades.

Tudo aquilo que se classificar a partir de 3.3 deverá ser considerado na sequência do processo, seja na listagem de Negócios Potenciais, neste primeiro movimento da análise estratégica, seja nos próximos movimentos de análise de atratividade, da posição da organização no negócio/segmento e nas bases para alavancagem dessa posição, nos negócio/segmentos definidos como de interesse para a Organização.

Analisando a atratividade dos negócios

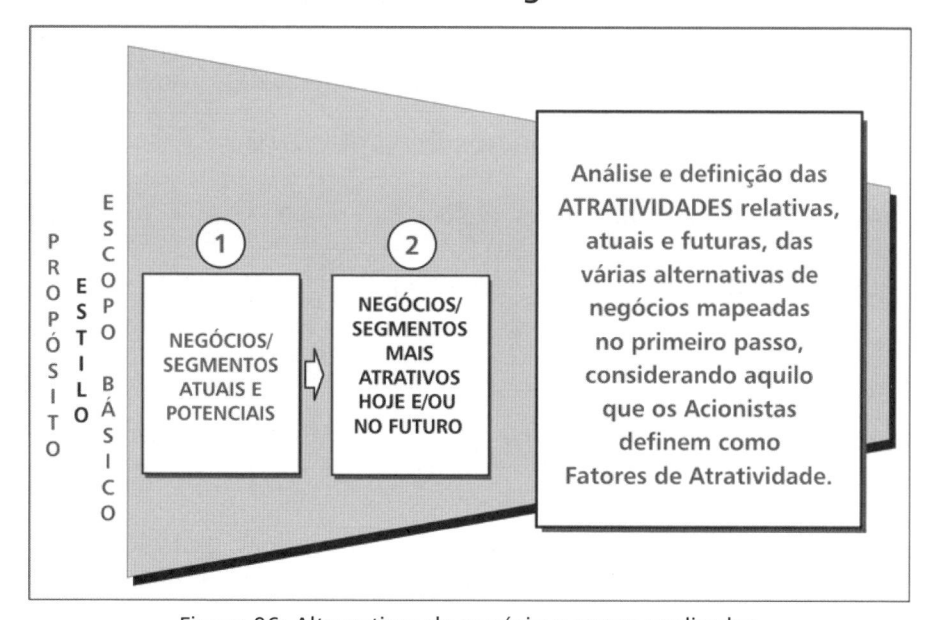

Figura 96: Alternativas de negócio a serem analisadas.

No segundo movimento, cada uma e todas as alternativas de negócio são analisadas para se dimensionar seus graus de atratividade atual e futura. Para a análise da atratividade, impõe-se a definição de quais são os critérios que a Organização define como básicos para a atratividade de um negócio.

A metodologia é muito similar àquela que uma Pessoa Física ou Jurídica utiliza para analisar a atratividade de um investimento financeiro:

- Como para análise da atratividade, são normalmente utilizados os fatores RENTABILIDADE, LIQUIDEZ e SEGURANÇA (ou risco).
- Para cada perfil de investidor, é definido o peso percentual de cada um desses fatores.
- Cada uma das alternativas de investimento é classificada em cada um dos fatores, numa escala de pior a melhor (normalmente utilizando-se uma escala numérica, como de 1 para pior, a 5 para melhor).

O resultado das análises pode ser classificado num quadro como o seguinte:

Quadro 7: Quadro de classificação do resultado das análises

FATORES DE ATRATIVIDADE	ATRATIVIDADE DOS INVESTIMENTOS					
	PESO	1	2	3	4	5
RENTABILIDADE						
LIQUIDEZ						
SEGURANÇA						
	100%					

Cada um dos investimentos poderá se classificar entre 100 e 500 pontos (100% × 1 e 100% × 5) e seu grau de atratividade será proporcional ao número de pontos que obtiver.

Pode-se também estabelecer faixas para a classificação da atratividade, como a seguinte:

Abaixo de 180 pontos ➔ Muito pouco atrativo.

De 180 a 260 pontos ➔ Pouco atrativo.

De 260 a 340 pontos ➔ Atrativo.

De 340 a 420 pontos ➔ Muito atrativo.

Acima de 420 pontos ➔ Extremamente atrativo.

Analisando negócios

Na análise de atratividade de um negócio ou segmento, o raciocínio é como o acima apresentado, com as seguintes diferenças:

- No caso de Negócios/Segmentos, os fatores para a atratividade são diferentes, indo além dos econômico-financeiros e variando de Organização para Organização, não apenas no que tange a seu peso percentual, mas também no que tange aos fatores em si.

- A análise da atratividade focaliza dois momentos: Atual e Futuro (normalmente 3 a 5 anos à frente, podendo variar para cima ou para baixo).

Existem nos livros e nas metodologias vários exemplos de listagens, algumas delas abordando um volume muito grande de variáveis.

Na linha do empresariamento de focalizar no que importa e faz diferença, entendemos que é melhor trabalhar com uma listagem menor (até porque, ao se adotar um número extenso de variáveis, um dos resultados inadequados é reduzir o peso relativo dessas variáveis a um percentual tão pequeno que a maioria não faz diferença no cômputo geral).

Somos favoráveis, pelo menos numa análise de primeiro grau, para se "separar o joio do trigo", à adoção de um conjunto de fatores mais sucinto, abordando três grupos:

Econômico-Financeiros	Rentabilidade Caixa Geral dos investimentos requeridos Valor agregado aos negócios
Mercado	Tamanho e tendência de crescimento Volume e nível da competição Barreiras de entrada Poder de barganha dos fornecedores
Outros Fatores	Barreiras de Saída Vulnerabilidade etc.

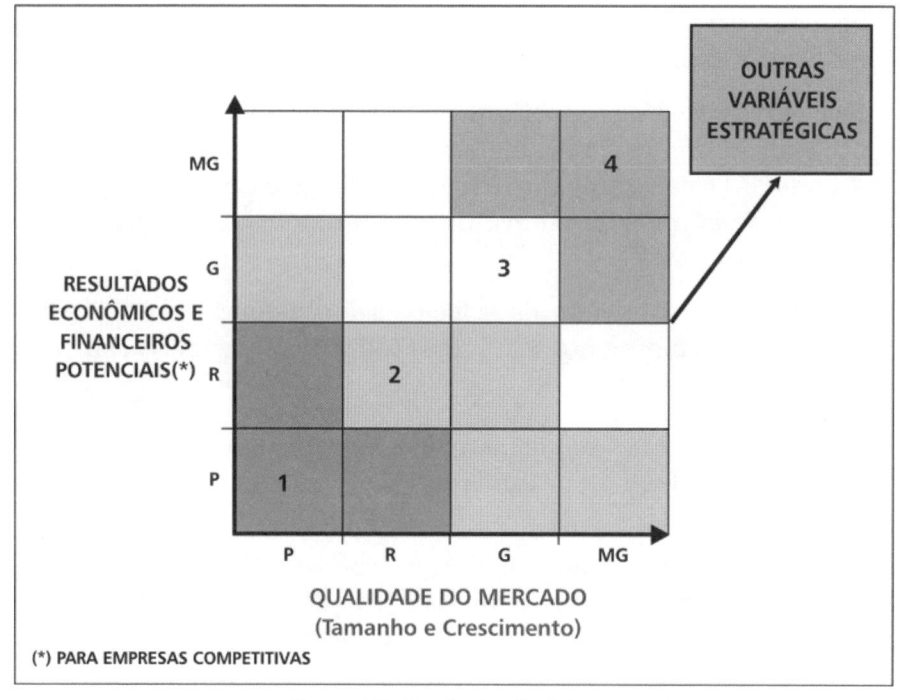

Figura 97: Conjunto de fatores.

No seu dimensionamento, a Atratividade Atual e Futura de cada Negócio ou Segmento deve ser elaborada e registrada da mesma forma apresentada para os investimentos financeiros:

Capítulo 9: Definindo a Estratégia Competitiva

ATRATIVIDADE DO NEGÓCIO						
FATORES DE ATRATIVIDADE	PESOS	1	2	3	4	5

ATRATIVIDADE GLOBAL: Atual (X) _____ Futura (O) _____

Em cada Fator, onde qual é a situação atual (X) e a visualizada para o futuro (O)

Figura 98: Fatores de atratividade do negócio.

Depois de analisados todos os negócios/segmentos, pode-se fazer um quadro (ou um gráfico correspondente):

Quadro 8: Quadro de atratividade dos negócios

ATRATIVIDADE DOS NEGÓCIOS				
NEGÓCIOS/SEGMENTOS	Atratividade		Dimensão do Negócio	
	Atual	Futura	Atual	Futura

Neste momento da Análise da Atratividade, é importante levar em conta aspectos como os colocados na Matriz BCG. Uma boa carteira de negócios/segmentos deve contar com negócios/segmentos do passado (geradores de caixa), do presente (geradores de retorno) e do futuro (geradores de crescimento e continuidade). Além disso, alguns negócios podem ter na carteira um efeito catalisador, valendo pelo valor que agregam à carteira.

Mapeando a posição da organização no negócio

O esquema apresentado nas Figuras 99 a 101 demonstra toda a dinâmica do processo de análise estratégica a ser aplicado para examinar e alavancar a posição da Organização nos negócios/segmentos definidos como atrativos. Como visto antes, o desafio da Direção é – após identificar os negócios/segmentos atrativos – tornar a Organização competitiva nos mesmos.

Também como se observou, a base principal para isso está no conhecer e compreender o Cliente. Para isso e como já visto, o primeiro passo é colocar o foco nele em um grau tão elevado que se adquira o foco do cliente e, daí, mapeando suas necessidades-meio e suas necessidades-fim (Figura 102).

O primeiro passo nesse processo tem a ver com a definição de quais são os FATORES-CHAVE DE SUCESSO, ou seja, em que a Organização tem que ser forte (mais forte do que os concorrentes) para conquistar o Cliente. A origem disso está na compreensão daquilo que é valor para o Cliente, ou seja, pelo que ele está disposto a pagar quando escolhe um fornecedor. Tradicionalmente, isso está vinculado aos aspectos que no Processo de Gestão e Desenvolvimento chamamos de Qualidade para o Cliente:

- Qualidade Intrínseca.
- Preço.
- Atendimento.
- Diferenciais.

Mas a definição dos Fatores-chave de Sucesso não podem ficar em generalidades como essas. É preciso caracterizar o mais especificamente possível.

Capítulo 9: Definindo a Estratégia Competitiva

DEFININDO A ESTRATÉGIA COMPETITIVA

PROPÓSITO | ESCOPO ESTILO | ESCOPO BÁSICO

Mapeamento da Posição **Competitiva** atual e potencial nos negócios identificados como atrativos.

Identificação dos pontos onde será necessário atuar para gerar competitividade no que for atrativo.

③ ⇨ NEGÓCIOS/ SEGMENTOS ATRATIVOS ONDE SOMOS E/OU TENDEMOS A SER FORTES

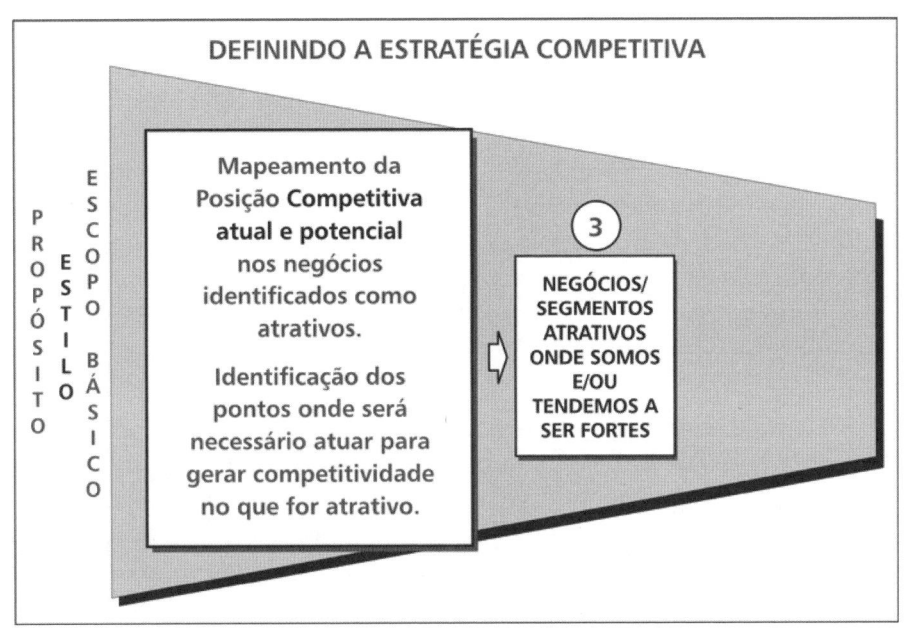

Figura 99: Definindo a Estratégia Competitiva (1).

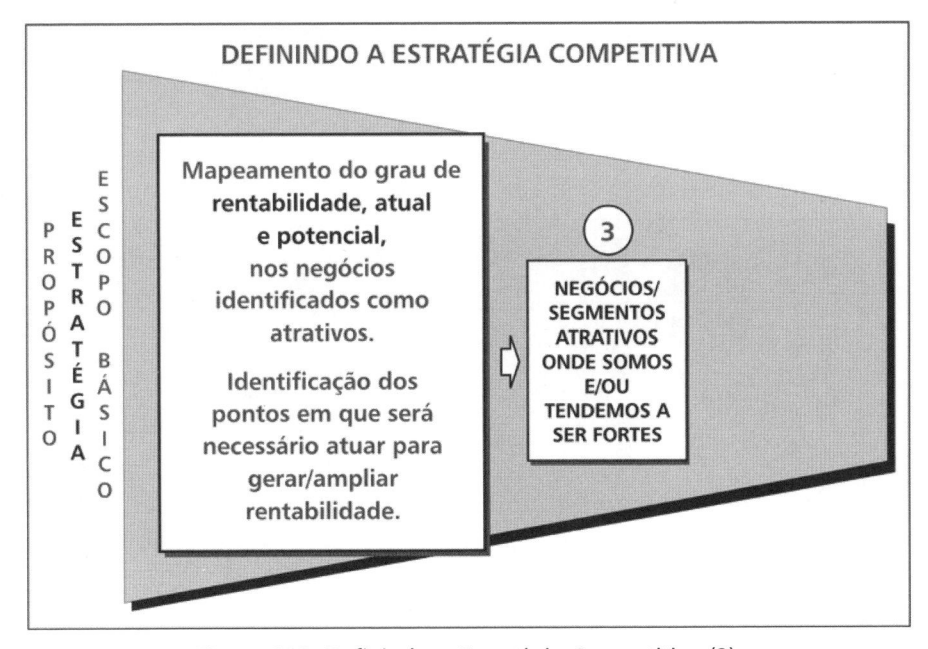

DEFININDO A ESTRATÉGIA COMPETITIVA

PROPÓSITO | ESCOPO ESTRATÉGIA | ESCOPO BÁSICO

Mapeamento do grau de **rentabilidade, atual e potencial,** nos negócios identificados como atrativos.

Identificação dos pontos em que será necessário atuar para gerar/ampliar rentabilidade.

③ ⇨ NEGÓCIOS/ SEGMENTOS ATRATIVOS ONDE SOMOS E/OU TENDEMOS A SER FORTES

Figura 100: Definindo a Estratégia Competitiva (2).

I

FATORES-CHAVE DE SUCESSO:

- O que pelo que o Cliente paga, em cada um dos 3 aspectos da Qualidade para o Cliente.
- Qual o peso percentual de cada aspecto identificado.
- Qual a posição atual e potencial da Organização em cada aspecto, *vis-à-vis* os Competidores.
- Onde devemos atuar para alavancar a posição competitiva.

II

FATORES CRÍTICOS

- Quais são, na Cadeia de Valor e na Cadeia Produtiva, os formadores da Competitividade, ou seja, o que alavanca a posição da Organização em cada Fator-Chave de Sucesso.
- Bases para alavancar a posição da Organização em cada Fator Crítico.

(1) Qualidade Intrínseca e Diferenciais

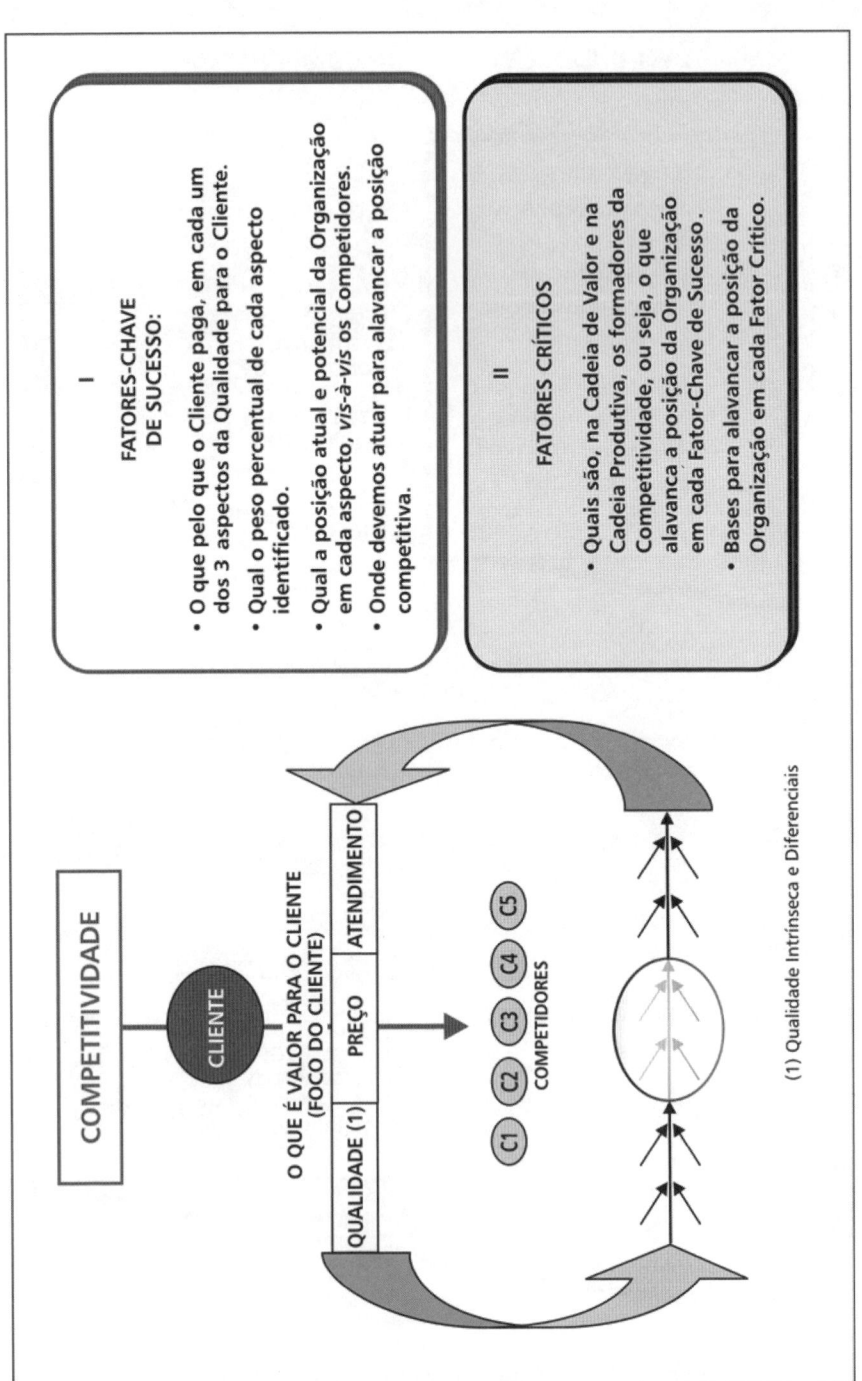

Figura 101: Fatores-chave e críticos de sucesso – foco do cliente.

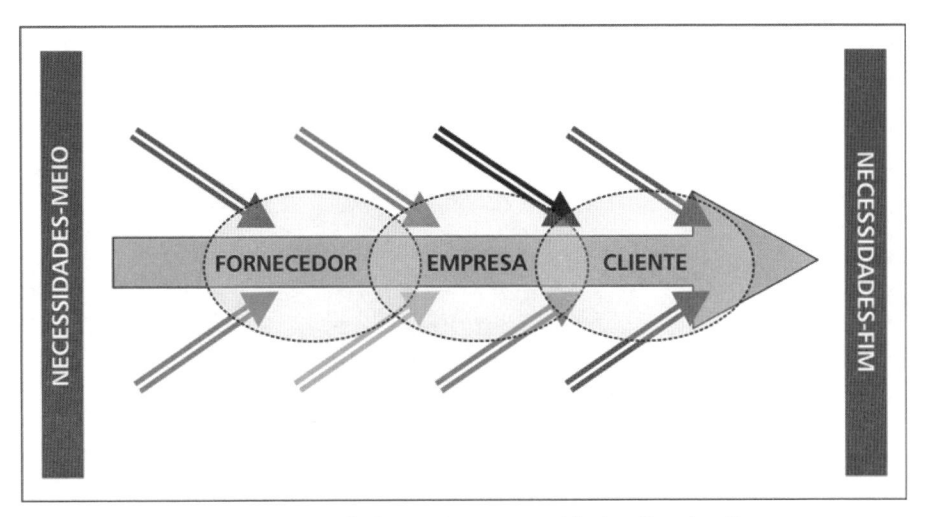

Figura 102: Necessidades-meio e necessidades-fim do cliente.

Um exemplo no campo de móveis pode deixar mais claro o que é necessário: no contexto de móveis de luxo, provavelmente a qualidade está muito mais vinculada a aspectos como *design*, enquanto no contexto de móveis populares, ela pode estar mais vinculada à durabilidade. Ou seja, é preciso definir o que é qualidade no contexto particular do Cliente específico, no negócio específico.

Outro exemplo se vincula ao preço, em que existem pelo menos duas alternativas de o que é valor para o Cliente: menor preço ou melhor preço (que significa menos custo final de uso para o Cliente).

Num shopping center, por exemplo, podem ser Fatores-chave de Sucesso: o mix de lojas, a localização, o estacionamento. Uma vez mapeados quais são os Fatores-chave de Sucesso, o próximo passo é definir o peso percentual de cada um deles, **sempre buscando utilizar a perspectiva do Cliente**.

Utilizando um quadro como o da Figura 103, neste ponto já disporíamos de informações para preencher as duas primeiras colunas. A sequência é fazer uma análise de como a Organização está em cada um dos Fatores-chave de Sucesso que foram mapeados.

São várias as alternativas para se fazer essa análise, como a seguir apresentado:

FATORES-CHAVE DE SUCESSO	PESOS	1	2	3	4	5
				Em cada Fator, onde estamos nós e os concorrentes relevantes		

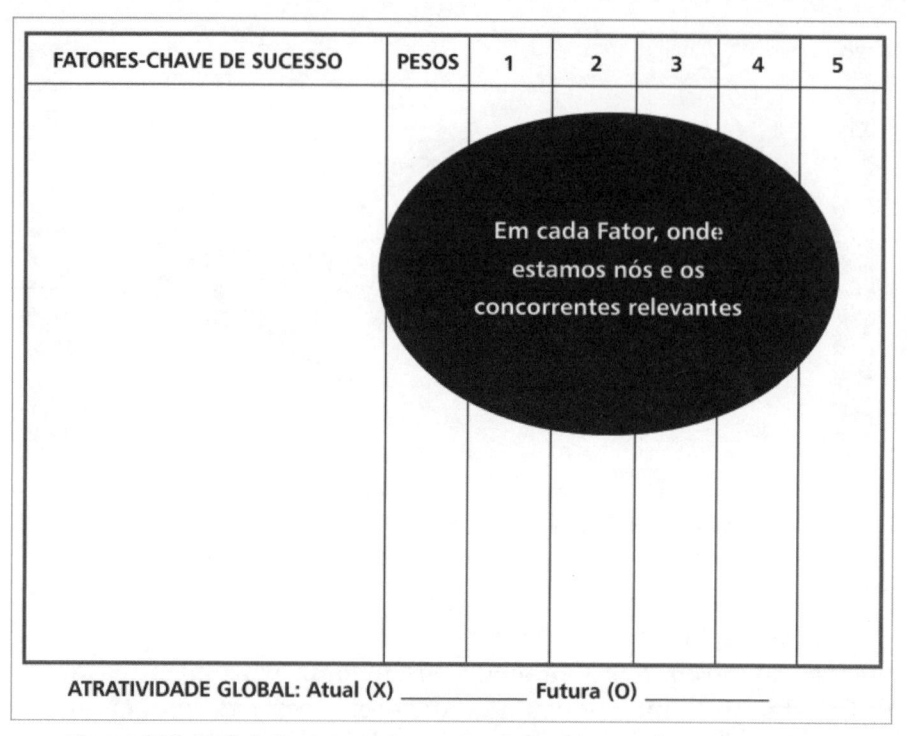

ATRATIVIDADE GLOBAL: Atual (X) _____ Futura (O) _____

Figura 103: Definição do peso percentual dos fatores-chave de sucesso.

1ª) Construir em cada Fator uma escala que indique os 5 graus possíveis que uma Organização poderia possuir em cada um dos Fatores, colocando 1 como o menor e 5 como o mais elevado (ponto no qual a Organização se tornaria referência no assunto). Então, identificar o ponto em que a Organização está (Posição Atual) e o ponto até aonde ela poderia avançar (Posição Potencial) se fosse necessário, e considerando-se os recursos disponíveis e mobilizáveis.

2ª) Identificando um competidor referencial, que se pretende superar, e colocando-o como se estivesse na coluna 3. Aí, fazer a comparação da Posição Atual e da Posição Potencial da Organização *vis-à-vis* esse competidor. Essa comparação indicaria que a Organização está muito mais fraca, ou mais fraca, ou igual, ou mais forte, ou muito mais forte, o que deveria ser marcado no quadro respectivamente nas colunas 1, 2, 3, 4 ou 5.

3ª) Identificando um competidor referencial, que se pretende superar, para cada um dos Fatores-chave de Sucesso, colocando-o como se estivesse na coluna 3. Daí, fazer o mesmo que no passo anterior, classificando nossa Organização nas colunas 1 a 5.

4ª) No nível mais elevado possível de desafio, identificar um referencial que não seja competidor direto, buscando e colocando na coluna 3 a Organização que seja reconhecida como a melhor em cada um dos Fatores, seja qual for seu escopo de atuação.

5ª) Mapeando em cada Fator a posição atual de todas (ou pelo menos as que sejam relevantes) as Organizações que competem pela conquista dos Clientes, medindo a posição de cada uma e de todas elas.

Em nossas colaborações, temos recomendado a utilização da 3ª Alternativa.

O último passo é a definição de em que Fatores deve ser feita a alavancagem e qual a posição que se define como desejada até o final do período em planejamento (que deve coincidir com o definido para os Objetivos Estratégicos).

Essa definição deve levar em conta não só a posição atual da Organização, mas também o peso definido para cada um dos Fatores-chave de Sucesso, pois o objetivo é ganhar o máximo de pontos na perspectiva do Cliente (ou seja, avançar o máximo possível na direção da excelência para o Cliente, que seria totalizar 500 pontos).

Analisando a posição *vis-à-vis* a rentabilidade

Na análise da Competitividade, verificamos as chances de transformar oportunidade em negócio. Agora se impõe verificar a possibilidade de se transformar negócio em resultados finais.

Essa análise representa um complemento da realizada na análise da atratividade, quando se verificou o conjunto de fatores econômico-financeiros para Organizações competitivas. É uma segurança complementar para negócios que terão grande impacto no conjunto da carteira ou em investimentos.

I

FATORES-CHAVE DE SUCESSO:

- O que pelo que o Cliente paga, em cada um dos 3 aspectos da Qualidade para o Cliente.
- Qual o peso percentual de cada aspecto identificado.
- Qual a posição atual e potencial da Organização em cada aspecto, *vis-à-vis* os Competidores.
- Onde devemos atuar para alavancar a posição competitiva.

II

FATORES CRÍTICOS

- Quais são, na Cadeia de Valor e na Cadeia Produtiva, os formadores da Competitividade, ou seja, o que alavanca a posição da Organização em cada Fator-Chave de Sucesso.
- Bases para alavancar a posição da Organização em cada Fator Crítico.

COMPETITIVIDADE

ACIONISTAS

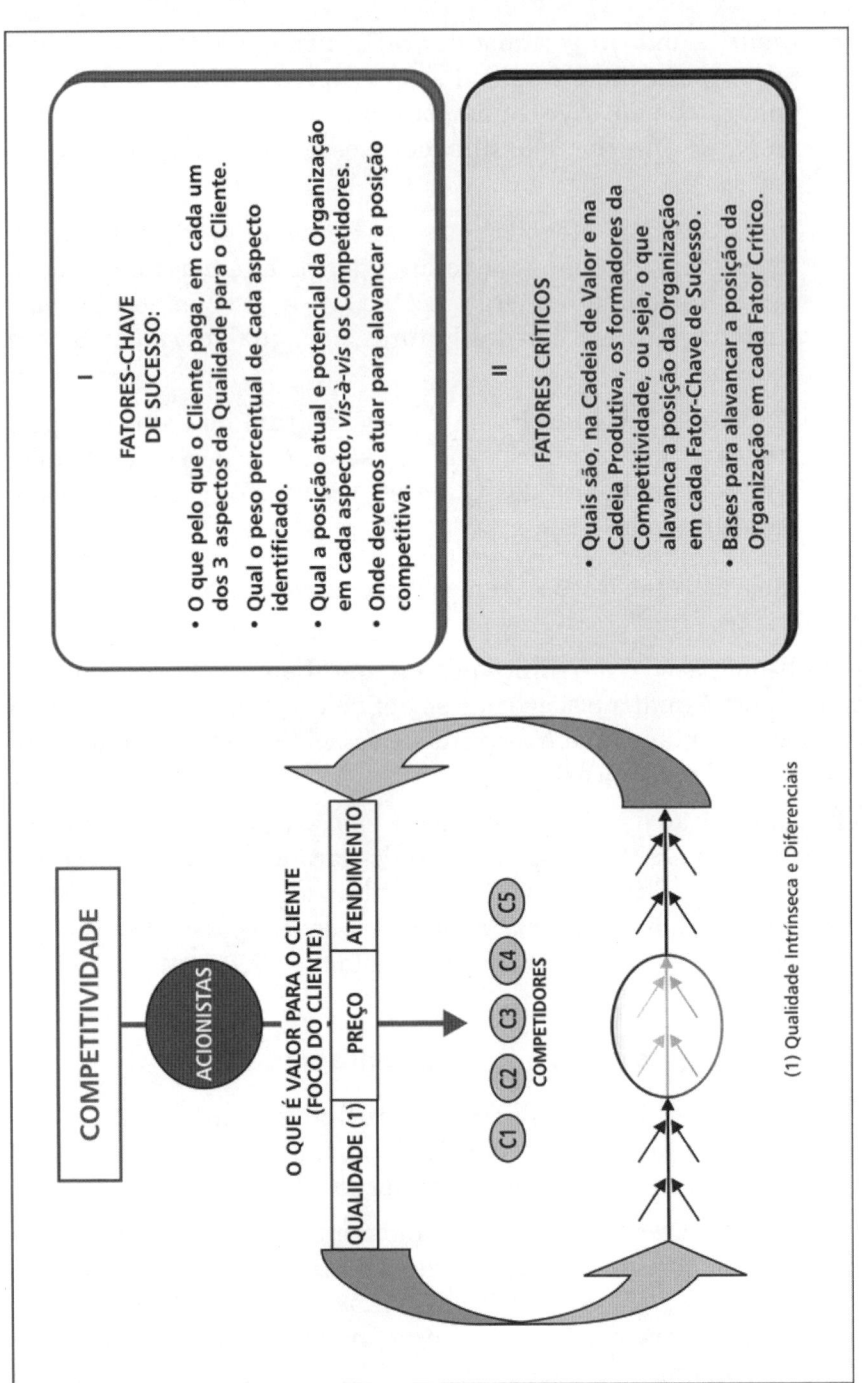

O QUE É VALOR PARA O CLIENTE (FOCO DO CLIENTE)

| QUALIDADE (1) | PREÇO | ATENDIMENTO |

C1 C2 C3 C4 C5
COMPETIDORES

(1) Qualidade Intrínseca e Diferenciais

Figura 104: Fatores-chave e críticos de sucesso – foco do acionista.

FATORES-CHAVE DE SUCESSO	PESOS	1	2	3	4	5

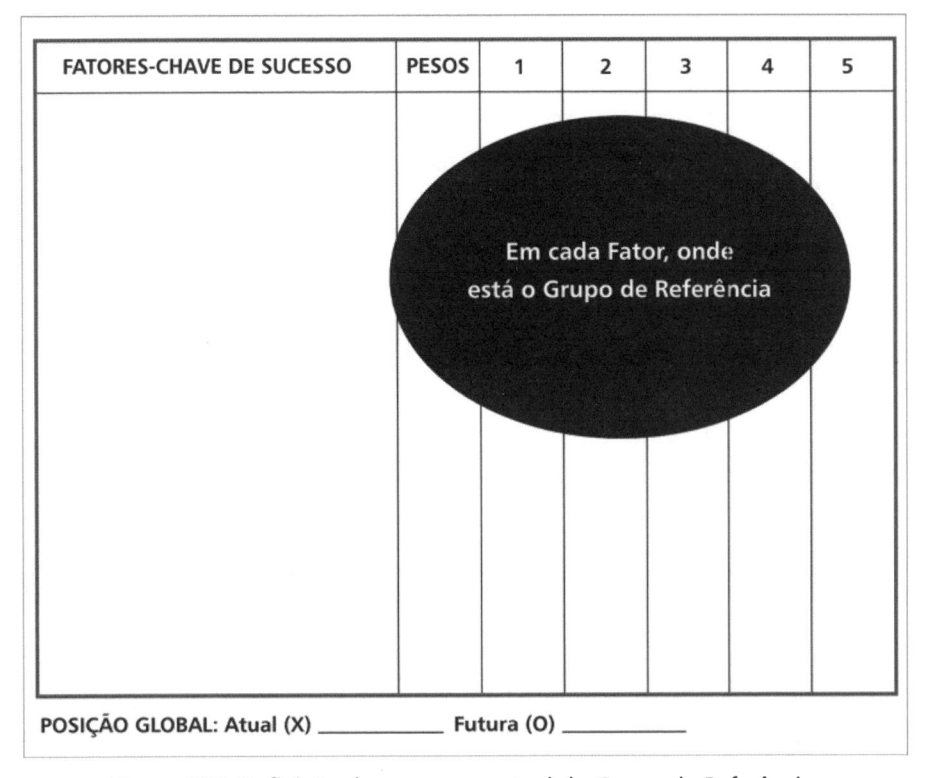

Em cada Fator, onde está o Grupo de Referência

POSIÇÃO GLOBAL: Atual (X) _____ Futura (O) _____

Figura 105: Definição do peso percentual do Grupo de Referência.

Definindo os negócios/segmentos para atuação

Tem-se agora todas as bases para definir o Escopo de Atuação, reunidas no Quadro 9, a seguir.

O preenchimento das duas últimas colunas deverá ser feito em dois momentos:

1. Agora, como base para se alcançar o próximo passo, que visa definir as bases para alavancar a posição da Organização no Negócio/Segmento, para avançar na direção do potencial mapeado.

2. Ao final de todo o processo, quando se faz a (ra)retificação, considerando os efeitos dos investimentos requeridos na atratividade do negócio/segmento.

Quadro 9: Análise geral dos negócios

ANÁLISE GERAL DOS NEGÓCIOS								
NEGÓCIOS/ SEGMENTOS	Dimensão do Negócio		Atratividade		Competitividade		Prioridade	
	Atual	Futura	Atual	Futura	Atual	Futura	Atual	Futura

Alavancando a posição da Organização no Negócio

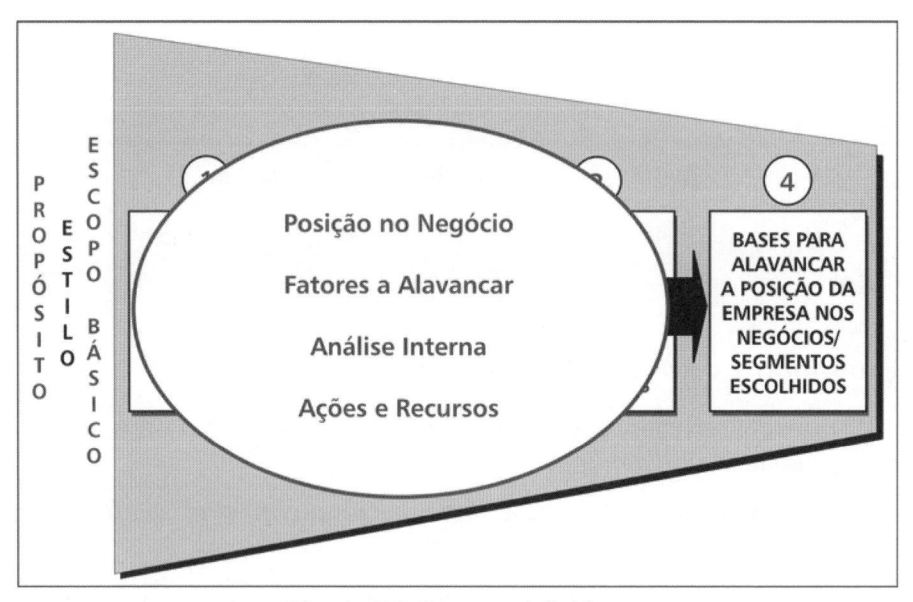

Figura 106: Avanços definidos.

Para cada um dos avanços definidos, deve ser realizada uma Análise Interna, na forma da análise do campo de forças (Figura 107).

Cada uma das ações definidas deverá ser orçada tendo por base o critério orçamentário da Organização.

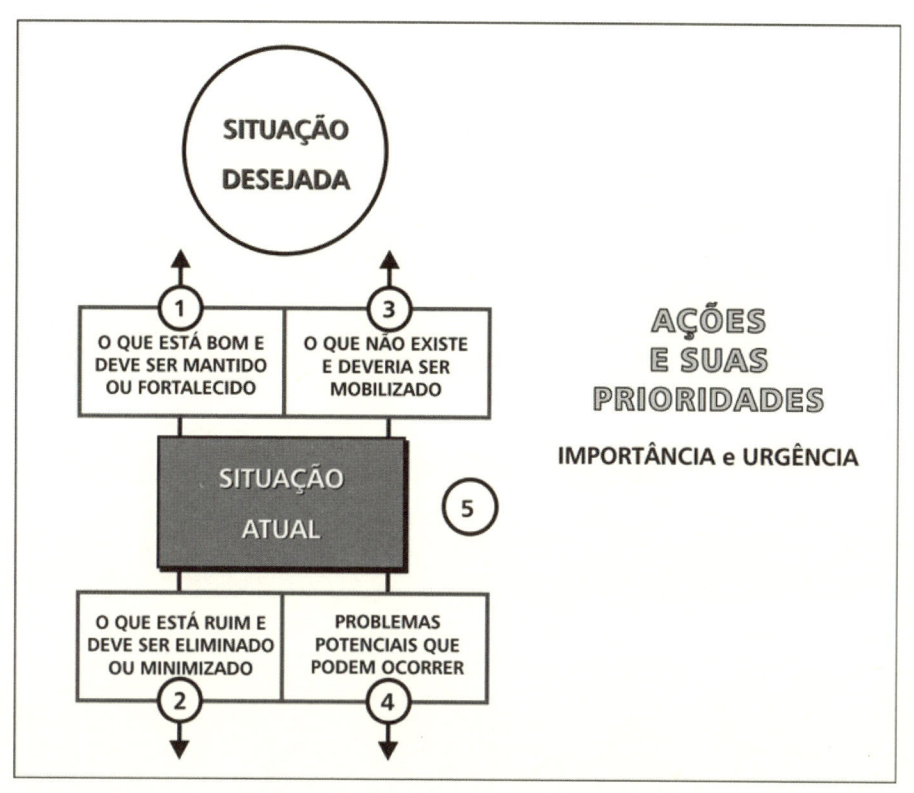

Capítulo 9: Definindo a Estratégia Competitiva

Figura 107: Análise do campo de forças.

Nisso deverão ficar claramente diferenciados:

- O que é investimento para a entrada.
- O que é operacional do negócio/segmento.

O valor relativo ao investimento para a entrada deverá ser levado em conta na Atratividade do mesmo, devendo ser revisitada a classificação feita na parte específica do processo.

Capítulo 10
PLANEJANDO E GERENCIANDO MUDANÇAS

Como visto, em tempos de elevadas transformações o aprendizado é uma variável de importância transcendental, constituindo-se em necessidade e desafio que talvez só sejam superados pelo de desaprender aquilo que foi a razão do sucesso no passado presente e já não mais serve como base para a atuação no presente futuro.

Naquele capítulo, abordamos o primeiro dos três momentos ou desafios vivenciados pelas Organizações no que tange ao aprendizado, que é o aprendizado coletivo, da Organização como um todo, *vis-à-vis* as evoluções no seu ambiente.

Neste capítulo, vamos abordar ainda outros dois desafios:

1. O aprendizado nos processos internos de desenvolvimento, tanto os vinculados ao desenvolvimento da Organização, quanto aqueles que se busca nos programas de capacitação.
2. O aprendizado individual, necessário ao crescimento profissional, nas perspectivas do aperfeiçoamento na posição atual e do crescimento para posições mais elevadas.

Ao apresentarmos nossa visão sobre o que são as Organizações e quais as bases para sua gestão e seu desenvolvimento, em busca do sucesso e da excelência, falamos sobre a responsabilidade e o desafio da direção das organizações nesse processo:

- Os mais importantes papéis dos Dirigentes Principais têm a ver com a definição de qual é a direção a ser seguida e, aí, com o dirigir no rumo da direção definida.
- Isso tem a ver com a definição do Propósito e, em seguida, com a definição das Políticas (Estratégia, Estilo e Estrutura), ou como fazer para atingir o Propósito.

- Caracterizadas as Políticas, cabe aos Dirigentes promover o adequado em termos de Pessoas/Competências e de Processos/Tecnologias, garantindo coerência, congruência e integridade, e, daí, a sinergia na direção do Propósito definido.

Embora com termos ou arrazoados diferentes, parece que todos os compromissados com a gestão e o desenvolvimento de Organizações estão alinhados com isso. Porém, quando se trata de definir qual a melhor maneira de a Direção atuar para construir essa coerência, congruência e integridade, surgem as controvérsias e polêmicas. O que vamos apresentar a seguir tem a ver com nosso aprendizado, decorrente de sucessos e insucessos, constituindo nossa abordagem para fazer face a esse desafio gerencial.

Dois caminhos alternativos (ou complementares)

Assumindo o pressuposto de que cabe ao topo mobilizar o processo de desenvolvimento, visualizamos dois caminhos clássicos:

1. Políticas ➔ Pessoas ➔ Processos.
2. Políticas ➔ Processos ➔ Pessoas.

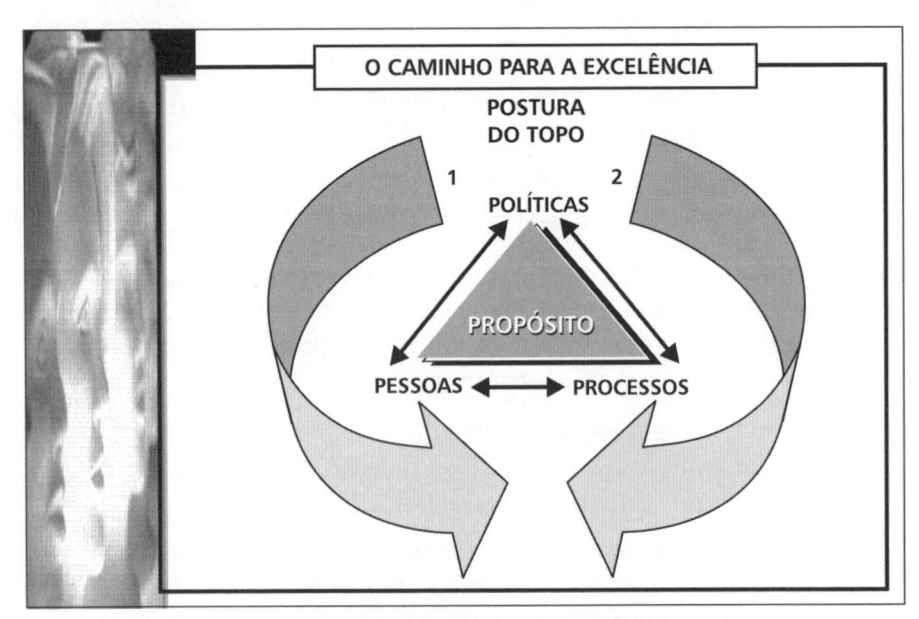

Figura 108: O caminho para a excelência (1).

Ao escolher um desses dois caminhos como o mais adequado ou preferencial para suas ações, os Dirigentes e Gerentes estarão deixando evidente seu Estilo de Gestão e Organização, ou jeito de ser e agir. E as duas alternativas colocadas têm a ver com os dois estilos mais clássicos, delineados por Douglas McGregor[52] e por ele designados como X e Y:

X ➔ Políticas/Processos/Pessoas.

Y ➔ Políticas/Pessoas/Processos.

Acreditamos – e procuramos incentivar isso – que o mais importante é que os Dirigentes da Organização assumam aquilo que têm como Crenças e Valores e busquem a coerência/congruência e, sobretudo, a integridade, promovendo a disponibilidade de Pessoas e Processos que correspondam àquilo que acreditam ser o adequado. Cabe, contudo, o alerta quanto aos resultados de nossas vivências, que reforçam as conclusões dos estudos de McGregor:

- Desde que esteja presente a competência empresarial ou empreendedorial, que tem a ver com o negócio e, sobretudo, a estratégia, qualquer dos dois estilos é adequado para a geração de resultados, desde que competentemente praticado.

- Contudo, existe uma tendência de o Estilo X perder sua eficácia no tempo, na medida em que ocorre o crescimento da Organização e/ou surge a necessidade de realizar a sucessão, uma vez que não propicia o surgimento de Pessoas empreendedoras, que passam a ser necessárias quando isso ocorre.

Os últimos 40 anos, caracterizados por crescentes competição e transformações, com elevados impactos e exigências no que tange à Estratégia e ao Estilo – e neste, o Empreendedorismo –, têm confirmado e reforçado as conclusões de McGregor. Na medida em que fomos buscando conhecer e compreender mais sobre isso, inclusive analisando outras alternativas de abordagem – como a Teoria Z dos japoneses – vimos crescer nossa convicção de que:

---

[52] Doutor em Psicologia Experimental por Harvard, Douglas McGregor, nascido em 1906 em Detroit, foi professor de Psicologia Social e Gestão Industrial no MIT e em Harvard. Ficou conhecido pelas Teorias X e Y, apresentadas por ele em 1960 no livro *The Human Side of Enterprise*, editado pela McGraw-Hill e considerada uma importante contribuição à teoria comportamental. Antes de morrer, em 1964, estava desenvolvendo a Teoria Z.

- O caminho Políticas/Processos/Pessoas deve ser classificado como O CURTO CAMINHO LONGO, enquanto o caminho Políticas/Pessoas/Processos se caracteriza como O LONGO CAMINHO CURTO.[53]
- Em condições normais, o Longo Caminho Curto tende a ser o mais eficaz e o mais curto dos caminhos para se construir uma Organização integrada.

Figura 109: O caminho para a excelência (2).

Nossas conclusões se tornam dramaticamente mais fortes quando se trata do desafio de mobilizar as definições institucionais básicas decorrentes de um Projeto Estratégico, sobretudo as vinculadas

---

[53] Não há dúvida de que é mais rápido (curto) o trajeto que conecta as Políticas com os Processos. Para isso basta que se disponha de *know how*, ou de recursos para obtê-lo junto a fornecedores. Por mais demorado que seja, é mais rápido (curto) do que o trajeto que conecta Políticas com Pessoas, sobretudo quando se tratam de mudanças ou transformações a serem mobilizadas. Porém, quando se trata da finalização da viagem (de Processos para Pessoas ou de Pessoas para Processos), fica evidente que as velocidades se invertem de forma mais do que proporcional. E muitas vezes a viagem que passa antes pelos processos costuma não terminar. Daí nasceram as designações acima colocadas de *curto caminho longo* e *longo caminho curto*, assim como a recomendação de usar preferencialmente o primeiro, deixando o segundo para situações específicas.

a Propósito e Políticas (nisso, em especial, as questões vinculadas a Estilo). Nesse contexto, aprendemos que existe uma dinâmica que precisa ser cuidadosamente gerenciada e que pode ser visualizada por meio da dinâmica apresentada a seguir:

- O primeiro movimento do processo tem a ver com a prática do longo caminho curto, no nível de direção, garantindo que todos os Dirigentes se caracterizem como coautores das definições de natureza estratégica. Uma vez estabelecidas, essas definições passam a integrar as Políticas da Organização.

- O segundo movimento tem a ver com a mobilização dessas Políticas definidas pelos Dirigentes, trabalhando-se junto com os Profissionais que ocupam o nível gerencial e desenvolvendo com eles as definições de natureza gerencial. Uma vez estabelecidas, essas definições passam a integrar o conjunto de políticas que devem orientar a operação da Organização.

- O terceiro movimento, fechando o processo, vai agora abranger o conjunto de Profissionais que têm a ver com o nível operacional da Organização, que devem conhecer e compreender as Políticas definidas pelos níveis de Direção e Gerência e, daí, se tornarem coautores dos processos operacionais.

Desse conjunto integrado de ações, alcança-se aquilo que consideramos ser a essência da evolução para uma genuína Administração Participativa (Figura 110).

As mudanças e as pessoas (indivíduos e equipes)

Na abordagem de Pessoas e Equipes face a mudanças, desenvolvemos alguns aprendizados que se têm revelado extremamente valiosos no conceber e mobilizar ações para mudanças e transformações:

- O primeiro deles, de acordo com William Torbert, tem a ver com a necessidade de distinguirmos *a priori* se estamos à frente:
  - ✓ de um processo de mudança (quando a evolução não requer uma alteração nos valores e paradigmas das Pessoas e Equipes), envolvendo apenas crescimento quantitativo ou qualitativo, ou alterações que têm mais a ver com processos;

IR DE UMA SITUAÇÃO NA QUAL ALGUNS (POUCOS) SÃO AUTORES E OUTROS (MUITOS) SÃO SÓ ATORES

PARA OUTRA NA QUAL TODOS SÃO COAUTORES DO QUE LHES COMPETE REALIZAR

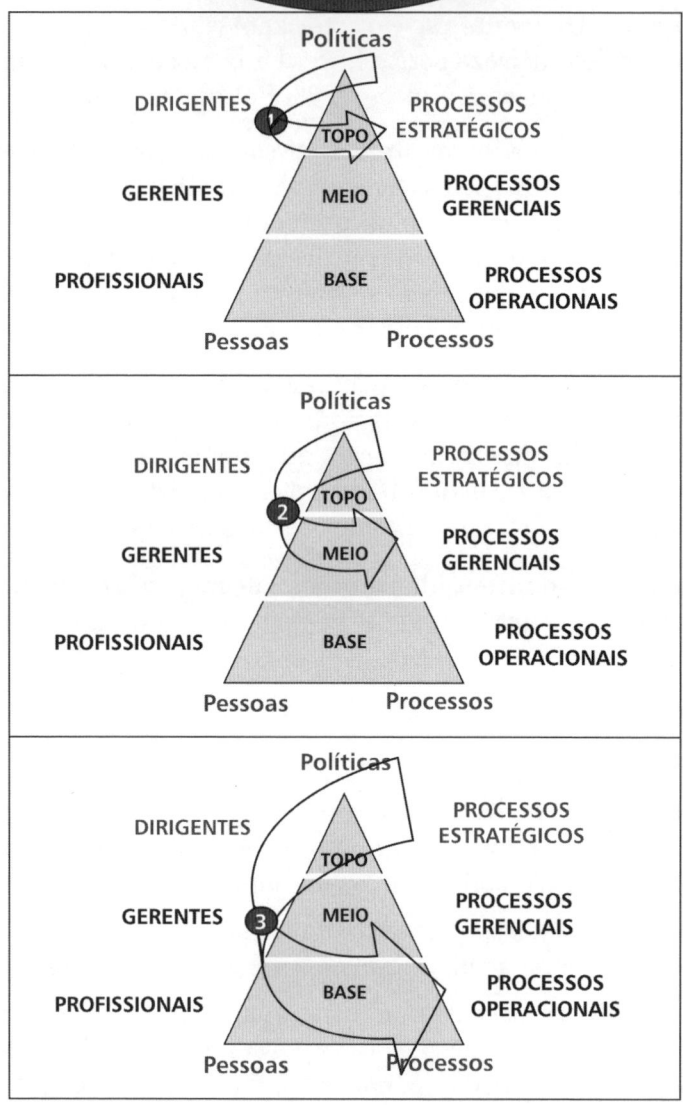

Políticas

DIRIGENTES — TOPO — PROCESSOS ESTRATÉGICOS
GERENTES — MEIO — PROCESSOS GERENCIAIS
PROFISSIONAIS — BASE — PROCESSOS OPERACIONAIS

Pessoas   Processos

Figura 110: Administração Participativa.

✓ de um processo de transformação (quando a evolução requer alteração nos valores e paradigmas das Pessoas e Equipes.

Os processos de transformação (ou mudanças de segundo grau) significam um desafio em grau bem mais elevado do que os de mudança (ou mudanças de primeiro grau), exigindo muito mais em termos de planejamento e gerenciamento para seu sucesso.

- O segundo deles é a percepção e convicção de que a afirmação tradicional de que "as Pessoas resistem às mudanças" constitui um fato, mas não uma verdade.

  Constitui um fato, porque é algo que se observa no cotidiano das Organizações, sobretudo nos processos de mudança que são promovidos sem maior cuidado.

  Mas não constitui algo inerente à natureza humana, uma vez que nada é mais humano do que a busca de melhorias e de qualidade de vida. Portanto, as pessoas aprendem desde o início de suas vidas a necessidade de mudar, ou seja, agir sobre si mesmas ou sobre os fatos para se conseguir alcançar aquilo que se deseja.

  Mas as Pessoas tendem a fases de conforto após as evoluções e, sobretudo, elas possuem um sentimento natural e instintivo de se proteger daquilo que as ameaça, mesmo que a ameaça seja apenas uma hipótese imaginada/temida, quase sempre pelo desconhecimento. O que sinaliza mais na direção da normalidade e da sanidade, do que da reação negativa neurótica.

  Aqueles que estão a planejar e mobilizar mudanças, que entendem ser favoráveis às Pessoas e fazem frente a reações, estão provavelmente numa das duas alternativas seguintes:

  1. Existe uma flagrante falha de comunicação, uma vez que, em tese, as Pessoas não deveriam estar a reagir a algo que as beneficia.
  2. A mudança não significa de fato uma melhoria para as Pessoas e elas estão tendo reação absolutamente natural e, na perspectiva delas, saudável.

- O terceiro – e provavelmente o mais prático dos aprendizados – vem dos conceitos e metodologias desenvolvidos por Kurt Lewin.⁵⁴

Dessa base e das vivências com sua utilização veio o desenvolvimento de um processo que chamamos de "Roda do Desenvolvimento".

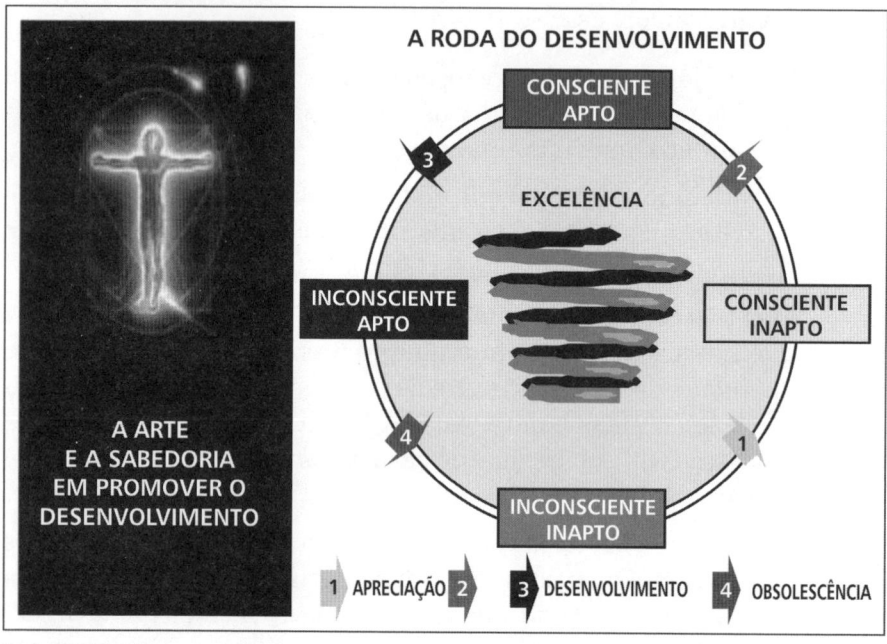

Figura 111: A Roda do Desenvolvimento.

Constituindo o que chamamos de "a arte e a sabedoria no promover o desenvolvimento (e, daí, a mudança)", o processo tem como eixo a espiral do desenvolvimento, com seus ciclos sucessivos e incrementais, cada qual com seu conteúdo e seu ritmo, gerando competências e vantagens sustentáveis.

---

[54] Autor de *A Dynamic Theory of Personality* (1935) e *Principles of Topological Psychology*, Kurt Lewin, nascido na Alemanha em 1890, refugiou-se nos Estados Unidos em 1933, tendo trabalhado nas universidades de Cornell, Stanford e Iowa. Fundou o Centro de Pesquisa de Dinâmica de Grupo do Instituto de Tecnologia de Massachusetts (MIT) e formulou a teoria do campo psicológico, tendo também contribuído para a consolidação da teoria cibernética.

A dinâmica da Roda do Desenvolvimento pode ser compreendida através dos seguintes aspectos:

- A necessidade de mudança significa a existência de necessidade e possibilidade de se explorar uma oportunidade que não o esteja sendo (ou seja, fazer mais ou melhor) ou de se eliminar um problema que esteja ocorrendo. Ou seja, existe uma inaptidão.
- Se a Pessoa, Equipe ou Organização que é o sujeito dessa situação não está agindo no sentido de equacioná-la, requerendo uma ação complementar por agente interno e/ou externo, há evidência de que o sujeito não apenas está inapto, mas também não tem consciência dessa inaptidão (inconscientemente inapto).
- Nesse contexto, de nada vale apresentar soluções, uma vez que tende a prevalecer o fato de não se ver ou valorizar uma solução quando não se reconhece a oportunidade ou o problema que ela visa equacionar.
- O movimento inicial chamado de descongelar está no promover o avanço para o estágio de CONSCIENTEMENTE INAPTO.
- O processo se completa pelo avanço para os dois estágios seguintes, que são o CONSCIENTEMENTE COMPETENTE, como resultado da mudança e, daí, para o recongelamento, com o atingimento do INCONSCIENTEMENTE COMPETENTE.

Embora com quatro estações e três movimentos, o processo abrange dois grandes momentos:

1º) *De Inconscientemente Inapto para Conscientemente Inapto.*

Esse primeiro momento, que tende a ser mais importante no processo, é seguramente o mais delicado, em boa parte das mudanças e em todas as transformações, requerendo mais do que apenas técnica e inteligência, mas boa dose de arte e sabedoria.

2º) *De Conscientemente Inapto para Inconscientemente Apto.*

A partir desse ponto, podem contribuir as técnicas disponíveis para planejar e implementar resultados e respectivas ações idealmente gerenciadas pelo próprio sujeito da evolução, com ou sem nosso apoio, como especialistas em conteúdo ou, quase sempre, em processo.

Esse apoio deve ser sempre conduzido na perspectiva de que a excelência de uma ação de apoio está em eliminar a necessidade do apoio, pela geração da competência em avançar sozinho, do sujeito da situação em pauta.

Para sustentar o primeiro momento, o responsável pelo apoio deve antes de tudo conhecer e compreender, no grau mais elevado possível, o sujeito da situação. Ou seja, respeitar. Para isso, pode utilizar todo o arsenal disponibilizado pela Psicologia Social e pelo Marketing:

- Foco do Cliente e, daí, distinguindo Desejos e Necessidades.
- Liderança Situacional e, daí, conhecendo sobre Capacidades e Motivações.
- Janela de Johari/Avaliação 360° e mapeamento das dimensões Pública, Reservada e Cega.

Também costumam ser muito úteis e práticos o domínio e o uso de artes e "manhas", algumas delas fruto da chamada "sabedoria popular". Entre essas, temos aprendido a utilizar com sucesso dois conjuntos, um mais universal e outro que aprendemos em nossas Minas Gerais:

1. As artes do judoca (que constrói sobre o movimento do outro), do agricultor/semeador (que prepara o terreno antes de lançar a semente) e a abordagem maiêutica (que se utiliza sobretudo de perguntas).
2. As "manhas" do mineiro, que só reúne um grupo de Pessoas após ouvir cada indivíduo, que toma sopa quente pelas bordas e que tem mais a pressa de chegar do que a de sair.

Um exemplo concreto do uso dessas artes e "manhas" está no cuidado em conhecer quem o sujeito da situação respeita e, idealmente, admira; e utilizar esse quem para aprender como abordar o sujeito – ou, melhor ainda, para obter sua parceria ativa no processo. Essa ação, que tem a ver com "sopa quente se toma pelas bordas", evidencia que o dito ficará mais completo quando se agrega a ele "mas comece pela borda de lá, pois se pingar, pinga na sopa".

Para sustentar o segundo movimento, consideramos que a melhor técnica é a da análise do campo de forças, desenvolvido também por Kurt Lewin. Temos utilizado e aperfeiçoado essa metodologia, que usamos sob o nome de Projeto de Desenvolvimento, e a aplicamos tanto a situações de Desenvolvimento Profissional (Individual e de Equipes), quanto de Desenvolvimento de Organizações e, mesmo, na Gestão Estratégica. Apresentada no esquema a seguir, essa metodologia constrói uma abordagem em três passos:

1º) Caracterização da Situação Desejada.

2º) Mapeamento da Situação Atual, com a identificação de **O que** está bom; **O que** está ruim; **O que** está faltando; e **Que** problemas potenciais podem ocorrer.

3º) Definição das Ações a Realizar para se evoluir da Situação Atual para a Situação Desejada.

Essa metodologia foi apresentada em detalhes no Capítulo 5.

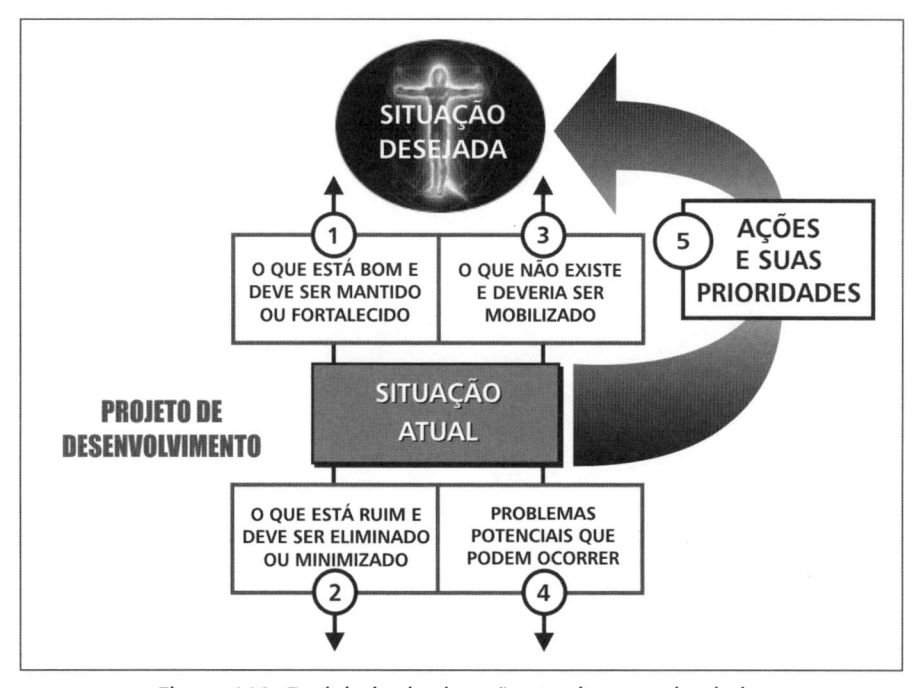

Figura 112: Evoluindo da situação atual para a desejada.

Capítulo 11

RESPONSABILIDADE SOCIAL NA PERSPECTIVA DO EMPRESARIAMENTO

O século XX gerou um fato novo para a democracia, ao ampliar a cobertura da palavra Cidadania, que passou a envolver não apenas pessoas físicas. Num século em que as organizações, e sobretudo as empresas, passaram a ter dimensão e significado que jamais haviam sido vivenciados pela humanidade, a democracia teve de incluir também as pessoas jurídicas. Nesse contexto, impõe-se falar de Responsabilidade Social em uma perspectiva que vai além da filantropia e do mero assistencialismo. É preciso falar do papel da empresa e de seus direitos e deveres como cidadã.

A primeira – e fundamental – responsabilidade social da empresa é ser bem-sucedida como empresa, contribuindo para a sociedade na perspectiva da geração de:

- valor econômico maior do que os recursos utilizados para sua operação;
- trabalho e emprego;
- impostos e similares;
- melhoria da qualidade de vida, em função dos produtos (bens e/ou serviços) que gera.

Nesse contexto, um destaque especial deve ser dado à questão do lucro. Em nosso sistema democrático, o lucro é um direito de quem investe e uma obrigação de quem administra. Isso significa que o valor daquilo que se gerou é superior ao custo de todos os fatores utilizados para essa geração. Sendo fator decisivo para a continuidade das empresas, o lucro é condição *sine qua non* para que as empresas possam exercer essa primeira e básica responsabilidade social. Por isso, o lucro é ético. Ele somente perde essa característica se houver desequilíbrio na maneira como é conquistado e/ou utilizado:

- na sua conquista, o lucro pode se tornar antiético, se estiver vinculado a operações não-legais ou basear-se em práticas inadequadas, tais como predação, exploração de colaboradores e clientes;
- na sua utilização, o lucro torna-se antiético, se estiver apenas a serviço do enriquecimento e da simples acumulação de riqueza e poder de seus donos.

Na crescente prática contemporânea de elaborar e publicar balanços sociais, a maioria das ações classificadas como sociais tem a ver com essa primeira e básica responsabilidade social das empresas. Significativa parcela dessas ações não possui intenção ou conotação social – no sentido de ação social em si –, já que decorre de necessidades relacionadas com a alavancagem das operações – como a maioria dos treinamentos.

Não fossem os interesses relacionados à competitividade e à rentabilidade, essas ações contabilizadas como sociais não seriam realizadas. E mesmo assim estaria correto.

De qualquer forma, ações como essas – e outras, impostas por legislação – não deixam de ter impacto no crescimento e no desenvolvimento das comunidades, como algo inerente aos processos micro e macroeconômico.

Essa é a importância básica das organizações empresariais em nosso sistema democrático de mercado. Por isso, são necessárias e de interesse das comunidades.

ಞಲ

Várias das mais destacadas empresas estão evoluindo para uma responsabilidade social que vai além da responsabilidade básica acima descrita.

Embora se possa dizer que essa é apenas uma questão de Estratégia, como resposta nova e situacional às novas realidades e exigências do mundo de negócios, nosso entendimento é de que, no caso de significativo número das Empresas, isso tem a ver com uma evolução no que tange a Estilo, ou seja, crenças e valores ou jeito de ser e agir.

Capítulo 11: Responsabilidade Social na Perspectiva do Empresariamento **247**

Quando fazem as definições institucionais básicas [Propósito, Políticas (Estilo, Estratégia e Estrutura) e Objetivos Estratégicos] que compõem seu Projeto Empresarial, essas Empresas estão a declarar uma evolução no seu posicionamento perante as Comunidades e Mercados nos quais operam, caracterizando uma responsabilidade social ampliada.

Figura 113: Posicionamento atual das melhores empresas.

Além do eixo básico de Clientes dos seus Resultados, focalizado nos Usuários/Consumidores e nos Acionistas, elas estão a abrir um novo eixo, composto pelos Colaboradores e/ou Sociedade.

- De forma mais evidente, está a inclusão dos colaboradores como clientes de seus resultados. Isso significa mudança de natureza na forma de focalizar e tratar as pessoas, a qual vai além da mudança de grau que, durante todo o século XX, fez a evolução do material humano ou mão de obra, para recursos humanos ou patrimônio humano, "o mais importante recurso ou patrimônio da empresa". Decorrência natural foi a adoção crescente de Programas de Participação nos Resultados e contribuições que vão além da dimensão profissional dos colaboradores, tendo por base recursos derivados do lucro. Cresce o número de empresas que vão além da participação nos lucros e resultados, incorporando também a participação na propriedade (ou nos direitos de propriedade).

- Também cresce a focalização da sociedade como um quarto cliente dos seus resultados, passando-se a focá-la e abordá-la como mais do que Público Relevante. Com isso, passa-se a destinar – de forma sistêmica e pública – uma parcela do lucro para a contribuição ao desenvolvimento socioeconômico das comunidades com as quais a empresa interage.

✥

O Empresariamento como Estilo de Gestão e Organização, ancorado no Processo de Gestão e Desenvolvimento, assume como pressuposto três pontos:

1. A responsabilidade social básica da Empresa é ser bem-sucedida como Empresa, gerando valor para seus Usuários/Consumidores e para seus Acionistas, indo, além de não ser predadora de seus Colaboradores (internos e externos) e das Comunidades Sociedade, na busca (como é a doutrina do Instituto Ethos[55]) de ser ética e socialmente responsável em todas as suas decisões e ações na cadeia produtiva e na gestão do negócio e da organização.

---

[55] O Instituto Ethos de Empresas e Responsabilidade Social foi criado em 1998 por um grupo de empresários e executivos. É uma Oscip (Organização da Sociedade Civil de Interesse Público) que tem como missão mobilizar, sensibilizar e ajudar as empresas a gerir seus negócios de forma socialmente responsável, tornando-as parceiras na construção de uma sociedade justa e sustentável.

2. Cabe a cada Empresa definir, em função de seus Valores e Fatores (em especial rentabilidade e competitividade), se vai assumir – e em que grau – uma responsabilidade social ampliada, além do colocado no 1º ponto.

3. Os recursos a serem destinados a essa responsabilidade social ampliada devem vir do lucro, ou seja, daquilo que sobra da receita após ter pagado todos os custos, inclusive o custo do capital. Lançar esses desembolsos adicionais nos custos é uma miopia ou temeridade e implica desvios e riscos na busca do sucesso e da excelência – primeira e fundamental responsabilidade social da empresa. Também faz com que o lucro deixe de ser "apenas" ético, transformando-o em algo também social, de interesse das comunidades.

✥

Como já dissemos, o que fazer com o lucro deve ser um posicionamento de cada empresa, função de seu estilo e valores. Estamos fortemente alinhados com as organizações que, diretamente ou por meio de organizações do Terceiro Setor, contribuem para a alavancagem das condições básicas de nossa sociedade e da democracia, em especial no que se refere à Educação, à Saúde e ao Empreendedorismo.

Fazendo assim, estaremos promovendo uma comunidade mais competente e mais justa, na qual garantimos a todos um ponto de partida mínimo, compatível com a adequada qualidade de vida e liberdade, e a cada pessoa um ponto de chegada sem limites, além do interesse da sociedade e compatível com seus esforços e competência.

Apêndice

Homenagem ao Professor José Luiz

Ao longo de sua carreira, José Luiz de Santana fez muitos amigos, desenvolveu ideias que foram adotadas pela Fundação Dom Cabral, por colegas – professores e consultores – e que ajudaram numerosos empresários a bem administrar suas organizações. Algumas dessas pessoas se prontificaram a lançar mais luz sobre essa fascinante personalidade que é José Luiz, como se vê a seguir.

Projeto de Desenvolvimento

Em 2004, iniciamos a operação em rede, porém sem os conceitos e fundamentos de um Projeto de Desenvolvimento e olhando mais para o passado do que para um futuro grandioso. Faltava a metodologia para gerir de forma científica, organizada, disciplinada e rotineira toda essa rede, com seus atritos, energias, forças e oportunidades de geração de riquezas para muitos. Em especial, os que têm no sangue e na mente o espírito de servir e empreender. Em 2006, chegou José Luiz, que nos ensinou o caminho e os métodos. Em junho de 2006, foi feita reunião para apresentação do Projeto de Desenvolvimento, e nos alinhamos de imediato, pelo encantamento que o Professor causava, fruto do entusiasmo com que falava da gestão, da busca do sucesso e da excelência, do navegar, dos portos de partida e de chegada, da travessia e do Futuro no Presente e do Futuro do Presente. Também, pela profundeza e coerência dos conceitos e, muito mais, pelo esmero do trabalho apresentado, fruto da paixão dedicada ao que fazia.

O primeiro encontro foi de nivelamento e instalação nas nossas mentes do *software* de acionista, cliente e gestor, base fundamental, segundo nosso Mestre, e com a qual concordamos e a qual praticamos para definições de elevada qualidade. E fomos para a etapa seguinte: conhecidos a direção e o porto de chegada, mapeamos, cada membro do GDE, a Situação Atual frente à Situação Desejada, avaliando o que está bom ou ruim, o que não existe e os problemas potenciais.

No segundo encontro, definimos em conjunto os Projetos Estratégicos e as decisões e ações para atingirmos a Situação Desejada. Conforme a metodologia, elaboramos Planos de Ação para todas as ações, e as monitoramos mensalmente por meio das REMARs (Reunião Mensal de Acompanhamento de Resultados) e, trimestralmente, das RETARs (Reunião Trimestral de Acompanhamento de Resultados).

Aqui pretendi mostrar resumidamente como foi nosso primeiro Projeto de Desenvolvimento, que transformamos em PDVF após calorosas discussões conceituais com o Professor José Luiz. O PDVF está fundamentado no que chamamos internamente de Módulo III. O Professor José Luiz organizou todo esse material, fazendo com que pudéssemos clarear, para todos nós, o rumo a seguir, os propósitos de nossa Organização, nossa Missão e Visão e conceituar os Valores que já praticávamos. Tornou-se nossa cartilha e Bíblia. Hoje, em nossa Organização, a metodologia está fundamentada na elaboração do PDVF em todas as unidades de negócio, seguindo todas as etapas do PD em cada Unidade e por todo Líder Empresário (LE). Há unanimidade entre nós: sua passagem por aqui fez muita diferença.

Adivaldo Aparecido Neves
Diretor-Presidente da Organização ICEC

Aprendizado pessoal

Convivi com o Professor José Luiz de Santana por mais de 20 anos. Tive a grata oportunidade de presenciar suas aulas de desenvolvimento empresarial e trabalhos de consultoria em diversas empresas de médio e grande portes, dos setores público e privado. Com um estilo único, vibrante e construtivo, estimulou o desenvolvimento das empresas e inspirou a carreira de executivos pelo Brasil afora, deixando um legado conceitual e prático que marcou toda uma geração de executivos. Testemunhar os seus ensinamentos e estar ao lado de um dos maiores profissionais de desenvolvimento organizacional deste país foi um grande aprendizado pessoal.

Antonio Batista da Silva Júnior
Professor da FDC

Navegação segura

"Navegar é preciso... viver não é preciso." Essa máxima da Escola de Sagres que embalava o espírito aventureiro dos navegantes portugueses em séculos passados era sempre citada por José Luiz em seus *workshops* de planejamento estratégico. E por maior que fosse a imprecisão presente na vida empresarial, Santana contribuiu com diversas organizações, por meio de suas ferramentas de análise e controle da gestão, a navegarem de forma mais segura, não confiando apenas em sua intuição.

Dalton Penedo Sardenberg
Gerente de Projetos da FDC

Subsídios à teoria

Compartilhei com o Professor José Luiz de Santana alguns projetos importantes na FDC. Dentre eles, destacaria: BEMGE – Banco do Estado de Minas Gerais, cujo foco foi a reestruturação estratégica, na gestão do Dr. Marcos Pessoa, que se orientou para uma vocação empresarial. Foram dois anos de grande aprendizado consultivo. E os aspectos de habilidade política e de persuasão, com argumentos sensatos, foram chave de sucesso na implementação. Outro projeto foi o do BESC – Banco Estadual de Santa Catarina, em que, por mais de três anos, foram treinados mais de 1.200 executivos de média e alta gerências em todo o estado. Fundamentos estratégicos definidos nas diretrizes alavancaram a performance do banco. Nesse projeto, José Luiz foi o professor profissional, como ele gostava de se referir, agregando inequívoco valor e ampliando significativos subsídios ao aprofundamento da teoria do empresariamento.

Damião Coutinho Paes
Professor da FDC

No caminho do significado

José Luiz costumava dizer que "Quem tem e sabe o por que viver, suporta qualquer como". Com essa premissa, conseguiu realizar grandes feitos e cumprir com determinação e disciplina os seus objetivos e sonhos. Dedicado ao trabalho, aos clientes e aos amigos, o Zé, como gostava de ser chamado, realizava suas atividades e cumpria seus compromissos com dedicação e elegância. Aprendi muito com ele nestes bons e inesquecíveis anos de convívio profissional e pessoal.

Elson Valim
Diretor da FDC

Oportunidade de aplicar

José Luiz de Santana foi sem dúvida uma pessoa de primeira grandeza. Firme em suas posições profissionais, íntegro e coerente com seus valores. Quando afirmava um pensamento, é porque concordava com ele e o praticava em sua vida. Sua comunicação era clara e evidente e, com certo humor, transmitia suas ideias, que pareciam leves e como tal de alta profundidade. O Zé não perdia tempo com futilidades; ao contrário, investia seu tempo em coisas que poderiam agregar valor e resultados importantes para seus clientes, amigos e parceiros. Muitos de seus ensinamentos tive a oportunidade de aplicar em meus empreendimentos. Obrigado, Zé, valeu.

Guilherme Emrich
Presidente do Conselho de Administração da FIR Capital Partners S/A

Encantamento

José Luiz dizia, transcrevendo Guimarães Rosa, que as pessoas não morrem, ficam encantadas. Este livro é a prova disso. O Zé morreu e ficou encantado neste livro. Por meio dele, para os que o conheceram, podemos intuir seu entusiasmo como consultor ao ajudar as empresas a se desenvolverem e crescerem e serem avisadas a tempo de que no mercado a morte as espreita a cada esquina. Nesse sentido, o Zé foi de grande auxílio para o desenvolvimento empresarial no Brasil. Através do encantamento do livro, o Zé continua entre nós, não como simples lembrança, mas como vida.

Haroldo Vinagre Brasil
Professor

Pressa é de chegar

Competência; criatividade; seriedade com bom humor; grande capacidade de prender a atenção e envolver os ouvintes na sala de aula. Amizade, transparência, coerência, bondade, disponibilidade. "A minha pressa é de chegar!"; "não se deve dar chance ao azar!" Esse é o retrato que ficou do José Luiz de Santana na minha lembrança. Um grande homem! Um excelente profissional!

Hely Nazirê da Silveira
Professor associado da FDC

Dois legados

Em minha percepção, dois são os legados da postura profissional do Professor José Luiz de Santana que mais marcaram sua contribuição para o desenvolvimento da FDC e das empresas participantes dos programas em que ele atuou: 1. a conciliação de simplicidade com profundidade; e 2. a junção de objetividade com o foco em resultados. Sua reconhecida importância na estruturação de metodologias adotadas pelo PAEX fundamentou-se nesses dois atributos, que na verdade sintetizam quatro raras virtudes de bons consultores e conselheiros. Junta-se a eles uma notória capacidade de aplicar às questões relacionadas aos negócios e à gestão, sempre com invulgar sabedoria, expressões extraídas da sabedoria popular, combinadas com uma disposição, dia a dia aprimorada, para preparar os materiais pedagógicos em que sintetizava seus conhecimentos. Mas o que permanecerá para sempre em minha memória, como um dos mais importantes atributos do amigo José Luiz, era sua admirável conduta ética, especialmente quando se referia a seus colegas de trabalho. Jamais ouvi dele qualquer referência a seus pares que não fosse de admiração e de respeito. Esse talvez seja, se bem seguido, um de seus mais notáveis legados.

José Paschoal Rossetti
Professor da FDC

Pessoa iluminada

Durante quinze anos, convivemos com o Professor José Luiz de Santana e a Fundação Dom Cabral. Aprendemos e fomos muito beneficiados por ambos. Seus ensinamentos e modelo de gestão foram muito importantes e decisivos para todas as certificações e acreditações que o Mater Dei alcançou em Nível Nacional e Internacional: ONA III/ ISO/RVA e NIAHO. Ele era uma pessoa iluminada. Jamais será esquecido.

José Salvador Silva
Fundador e Presidente do Hospital Mater Dei

Espírito generoso

Saudoso amigo. Foram muitos anos de convivência. José Luiz de Santana reunia todas as virtudes que podemos imaginar num ser humano. Foi um modelo de conduta ética profissional. Sabia conciliar a firmeza na defesa de suas convicções com a disponibilidade para o diálogo e a aceitação das ideias dos outros. Foi um mestre, incapaz de usar seus dotes intelectuais para humilhar alguém. Sinto falta da sua amizade e do seu espírito generoso.

Kelma Maria Crisóstomo
Analista de Contratos da FDC

Desafios

Fomos colegas num curso de Mestrado em Gerenciamento, nos Estados Unidos, quando éramos executivos investindo em nosso crescimento como indivíduos e profissionais, e voltei a encontrá-lo já na FDC mais de duas décadas depois. Um aspecto que sempre me chamou a atenção no José Luiz foi sua vontade de desafiar o *status quo*, ele adorava desafios, ainda que soubesse que "navegar fosse preciso, viver não". Jamais se amedrontou com o novo, sendo seu alvo predileto as inovações em gestão e na forma de fazer com que os negócios se materializassem. Essas características fizeram dele tanto um executivo diferenciado, como também um professor, consultor e pesquisador que sempre agregou valor a tudo e a todos.

Léo Fernando Castelhano Bruno
Professor da FDC

Cultor do exato

José Luiz de Santana foi o consultor que busca o que importa e faz a diferença. Recorria sempre a essa ideia, porque expressava o fundo do seu ser – humano e profissional. Cultor do exato, tinha o dom da objetividade, da clareza, da agilidade em chegar ao ponto. Referência como consultor, José Luiz permanecerá como amigo insubstituível.

Lindolfo Coelho Paoliello
Professor da FDC

Aprendizagem para a ação

Conheci o José Luiz de Santana em um projeto de consultoria de Desenvolvimento Empresarial. Na ocasião, em alguns anos de projeto, aprendi e aprendemos bastante juntos: gestão estratégica, gestão empresarial, gestão de projetos, gestão de pessoas.

Em 1988 trabalhamos no redesenho do Curso de Especialização em Engenharia Econômica da Fundação Dom Cabral. Na ocasião, introduzimos o conceito de projeto aplicativo, nos programas de desenvolvimento de executivos da FDC. Os projetos aplicativos visam associar ação à aprendizagem. Ao longo dos anos, eu e José Luiz continuamos a interagir e aprender em diferentes projetos, sempre com a quase obsessão da ação, a partir da aprendizagem. Depois de todo este tempo, fico feliz de perceber que uma das coisas que fizemos juntos, como professores, foi ajudar os alunos a aprender de forma consequente: aprendizagem para ação.

Lucio Diniz
Consultor em Gestão Empresarial Estratégica

Ideias brilhantes

Li um artigo interessante do Professor Santana. Não o conhecia, mas suas ideias eram brilhantes. Convidei-o para um encontro. Foram dois anos de intenso contato e consultoria muito eficaz. Foco nas pessoas, na metodologia, nos conceitos simples e objetivos, na forma eloquente de se posicionar.

Um mestre na arte de mudar cultura e comportamento. De fazer as pessoas pensarem fora da caixa. Um exemplo de brasileiro que faz a diferença. Sempre nos lembramos de suas palavras e conceitos. Estará sempre presente na DPaschoal.

Luís Norberto Paschoal
Presidente da DPaschoal

Talento e humor

José Luiz de Santana foi um mestre na área de desenvolvimento gerencial. Conseguia, com talento e humor, transitar facilmente dos grandes conceitos teóricos para as questões do dia a dia, dos resultados do fim do mês. Imprimia solidez e leveza à arte da passagem das grandes estratégias às táticas de curto prazo. Teve um papel relevante na minha formação gerencial e na formação de muitos de meus colaboradores.

Marcio Lacerda
Prefeito de Belo Horizonte

Projetos aplicativos

Lembro quando tive meu primeiro contato com o Professor José Luiz. Naquela época, 1988, eu trabalhava com os programas de Especialização e estávamos com a intenção de inserir metodologia para desenvolvimento de Projetos Aplicativos no programa de Especialização em Engenharia Econômica, preocupados que estávamos em tangibilizar para as empresas nossas clientes o investimento feito no programa. Já naquela época, o que mais me chamou a atenção foi a sabedoria do nosso saudoso professor! Naquela reunião, recebemos uma verdadeira aula sobre Gerenciamento de Projetos, e rapidamente o professor esboçou um *framework* que mostrava uma estruturação lógica para o programa, com inserção dos Projetos Aplicativos. E foi aí que iniciamos, na FDC, a introdução dessa metodologia, que tantos resultados tem trazido aos nossos clientes!

Maria Cristina Martins
Gerente de Projetos da FDC

Apêndice: Homenagem ao Professor José Luiz

Dez a zero

Sempre me preocupei com o Professor José Luiz, porque ele passava o dia inteiro dando aula sem se alimentar e, quando eu oferecia um lanche, ele só aceitava café ou suco de laranja e eu dizia: "Professor, você não quer comer algo, um sanduíche ou uma fruta?" Ele respondia: "Não se preocupe, estou bem assim."

A primeira vez que aprendi sobre a competência do Professor José Luiz de Santana foi há muitos anos, pelo depoimento dos participantes de um programa customizado que eu coordenava. Contratamos um professor que, no dia da aula, não apareceu. Foi aquela correria para substituí-lo. Lembro-me de que conseguimos um professor para a parte da manhã e o Professor José Luiz atuaria na parte da tarde. Dentre os dois professores, eu havia visto atuar somente o primeiro. No final do dia, fui até a turma, para saber como tinha sido o dia, e comentei: "O professor da manhã é muito bom, vocês gostaram?" Eles responderam: "Sim, mas o professor da tarde dá de dez a zero nele!"

Maria Teresinha Zauli Conceição
Supervisora de Recursos Humanos da FDC

Saber associado

Um dos pensamentos que o José Luiz utilizava em sua prática profissional é um verso da música "Sol de Primavera", de Beto Guedes e Ronaldo Bastos. Com a convicção de que "a lição sabemos de cor, só nos resta aprender", o José Luiz transitava sobre os processos de mudança nas organizações. Para ele o sucesso destas está correlacionado, em especial, à prática de um constante aprendizado, sendo este decorrente de um saber associado não apenas à memória dos fatos históricos, mas também a valores, afetos, raciocínio e em última instância ao desejo de ser melhor.

Outra característica que pude perceber no José Luiz e que sempre admirei nele era o cuidado no trato com as pessoas. Diante da necessidade de dar um *feedback*, cuidava para falar de tal forma que a pessoa não se sentisse julgada, mas, ao contrário, valorizada e apreciada.

Mozart Pereira dos Santos
Diretor Executivo da Fundação Dom Cabral

Presença indispensável

"José Luiz de Santana era um profissional cuja presença ainda hoje é difícil de esquecer. Sua atitude de constante procura em entender quais eram as verdadeiras dificuldades da empresa faziam dele uma presença indispensável em nossas reuniões de Planejamento Estratégico. Além disso, por trás daquele profissional competente, se escondia a enorme figura humana que era José Luiz de Santana. Com ele tivemos os melhores momentos de trabalho e descontração que pautaram o intenso relacionamento que tivemos com a FDC. Seus ensinamentos nos permitiram traçar caminhos de crescimento empresarial, mudanças importantes e também alcançar os resultados pretendidos. Com certeza guardamos com carinho a imagem deste profissional e amigo que muito contribuiu para nosso sucesso."

Murilo Araujo
Presidente da Fundação José Pedro de Araujo

Sempre intenso

Em longos caminhos curtos, aprendi muito com o Zé Luiz, que era sempre intenso e suave.

Ricardo Dias Pimenta
Gerente de Projetos da FDC

Relação de ajuda

Convivendo com José Luiz ao longo de quase 20 anos, aprendi muito sobre gestão de negócios, contratos de gestão, parcerias entre empresas, mas isso era o tema de aulas e consultorias. Desconfio que as aulas do Zé, para os amigos próximos, ensinavam outras coisas. Ensinavam a ser. Vivendo, o Zé dava lição sutil e silenciosa de integridade, ética, respeito ao outro. E principalmente ensinava os amigos sobre como construir e manter uma relação de ajuda, com pessoas ou empresas. Relações autênticas e sólidas, porque baseadas no interesse e respeito genuíno pelo outro e porque não precisavam ser declaradas, por ser um fim em si mesmas. Para quem teve o privilégio de vivenciar ou observar de perto a generosidade do Zé, essa foi sua mais importante lição.

Saionara Barbosa Assis
Gerente de Projetos da FDC

Simplicidade e sabedoria

"Durante minha convivência com o Professor José Luiz de Santana percebi que ele era um homem de grande saber. Seu saber era tão grande que se transformou em um dos homens mais simples que conheci. O saber é capaz de transformar os homens em pessoas simples, assim aconteceu com ele."

Seniria Silva
Gerente de projetos da FDC

Grande aprendizagem

Conheci o Zé (era como ele gostava de ser chamado) em 91, quando realizávamos um PGA. Confesso que, na época, foi meio estranho trabalhar com uma pessoa meio seca, séria, e que sorria pouco e, também, ficava pouco conosco, pois ainda dividia seu tempo com a Mendes Júnior. Essa estranheza durou muito pouco tempo, e aquela seriedade passou a ser percebida por mim cada vez mais como profissional. E eu gostei. Trabalhei com o Zé durante cinco anos no PAEX. Foi uma época de grande aprendizagem para mim, pois, com ele e o Antonio Batista, conduzimos essa parceria. Depois disso voltei a trabalhar com o Zé em outra parceria, a COMn Presidentes, preparando a realização de um grupo temático, o Grupo de Antecipação Estratégica, em 2008. Tudo pronto, material de leitura prévia entregue aos presidentes, e no dia da reunião, 20 de agosto, o Zé nos deixou. Coincidência ou não, um dos materiais enviados para leitura prévia foi um filme: "Nós que aqui estamos por vós esperamos". Eu acho é que você, Zé, deveria ter esperado um pouco mais, pois ainda havia muita gente querendo aprender com você.

Valéria Maria Hudson Leite
Coordenadora Executiva da FDC

Bônus de vida

José Luiz de Santana deixou um cantinho reservado no coração de muitas pessoas que o conheceram. Ensinava com sabedoria, competência, e ainda encantava com o domínio das palavras bem colocadas. Mas minha maior admiração por ele era na sua capacidade de realçar as pequenas virtudes do outro, fazendo com que esse Outro se sentisse valorizado. Lembro-me da primeira vez que trabalhei pra ele... Tratava todos da equipe com o mesmo cuidado com que tratava os empresários do Paex, programa de sucesso que estava no início de sua formatação e que necessitava muito mais de atenção do que nós. Penso que pessoas tão amadas deveriam ter um "bônus de vida", assim poderíamos desfrutar mais tempo de sua companhia.

Vera Lúcia Rugio
Analista de Recursos Humanos da FDC

Gestão Empresarial em Organizações Aprendizes

Esta obra traz uma experiência acumulada de mais de 15 anos, a partir da qual, são apresentados os novos paradigmas à Sociedade do Conhecimento e sobre como as empresas reagem a estas mudanças e aos respectivos desafios que precisam enfrentar. O livro possui questões estratégicas a serem respondidas nos processos de mudança, assim como estudo de caso que exemplifica e torna a leitura fácil e agradável, a partir de correlações com o dia a dia de empresários e gestores de empresas. O objetivo deste livro é despertar nos leitores a importância de serem construídas Empresas Orientadas ao Aprendizado e ao Conhecimento, de modo que elas possam estar em permanente processo de aprendizagem, quebrando a cada momento suas próprias regras, a partir de uma permanente redescoberta de si mesmas.

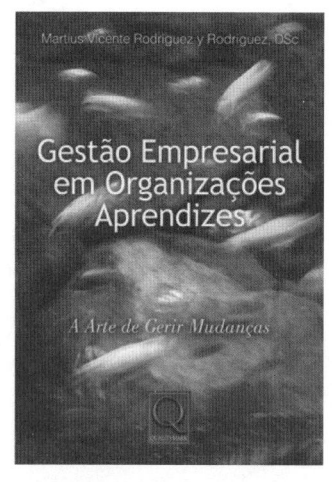

Autor: Martius V. Rodriguez y Rodriguez
Nº de páginas: 344
16x23cm

QUALITYMARK EDITORA

Entre em sintonia com o mundo

QualityPhone:

0800-0263311

Ligação gratuita

Qualitymark Editora
Rua Teixeira Júnior, 441 – São Cristóvão
20921-405 – Rio de Janeiro – RJ
Tels.: (21) 3094-8400/3295-9800
Fax: (21) 3295-9824
www.qualitymark.com.br
e-mail: **quality@qualitymark.com.br**

Dados Técnicos:

• **Formato:**	16×23cm
• **Mancha:**	12×19cm
• **Fontes Títulos:**	Humanst 777 BT
• **Fontes:**	New Century Schoolbook
• **Corpo:**	11
• **Entrelinha:**	13,2
• **Total de Páginas:**	280
• **1ª Edição:**	2012
• **Gráfica:**	Rotaplan